财新丛书
Caixin book
series

U0602674

中国2016
寻找新动力

何 帆 / 主编

中国高层智囊解读十三五

厉以宁 周小川 迟福林 张文魁
吴敬琏 楼继伟 李剑阁 季卫东

中国文史出版社

势头。

　　与投资的下跌相比,消费的持续增长是中国经济结构改善的一个亮点。然而,消费在短期内的增长并非易事。须知消费是收入的函数。欲使消费大幅增长,必须使居民收入有显著改善,而此绝非一朝一夕之功。刺激国内消费,又将遇到国内消费结构转变的阻碍。如果去拜访中国中等收入的城市家庭,你会发现中国人其实并非刻意节俭,能买的都买了:车、房、空调、冰箱、洗衣机、彩电等一应俱全。消费无法在短期内快速大幅度提高的另一个主要原因,在于对服务的消费难以提高,其中主要是对诸如教育、医疗、卫生等重要公共服务品的供给不足,导致服务价格畸高、质量偏差,从而抑制了消费。

　　很多人认为中国是出口导向型经济。然而历史数据显示,只有在金融危机前几年,净出口对中国经济有明显的拉动作用。在绝大部分时间,中国经济增长的主要来源是内需、投资和消费。现在的情况意味着中国经济回到了正常的轨道,净出口拉动中国经济增长的日子一去不复返。这一方面是由于世界经济持续低迷,另一方面是由于国际贸易规则将重新改写。美国正试图通过TPP、TTIP等区域贸易协定推动更高标准的国际贸易准则,而这些更高标准的国际贸易准则很可能对发达国家更加有利,对中国在内的发展中国家有一定的负面影响。

　　在这种情况下,中国经济决策者面临着三难选择,即中国决策者有三个重要的政策目标:一、经济增长;二、充分就业;三、金融体系的稳定性。但无论我们选择其中哪一个目标,都可能影响另外两个政策目标。

　　如果中国的决策者认为最重要的是刺激经济增长,最有效的办法是回到传统的经济增长模式,依靠政府投资重化工业和基础设施来刺激经济增长。其好处是立竿见影,GDP增速会很快得到提高。然而风险并存:一是难以创造有效的就业需求,因为政府的投资大量集中于资本密集型的产业,而非劳动密集型的产业;二是政府的投资可能会带来挤出效应,影响私人部门的投资,更有可能带来投资的失败甚至是腐败,使地方政府和银行的债务水平提高、不良债务增加,由此可能会增加中国经济潜在的金融风险。

　　如果政府最关心的目标是创造就业,最有效的方法是发展服务业。制造业面临升级换代的压力,未来的技术进步将更多地使机器替代劳工,难以创造出足够多的就业岗位。而服务业可以提供从非熟练劳动力到高端人才等各种不同的就业机会。一般来讲，服务业劳动生产率提高的速度会慢于制造业劳动生产率提高的速度。因此一个自然的推论就是，随着服务业在中国经济所占比重的不断提高，中国经济的潜在增长率会随之下降。与此同时，由于传统的金融业以银行为主，银行过去的主要客户是制造业企业，金融模式和产业结构完美匹配。金融业要求制造业企业在贷款的时候提供抵押品，而制造业企业有充足的抵押品。如果未来中国有更多在服务业领域的新兴企业，那么它们在申请贷款的时候，会遇到抵押品缺乏的障碍，造成更多不便。最终中国的金融体系可能将被迫承受不良贷款比例提高的问题。

如果中国的决策者认为最重要的事情是防范金融危机，防范潜在的区域性、系统性金融风险，那么最重要的事情是进一步去杠杆化。在全球金融危机爆发之后，欧美等地的政府、居民和企业都进行了痛苦的去杠杆化过程。唯独在中国，杠杆率在不断提高。在经济繁荣时期，高杠杆能够起到锦上添花的作用，但在经济下行期间，杠杆率过高将会迫使企业进行痛苦而漫长的去杠杆化过程。如果政府在去杠杆化的过程中，采取的措施过于激进，有可能会触发经济硬着陆的风险，造成大规模失业。

在三难选择的情况下，中国政府有必要权衡各个政策目标。一方面，保持适度宽松的财政政策和相对稳健的货币政策，为经济增长创造一个适宜的环境；另一方面，及早释放出积极的改革信号，提高市场信心，激发投资者的想象。

十八届三中全会的报告列出了多达两三百项、覆盖各个领域的改革目标。未来将继续沿着既定的改革路线，加快改革的步伐，选择一两个领域作为改革的突破点。

以医疗卫生体制改革为例，推动医疗卫生行业的开放和竞争，能够起到一石多鸟的作用。第一，医疗体制改革能够维持相对较高的投资水平。医疗行业涉及的投资不仅包括物资资本，如医院基建、医疗机械设备，也包括人力资本，比如培训医生和护士。第二，发展医疗行业有助于刺激国内的消费，因为中国消费的瓶颈恰恰不是在制造业，而是在服务业，其中以医疗、教育等行业最为突出。第三，医疗行业有助于创造更多的就业机会。中国必须尽早将"工厂女孩"转变为在医院和养老院的职业护工。这种劳动力市场的转移需尽早进行，也需政府引导，尽早做一些培训工作。第四，提高民众对政府的政治支持。如果问中国百姓最大的苦恼在哪里？得到的答案往往是：看病难、上学难。如果本届政府能够解决中国百姓看病难、上学难的问题，一定会得到更多民众的支持，这也是建设和谐社会的题中应有之意。最后，通过医疗卫生体制改革积累成功的经验，有助于将这些经验推广到其他行业和领域的结构性改革。

类似的改革突破点，还可以选择物流行业。中国制造业在国际范围内的竞争优势很大，但中国国内的服务业相对落后，物流成本过高是削弱中国制造业竞争力的重要因素。通过发展物流行业，能够保证和增强中国制造业的国际竞争力。

展望2016年，世界经济和中国经济仍然会遇到诸多具有不确定性的因素。美元加息将会进一步增加国际金融市场上的不确定性；难民问题可能会加重欧洲经济的负担；老龄化问题和债务问题是悬在日本经济头顶上的达摩克利斯之剑；新兴市场出现了分化的趋势，很多国家已经处于经济危机的边缘；能源和大宗商品价格"跌跌不休"，进入下行通道。在面临种种不确定性的情况下，中国经济如果希望维持相对稳定的增长，且为长期发展创造潜力，必须依托于更大胆的结构性改革。正如俗话所讲，行百里路半九十。相对容易的改革，我们已基本完成。剩下的改革，每一个都是攻坚战。这些改革，我们无法回避。如何在最后的改革阶段统筹全局、重点突破，是对中国政府的智慧、勇气和远见的考验。2016年将给我们一个难度更大的考卷，中国经济必须准备好迎接更为艰难的改革。

周小川

杨伟民

楼继伟

徐 林

李佐军

常修泽

孙久文

张 超

贾 康

深化金融体制改革

周小川 / 中国人民银行行长 /

  金融体制是社会主义市场经济体制的重要组成部分。改革开放以来，我国社会主义市场经济体制逐步建立健全，适应市场经济要求的金融体制基本建立，金融宏观调控和金融监管体制不断完善。金融资源是现代经济的核心资源，使市场在资源配置中起决定性作用。

  党的十八届五中全会通过的《中共中央关于制定国民经济和社会发展第十三个五年计划的建议》，立足于十三五时期国际国内发展环境的基本特征，围绕创新发展、协调发展、绿色发展、开放发展和共享发展五大理念，为未来5年深化金融体制改革明确了目标、提出了要求。我们要深刻领会和贯彻落实十八届五中全会精神，将五大理念贯穿金融体制改革的全过程。塑造金融开放发展新体制，提高金融服务实体经济效率，完善宏观调控方式和审慎管理框架，坚持底线思维，确保国家金融安全，促进经济金融平衡、稳健、安全和可持续发展。

坚持创新发展理念，全面提高金融服务实体经济效率

创新是引领发展的第一动力。完善宏观调控方式，加快金融体制改革，加快形成有利于创新发展的投融资体制。

（一）健全金融机构体系，构建金融发展新体制

健全商业性金融、开发性金融、政策性金融、合作性金融分工合理及相互补充的金融机构体系。构建多层次、广覆盖、有差异的银行机构体系。进一步深化国家开发银行、进出口银行和农业发展银行改革，加强资本约束，完善治理机制，更好地发挥开发性金融和政策性金融在促增长、调结构方面的作用，加大对经济重点领域、薄弱环节的支持力度。继续巩固商业性金融机构改革成果，优化国有金融机构股权结构，改善金融机构公司治理机制，建立现代金融企业制度，形成有效的决策、执行和制衡机制。推动一批具有国际竞争力和跨境金融资源配置权的中资金融机构快速稳健成长。依托合作经济组织，引导合作性金融健康发展，形成广覆盖、可持续、补充性组织体系。提高金融机构服务质量，降低企业融资成本。完善国有资本管理制度，增强国有金融资产的活力、控制力和影响力。

（二）发挥金融创新功能，培育经济发展新动力

加大金融支持国家创新驱动发展战略的力度，构建普惠性创新金融支持政策体系。加强技术和知识产权交易平台建设，建立从实验研究、中试到生产的全过程科技创新融资模式。拓宽适合科技创新发展规律的多元化融资渠道，推进高收益债券及股债相结合的融资方式。强化资本市场对科技创新支持力度，鼓励发展众创、众包、众扶、众筹空间，发展天使、创业、产业投资。创新间接融资服务科技创新方式，银行与创业投资和股权投资机构投贷联动。加快发展科技保险，推进专利保险试点。加快建立健全的促进科技创新的信用增进机制。

（三）完善宏观调控方式，创新调控思路和政策工具

按照总量调节和定向施策并举、短期和中长期结合、国内和国际统筹、改革和发展协调的要求，完善宏观调控。采取相机调控、精准调控措施，适时预调和微调，更加注重扩大就业、稳定物价、调整结构、提高效益、防控风险、保护环境。

创新调控思路和政策工具。在区间调控基础上加大定向调控力度，增强宏观经济政策的针对性、准确性和前瞻性。完善以财政政策、货币政策为主，产业政策、区间政策、投资政策、消费政策、价格政策协调配合的政策体系，运用大数据技术，提高经济运行信息的及时性、科学性和准确性。

推进汇率和利率市场化。让市场在人民币利率形成和变动中发挥决定性作用，进一步增加人民币汇率弹性。选择和培育中央银行政策利率体系，完善货币政策传导机制。完善中央银行沟通机制，引导市场预期，提高货币政策有效性。

深化投融资体制改革，发挥财政资金撬动功能，创新公共基础设施投融资体制。增强财政货币政策协调性，促进财政资源和金融资源的结合，发挥投资对增长的关键作用。建立全面规范、公开透明的预算制度，完善政府预算体制和地方政府举债融资机制，减少财政库款波动对流动性的冲击。

∥坚持协调发展理念，构建结构平衡、可持续的金融体系

协调是持续健康发展的内在要求，金融协调发展是实体经济平衡和可持续发展的重要保障。

（一）提高直接融资比重，建设直接融资和间接融资协调发展的金融市场体系

积极培育公开透明、健康发展的资本市场。我国总体金融结构仍以银行间接融资为主，资本市场制度尚不完善，直接融资占比仍然偏低，宏观杠杆率高企的同时经济金融风险集中于银行体系。十三五时期，应着力加强多层次资本市场投资功能，优化企业债务和股本融资结构，使直接融资特别是股权融资比重显著提高。预计从2014年到2020年，非金融企业直接融资占社会融资规模的比重将从17.2%提高到25%左右，债券市场余额占GDP比例将提高到100%左右。推进股票和债券发行交易制度改革，以充分信息披露为核心，减少证券监管部门对发行人资质的实质性审核和价值判断；加强事中事后监

管，完善退市制度，切实保护投资者合法权益。深化创业板、新三板改革，完善多层次股权融资市场，以合格机构投资者和场外市场为主发展债券市场，形成包括场外、场内市场的分层有序、品种齐全、功能互补、规则统一的多层次资本市场体系。

（二）扩大民间资本进入银行业，构建产权协调、混合所有、有效竞争的金融服务体系

进一步发挥民间资本积极作用，拓宽民间资本投资渠道，在改善监管前提下降低准入门槛，鼓励民间资本等各类市场主体依法平等进入银行业。形成促进各种所有制经济金融主体依法平等使用生产要素、公开公平公正参与市场竞争、同等受到法律保护的良好的制度环境。

（三）规范发展互联网金融，构建主流业态与新兴业态协调发展的金融体系

近年来，在银行、证券、保险等主流金融业态借助网络科技持续快速发展的同时，以互联网企业为代表的新兴金融业态不断涌现，金融业信息化、综合化经营渐成趋势。顺应信息技术发展趋势，支持并规范第三方支付、众筹和P2P借贷平台等互联网金融业态发展。支持具备条件的金融机构审慎稳妥开展综合经营。推进各类金融机构大数据平台建设，建立大数据标准体系和管理规范。

∥坚持绿色发展理念，建设绿色金融体系

绿色是永续发展的必要条件，发展绿色金融是实现绿色发展的重要措施。通过创新性金融制度安排，引导和激励更多社会资金投资环保、节能、清洁能源、清洁交通等绿色产业。

（一）引导商业银行建立完善绿色信贷机制

通过绿色金融再贷款、财政对绿色贷款的贴息和担保、对商业银行进行绿色评级等手段，鼓励商业银行进一步发展绿色信贷。充分发挥征信系统在环境保护方面的激励和约束作用。支持商业银行建立绿色金融事业部。支持以排放权、排污权和碳收益权等为抵（质）押的绿色信贷。

（二）发挥金融市场支持绿色融资的功能

创新用能权、用水权、排污权、碳排放权投融资机制，发展交易市场。支持和鼓励银行和企业发行绿色债券。进一步明确绿色债券的界定、分类和披露标准，培育第三方绿色债券评估机构和绿色评级能力。推动绿色信贷资产证券化。发展绿色股票指数和相关投资产品，鼓励机构投资者投资绿色金融产品。建立要求上市公司和发债企业披露环境信息的制度安排。建立绿色产业基金。推动发展碳租赁、碳基金、碳债券等碳金融产品。

✓✓坚持开放发展理念，构建金融业双向开放新体制

开放是国家繁荣发展的必由之路。全方位对外开放是金融发展的必然要求。推进金融业双向开放，促进国内国际要素有序流动、金融资源高效配置、金融市场深度融合。

（一）扩大金融业双向开放

全面实行准入前国民待遇加负面清单管理制度，有序扩大服务业对外开放，扩大银行、保险、证券、养老等市场准入。推进资本市场双向开放，改进并逐步取消境内外投资额度限制。提升股票、债券市场对外开放程度，有序拓展境外机构参与银行间债券市场的主体范围和规模，扩大境内机构境外发行债券的主体类型和地域范围，放宽境外机构境内发行人民币债券限制。建立与国际金融市场相适应的会计准则、监管规则和法律规章，提升金融市场国际化水平。

深化内地与港澳、大陆和台湾地区金融合作。支持香港巩固国际金融中心地位，参与国家双向开放、"一带一路"建设。支持香港强化全球离岸人民币业务枢纽地位，推动香港金融服务业向着高端高增值方向发展。加大内地对港澳金融开放力度，加快前海、南沙、横琴等粤港澳金融合作平台建设。推动海峡两岸金融业合作及贸易投资双向开放合作，推进海峡西岸经济区建设，打造平潭等对台经济金融合作平台。开拓我国经济金融对外开放新局面，形成深度融合的互利合作新格局。

（二）有序实现人民币资本项目可兑换

转变外汇管理和使用方式，从正面清单转变为负面清单。放宽境外投资汇兑限制，放宽企业和个人外汇管理要求，放宽跨国公司资金境外运作限制。允许更多符合条件的境外机构在境内市场融资。加强国际收支尤其是跨境资本流动的监测、分析和预警，加强审慎管理和反洗钱、反恐怖融资审查，保持国际收支基本平衡。完善外汇储备管理制度，多元化运用外汇储备。

推进"一带一路"建设，加强同国际金融机构合作，参与亚洲基础设施投资银行、金砖国家新开发银行建设，发挥丝路基金作用，吸引国际资金共建开放多元共赢的金融合作平台。推动建立多元化的全球融资框架，实现我国金融资产全球布局。

（三）推动人民币加入特别提款权，成为可兑换、可自由使用货币

树立对人民币的信心，推动人民币加入特别提款权（SDR）篮子货币，推动人民币成为可兑换、可自由使用货币。进一步加强双边和多边货币金融合作，以服务"贸易投资和产业链升级"为重点，从巩固人民币计价结算货币地位，向支持人民币的市场交易和估计储备功能推进。扩大人民币在周边国家和新兴市场区域化使用的便利性，逐步向国际金融中心和发达国家延伸。推动人民币对其他货币直接交易市场发展，更好地为跨境人民币结算业务发展服务。十三五末期，预期人民币跨境收支占我国全部本外币跨境收支的比例超过1/3，人民币成为一种国际性货币。

（四）积极参与全球治理，以更加包容的姿态参与全球经济金融治理体系

顺应经济全球化潮流，加强宏观经济政策国际协调，促进全球经济平衡、金融安全和经济稳定增长。支持发展中国家平等参与国际经济金融治理，促进国际货币体系和国际金融监管改革，推动国际经济金融秩序向着平等公正、合作共赢的方向调整。积极参与全球经济金融治理和公共产品供给，提高我国在全球经济金融治理中的制度性话语权和国际性影响力。

// 坚持共享发展理念，发展普惠金融

共享是中国特色社会主义的本质要求，是缩小收入差距，推动经济可持续发展的有效途径。普惠金融是让每一个人在有需求时都能以合适的价格享受到及时、有尊严、方便、高质量的各类型金融服务。

（一）加强对中小微企业、农村尤其是贫困地区的金融服务

发展多业态的普惠金融组织体系，构建多层次、广覆盖、有差异的银行机构体系。发挥政策性金融和商业性金融的不同作用，整合各类扶贫资源，开辟扶贫开发新的资金渠道。深化农村金融改革，鼓励国有和股份制金融机构开拓"三农"和小微企业市场，提高农村信用社治理水平和服务能力。发展能够高效便捷低成本地提供融资、汇款、结算和支付等基本金融服务的各类金融机构。支持小微企业依托多层次资本市场融资，扩大中小企业各类非金融企业债务融资工具及集合债、私募债发行。支持并规范移动互联网支付、小额贷款等创新性、专业性、社区性金融业态发展。建立全国土地当量核算和配额交易机制，服务国家粮食安全、农业现代化和新型城镇化。综合运用财税政策、货币政策和监管政策，引导金融机构更多地将信贷资源配置到"三农"、小微企业等重点领域和薄弱环节。

（二）完善农业保险制度，探索建立保险资产交易机制

推进保险业市场化改革，提高保险覆盖面，增加涉农保险品种，提高农村保险深度和密度，改善政策性保险资金使用效率。加快建立巨灾保险制度，推动巨灾保险立法进程，界定巨灾保险范围，建立政府推动、市场运作、风险共担的多层次巨灾保险体系。通过债权、股权、不动产等多种投资渠道，促进保险资金价值投资和长期投资。

（三）完善筹资机制，建立更加公平更可持续的社会保障制度

拓宽社会保险基金投资渠道，加强风险管理，提高投资回报率。健全医疗保险稳定可持续筹资机制，鼓励商业保险机构参与医保经办。

// 坚持底线思维，实现国家金融治理体系和治理能力现代化

随着我国经济由高速增长转变为中高速增长，原来被高速度掩盖的一些结构性矛盾和体制性问题逐渐暴露出来。切实防范和化解金融风险是未来5年我们面临的严峻挑战。

（一）加强金融宏观审慎管理制度建设，加强统筹协调，改革并完善适应现代金融市场发展的金融监管框架

借鉴危机后国际金融监管改革经验，构建宏观审慎与微观审慎互相补充，货币政策与审慎管理统一协调的金融管理体制。探索将系统重要性资产扩张活动纳入宏观审慎管理范畴。加强对系统重要性金融机构、金融基础设施和外债宏观审慎管理。

（二）健全符合国际标准的监管规则，建立安全、高效的金融基础设施

强化综合经营监管，实现新型金融业态监管全覆盖。强化对金融控股公司，以理财产品、私募基金、场外配资等为代表的跨行业跨市场交叉性金融业务监管全覆盖。构建集中统一的货币支付清算和金融产品登记、托管、清算和结算系统，建设统一共享的金融综合统计体系和中央金融监管大数据平台，实现各监管机构充分及时的信息交换。加快金融监管转型，确立以资本约束为核心的审慎监管体系。

（三）建立国家金融安全机制，防止发生系统性金融风险

金融安全是国家总体安全的重要基础，金融改革成败取决于金融安全，社会公众对金融体系具有充分信心是金融安全的基本内涵。建立国家金融安全审查机制，健全金融安全网，完善存款保险制度职能，建立风险识别与预警机制，以可控的方式和节奏主动释放风险，全面提高财政和金融风险防控和危机应对能力。完善反洗钱、反恐怖融资监管措施，建立金融处罚限制制度，有效应对极端情况下境外对我国实施金融攻击或制裁。有效运用和发展金融风险管理工具，降低杠杆率，防范系统性金融风险。

十三五规划建议的五大理念

杨伟民／中共中央财经领导小组办公室副主任／

十三五规划建议，就是中国的新规划，是中国未来5年的发展蓝图和行动纲领。新规划的内容很多，其中的五大理念是十三五规划的灵魂，是中国发展经验的概括和总结，使中国的发展理念提升到一个新的高度，也集中体现了中国对发展经济学的贡献。而且，《建议》的主体内容是按照五大理念来谋篇布局的，也就是说，中国将按照五大理念决定的路径来推动发展，五大理念及其五大路径是全面建成小康社会的路线图。我把它分为两个部分来论述：一是树立五大理念的重要性、必要性、紧迫性；二是五大理念和发展路径的具体内涵和重点。

//五大理念是关系我国发展全局的一场深刻变革

《建议》指出，牢固树立并切实贯彻创新、协调、绿色、开放、共享的发展理念，关系着我国发展全局的一场深刻变革。把五大理念作为一场深刻变革，赋予了其极高的位置。就词义看，变革仅次于"革命"，我们党把改革开放作为一场新的伟大革命。转变发展方式十分重要，党的十八大把转变经济发展方式作为关系我国发展全局的"战略抉择"。可见，这次把理念问题放在极其重要的位置。为什么《建议》起草如此重视理念先行呢？

第一，这是完成全面建成小康社会目标的迫切需要。十三五时期，是全面建成小康社会的决胜期。我们已经有了一个既定的、不能改变的、必须完成的、没有退路的目标，即全面建成小康社会，十三五规划必须围绕实现这个既定目标来制定。目标是既定的，但形势是变化的。十三五时期面临的国内外环境有许多新变化，这又是客观的、无法改变的。未来5年，我国的发展环境和提出"全面建设小康社会"的十六大时相比，甚至同三年前十八大提出"全面建成小康社会"时相比，都有了不小的变化。我国发展仍处于重要战略机遇期，但是，战略机遇期的内涵发生了深刻变化，虽然我国经济长期向好的基本面没有变化，但进入增速换挡、结构调整、动力转换、发展方式转变的新常态，面临诸多矛盾叠加、风险隐患增多的严峻挑战。这种情况下，如期顺利实现全面建成小康社会的目标并不轻松。比如，全面建成小康社会的基础是保持经济中高速增长，但现实是经济下行压力仍然较大。不能变的既定目标碰上变化了的环境，怎么办？最主要的就是解放思想、变革理念。理念是行动的先导，理念决定路径，路径决定行动，行动决定结果，有什么样的理念，就会有什么样的路径、行动和结果。只有树立符合实际、适应形势的发展理念，才能找到正确的思路，按照正确的逻辑推动发展；也只有这样，才能实现第一个百年的奋斗目标，跨越中等收入陷阱，并为实现第二个百年目标奠定坚实可靠的基础。

第二，树立新的理念，是引领经济发展新常态的迫切需要。十三五时期，既是全面建成小康社会的决胜期，也是我国转方式、调结构的窗口期。适应新常态、把握新常态、引领新常态是我国经济发展的大逻辑。近几年，特别是近两年经济运行情形不断地告诉我们一个事实，旧常态下的发展路径、发展方式已经走不下去了，甚至既定的政策止不住经济的下行。它还告诉我们，我们的经济已经到了必须调结构，必须做减法调结构的时候。全面建成小康社会没有退路了，调整结构也没有退路了。结构调整不仅关系着今后5年中国能不能健康发展，更关系着后小康时代能不能持续发展。

经济发展进入新常态，我们推动发展的思想、思路、政策、工作必须适应新常态。为什么以化解过剩产能为主要内容的结构调整进展迟缓呢？主要是因为思想还停留在旧常态，没有认识到新常态，对那些产能达到峰值的产业而言，发展的含义已经变了，不再是增产了，而是增加品种、提高质量、降低消耗、减少排放了。再如，我们在协调某些正在拟订的改革方案时，发现有关部门开始提出的方案质量不高，看起来不知道为什么改、为谁改，根本原因恐怕还是惯性思维的束缚。如果改革方案缺乏思想上的高度、理念上的深度，就很难统一思想，形成共识。总之，适应新常态，引领新常态，必须在理念上破题，确立了新的发展理念，才能确定新的发展路径。

// 关于五大理念的主要内涵和基本路径

第一，关于创新发展。就是把发展基点放在创新上，形成促进创新的体制架构，塑造更多依靠创新驱动、更多发挥先发优势的引领型发展。这主要是针对要素驱动发展的动力明显减弱、新的增长动力还不强、改革作为最大动力还有待充分发挥等问题提出的。新常态的一个特征是新旧增长动力青黄不接。新的增长动力十分重要，是未来的大方向，但是，在可见的时间内还难以弥补传统增长点收缩带来的影响。

创新包括的含义很广，就经济增长的动力而言，重要的是科技创新，促进创新成果产业化、商业化，形成新的增长点。推进产业组织、商业模式、供应链、物流链创新，形成更多新产业、新产品、新业态。创新既要注意培育新动力，还要激活老动力，注意推进传统产业再创新，只有落后的技术，没有落后的产业。要支持既有企业瞄准国际同行标杆企业，通过创新和设备更新，实现产品、技术、工艺、管理、能耗、排放、品牌价值的全面创新提升。

特别要推进体制机制创新，加快形成有利于创新发展的市场环境、产权制度、投融资体制、分配制度、人才培养引进使用机制。《建议》的一个重要特点是更加注重用改革的办法解决问题，全篇贯彻了改革精神。

第二，协调发展。就是增强发展协调性，坚持区域协同，城乡一体，物质文明精神文明并重，经济建设国防建设融合，在协调发展中拓宽发展空间，在加强薄弱领域中，增强发展后劲。这主要是针对发展不协调、不全面的问题，重点是补齐"短板"。

发展的协调问题，不是新问题，但是，在新常态下有新的表现和新的要求，如城乡和区域的协调发展，要正确理解、正确看待，不是各地区、城乡之间的GDP都一个样，增长速度、收入水平都一个样才是协调，也不是不管经济发展和财力水平，一味地提高福利待遇、增加免费午餐就是经济和社会协调了。促进区域协调，要在继续实施区域发展总体战略的同时，重点实施区域发展新的三大战略，促进新的大城市群崛起，引导形成若干带动区域协调发展的增长极。我国有13亿多人口，只有京津冀、长三角、珠三角三大城市群是不够的，要在优化开发上述城市群的同时，推动形成一批新的城市群。其中，东北地区、中原地区、成渝地区、长江中游，各自都有1亿左右人口的大市场，有条件形成相对完整的产业体系和大中小城市协同发展的新城市群。这样，既可避免经济和人口过度集中于原有的三大城市群，又将有力带动中西部地区发展。

推动城乡协调发展，一方面，要加强农村基础设施和公共服务，另一方面，重点是城镇化。《建议》在总结十二五时期时，用的是常住人口城镇化率达到55%，而在目标中，用的是户籍人口城镇化率加快提高，这有很深的含义，就是加快推进以人为核心的新型城镇化，促进有能力在城镇稳定就业和生活的农业转移人口举家进城落户。因为这个问题，不仅在供给侧，关系着未来"谁来务工"和工资成本等问题，还在需求侧，关系着消费需求、稳定房地产市场等。而且，这个问题，既有利于稳定增长，也有利于促进社会公平正义与和谐稳定，是全面小康社会惠及更多人口的内在要求。

第三，绿色发展。就是坚持绿色富国、绿色惠民，为人民提供更多优质生态产品，推动形成绿色发展方式和生活方式，协同推进人民富裕、国家富强、中国美丽。绿色发展本质上是处理发展与保护、人与自然的关系，这也是新常态下形成新的增长动力的一个重要方向。新常态下的发展，必须处理好人与自然的关系，从无节制单向索取自然，转向有度有序利用自然。绿色发展，近期可以培育新的增长动力，远期则决定中国发展是否可持续、中华民族发展是否能永续的大问题。

十三五规划是党的十八大确定"五位一体"总体布局后的第一个五年规

划，所以，绿色发展的内容是历次五年规划中内容最多、涉及领域最多的一个规划。工业文明时代的发展经济学是比较明确的，发展内容总体上也是清晰的，但是，生态文明时代的发展经济学还在探索中，生态文明的发展是什么、如何发展，没有现成的教科书。从党的十八大到十八届三中全会，四中全会，直至五中全会，进行了积极探索，这次形成六大领域的绿色发展体系，有很多首次提出的新亮点、新措施、新制度。如设立统一规范的国家生态文明试验区，设立绿色发展基金，建立空间治理体系，探索实行耕地轮作休耕制度试点，建立健全用能权、用水权、排污权、碳排放权初始分配制度，改革环境治理基础制度，实行省以下环保机构监测监察执法垂直管理制度，实施山水林田湖生态保护和修复工程等。

第四，开放发展。就是丰富对外开放内涵，提高对外开放水平，协同推进战略互信、经贸合作、人文交流，努力形成深度融合的互利合作格局。新常态下，对外开放也要有新的思路和举措。我国对世界经济影响力增大，旧常态下那种单纯扩大出口、招商引资的扩大开放的策略，已经不适应新常态了。要以全球视野和更加开放的胸怀，奉行互利共赢的开放战略，内外需协调，进出口平衡，引进来和走出去并重，引资和引技引智并举。

要完善对外开放战略布局，推进双向开放，完善法治化、国际化、便利化的营商环境，健全有利于合作共赢并同国际贸易投资规则相适应的体制机制。以"一带一路"为重点，完善对外投资战略布局，推进同有关国家和地区多领域互利共赢的务实合作，促进全球经济强劲平衡可持续增长。积极承担国际责任和义务，积极参与全球经济治理，推动国际经济治理体系改革完善，积极引导全球经济议程，扩大全球公共产品供给，推动建立合作共赢世界经济体系。

共享发展。就是按照人人参与、人人尽力、人人享有的要求，注重机会公平，保障基本民生，实现全体人民共同迈入全面小康社会。共享，反映了我们党以人民为中心的发展思想，把增进人民福祉、促进人的全面发展作为发展的出发点和落脚点。这也是针对我国基本公共服务供给不足，部分群体民生改善面临特殊难题，发展成果共享程度有待提高等问题提出的。《建议》提出的"坚守底线、突出重点、完善制度、引导预期"16字方针，是十分重要的。

坚守底线，就是坚守"两个基本"，即基本民生保障、基本公共服务，这是政府要承担的责任。这次定义了基本公共服务，即义务教育、就业服务、社会保障、基本医疗和公共卫生、公共文化、环境保护。

突出重点，主要是三个方面：一是领域上，如教育医疗就业和收入分配是重点。二是人群方面，重中之重是我国现行标准下农村贫困人口实现脱贫、贫困县全部摘帽、消除区域性整体贫困，因为这是全面建成小康社会的重要标志。同时，加强对特定人群特殊困难的帮扶，就是要处理好普遍提高民生和对不同群体实行针对性措施的关系，在加强扶贫的同时，对城市低保人口、老年人口、农民工、在特大城市就业的其他常住人口、残疾人口要实施针对性的帮扶。三是区域方面，革命老区、民族地区、边疆地区、贫困地区是重点。

完善制度，主要是讲要注重建立民生保障和改善方面的制度，要花钱买制度，仅仅是撒钱而没有制度，最终是不可持续的。所以，要加快社会事业改革，创新公共服务提供方式，能由政府购买服务提供的，政府不再直接承办；能由政府和社会资本合作提供的，广泛吸引社会资本参与。

引导预期，就是要人人参与小康社会建设，人人在小康社会建设中尽力，最后才能实现小康社会的成果人人享有，所以，共享不是坐等享受发展成果。要处理好经济发展和改善民生的关系，坚持在经济发展的基础上不断改善民生，同时，民生改善也不能脱离经济发展，否则会过度抬高经济成本，最终民生保障也是不可持续的。

社保目标为保基本而非高福利

楼继伟 / 财政部部长、党组书记 /

党的中央十八届五中全会通过的《中共中央关于制定国民经济和社会发展第十三个五年规划的建议》（以下简称《建议》）指出，要建立更加公平更可持续的社会保障制度，这是对党的十八大和十八届二中、三中、四中全会有关精神的继承、丰富和发展。我们要认真学习领会，扎实推进社会保障制度各项改革。

// 建立更加公平更可持续的社会保障制度是全面建成小康社会的重要内容

社会保障是人民群众的"安全网"、社会运行的"稳定器"和收入分配的"调节器"，具有优化资源配置的经济作用、促进社会公平的社会作用和保障国家长治久安的政治作用。经过长期的努力，特别是十二五时期的攻坚克难，我国社会保障体系有了长足发展，基本形成了社会保险、社会救助、社会福利和慈善事业相衔接的总体框架。

制度体系日益健全。十二五时期，全面建立了城镇居民养老保险、城乡居民大病保险、疾病应急救助、临时救助、养老服务补贴等制度，涵盖各类群体、针对各类基本需求的社会保障制度体系已基本形成。

体制改革深入推进。机关事业单位养老保险改革顺利实施，解决了不同性质单位在基本制度安排上的"双轨制"问题。新农保和城居保统一整合为城乡居民基本养老保险。实施医保付费方式改革，规范医疗服务行为，控制医药费用不合理增长。

保障人群持续增加。截至2014年底，职工和城乡居民养老保险参保人数分别达到3.1亿人和4.7亿人，比2010年底增长34.8%和319.6%。职工医保、居民医保和新农合三项基本医保参保人数超过13亿人，总参保率在95%以上。其他社会保障制度的受益人群不断增加。

保障水平明显提高。企业职工基本养老保险基本养老金月平均水平2015年达到2200多元，是2010年的1.7倍。职工医保、城镇居民医保和新农合政策范围内住院费用报销比例2014年比2010年平均提高了10个百分点左右。城市和农村低保平均标准分别由2010年底的每人每月251元和117元提高到2014年的411元和231元。

在充分肯定成绩的同时，还必须看到，目前社会保障制度设计和运行还存在一些深层次的矛盾和问题，风险隐患不容忽视。在经济进入新常态以及人口老龄化、新型城镇化加快推进的背景下，这些矛盾和问题会成为制约我国经济社会发展的因素。突出表现在：一是社会保险制度没有体现精算平衡原则，基金财务可持续性较差。十二五时期，企业职工基本养老保险基金支出年均增长18.6%，收入年均增长12%，支出比收入增幅高6.6个百分点；全国职工医保基金和城乡居民医保基金支出增幅比收入增幅分别高出2.5个和5个百分点。二是政府、企业、个人以及中央和地方之间责任分担机制不合理，收入保障和提供医疗卫生等公共服务的职责过度向政府集中，医疗卫生和社会保障服务机构运行机制比较僵化。三是制度条块分割，不同社会保障政策之间以及社会保障政策与其他经济社会政策之间衔接配套有待加强，碎片化问题突出。

针对上述问题，应加快建立更加公平更可持续的社会保障制度，这是全面建成小康社会的重要内容和基本保障。我们要按照中央部署，进一步改革完善社会保障体系，增强社会保障制度的公平性和可持续性，使发展成果更多更公平地惠及全体人民，更好地保障和改善民生。

// 建立更加公平更可持续的社会保障制度必须遵循的基本原则

十三五时期，社会保障改革发展要以党的十八大和十八届二中、三中、四中、五中全会精神为指导，按照全面建成小康社会、全面深化改革、全面依法治国和全面从严治党的总体部署，坚持"守住底线、突出重点、完善制度、引导舆论"的基本方针，以大力推进体制机制创新、合理界定政府与市场职责为主线，以确保制度更加公平更可持续和增强制度的统一性、规范性为着眼点，以促进精算平衡、强化激励约束、推动制度整合、完善筹资机制为核心，确保社会成员合理分享改革发展成果。在改革过程中，要把握好以下基本原则。

第一，必须立足基本国情，以保基本为优选目标，防止高福利倾向。

我国仍处于社会主义初级阶段，生产力发展水平总体上比较低，社会保障事业发展的经济基础还比较薄弱。与此同时，我国人口年龄结构也将发生显著变化，在总和生育率下降与人均预期寿命延长等因素的推动下，我国老年人口占比不断上升，老年人口高龄化日益突出。社会保障制度建设，要合理把握改革的力度和进度，根据经济社会发展的基本情况以及个人、企业和财政等方面的承受能力，以满足人民群众基本需求为目标，合理确定社会保障项目和水平。要防止经济社会发展和社会结构的实际情况超出财政承受能力，以拔苗助长的方式来推进社会保障制度建设和提高保障待遇水平，避免重蹈一些国家陷入"高福利陷阱"的覆辙。

第二，必须坚持精算平衡，增强制度的可持续性，防范经济社会风险。

精算平衡是社会保险的基本原则。从宏观上讲，精算平衡就是要根据人口、经济等方面的诸多因素合理确定并及时调整社会保险政策特别是待遇计发办法，确保基金中长期收支平衡。从微观上讲，精算平衡就是使参保者的缴费与收益密切挂钩，实现激励相容，调动其参保缴费的积极性。进一步深化社会保障特别是社会保险制度改革，要按照精算平衡的原则，对现有政策进行系统梳理和评估，坚持公平与效率、权利与义务、统一性与灵活性相结合，科学合理设定制度参数、待遇计发办法，促进社会保险基金自求平衡，实现制度长期稳定运行。

第三，必须加强制度整合，提升制度的公平性，防止结构性矛盾和社会不公。

在坚持不懈推进单项适合保障制度改革完善的同时，要更加注重从整体上进行制度的顶层设计，实现各项制度的有效整合和成熟定型。要按照"全覆盖"的要求，进一步提高养老、医疗和其他社会保险制度参保缴费率，扫除参保的"盲点"和"死角"，防止重复参保。推动社会救助和福利制度实现应保尽保。通过优化整合制度、加强政策衔接、提高统筹层次，有效解决社会保障制度碎片化问题。逐步弱化城乡之间、地区之间、群体之间社会保障政策和待遇水平的差异，进一步体现公平性。

第四，必须注重责任分担，合理均衡各社会主体之间的责任，防止过分增加全体纳税人的负担。

建立更加公平更可持续的社会保障制度，需要全社会的共同努力。要充分发挥政府、企业、个人的作用，形成强大合力。适度均衡责任分担，市场机制能够提供的保障职能，政府不要越俎代庖；该由个人和单位承担的社会保障责任，政府不要大包大揽，防止责任过度向政府集中，实际上是让全体纳税人担责。建立健全多层次的保障体系，以社会救助为托底层，社会保险为主体层，社会慈善、企业年金、职业年金和商业保险为补充层，加强各层次之间的衔接。适时适当降低社会保险费率，为补充保险留出发展空间。合理划分政府间的社会保障事权，按照外部性、信息复杂性和激励相容"三原则"，根据养老、医疗卫生、社会救助等事务的特点，合理确定中央和地方政府的支出责任。大力推进政府购买服务和政府与社会资本合作，积极引导社会力量和资本参与提供养老、医疗卫生、社会救助等服务。

第五，建立更加公平更可持续的社会保障的主要任务。

《建议》围绕建立更加公平更可持续的社会保障制度，提出了一系列重要任务。要按照《建议》提出的改革部署，全力抓好养老和医疗两大重点，统筹社会救助体系建设，进一步深化社会保障制度改革，确保按期完成各项改革任务。

第六，加快推进养老保险制度改革。

一是完善职工养老保险个人账户制度。加强个人缴费与待遇水平之间的联系，做到多缴多得、长缴多得，鼓励参保缴费。随着退休人员预期余命的延长，合理调整个人账户养老金计发月数。改进个人账户记账利率办法，研究完善个人账户余额继承政策。二是实现职工基础养老金全国统筹。统筹考虑制度设计、中央与地方事权和支出责任划分等相关问题，积极稳妥推进职工基础养老金全国统筹，增强调剂基金余缺的能力。三是丰富社会保险基金收入来源渠道。拓宽社会保险基金投资渠道，推进基金市场化、多元化、专业化投资运营。逐步提高国有资本收益上缴公共财政比例，2020年提高到30%，更多地用于保障和改善民生。划转部分国有资本充实社保基金。四是渐进式延迟退休年龄。综合考虑我国人口结构、就业结构变化趋势和社会保障可持续发展要求，出台渐进式延迟退休年龄政策。适时适度提高城乡居民基础养老金的领取年龄。五是加快发展补充养老保险。完善企业年金和职业年金个人所得税递延纳税政策，扩大个人税收递延型商业养老保险试点，鼓励职工参加个人储蓄性养老保险，推动建立多层次的养老保险体系。六是建立基本养老金合理增长机制。以职工和居民收入为基础合理确定基本养老金水平，建立综合考虑收入增长、物价变动等主要因素的正常调整机制。

第七，改革医疗保险制度。

一是健全医疗保险筹资机制和报销比例调整机制。建立居民医保和新农合筹资水平与医疗费用增长速度以及其他相关因素合理挂钩的科学调整机制。合理强化医保个人缴费责任，增强居民医保和新农合制度的社会保险属性。研究实施参加职工医保的退休人员缴费制度。坚持适度保障原则，建立与筹资水平相适应的报销比例调整机制。二是全面实施城乡居民大病保险制度。完善大病保险制度，覆盖所有城镇居民医保、新农合参保人群，与医疗救助等制度紧密衔接，共同发挥托底保障作用，有效防止发生家庭灾难性医疗支出。三是发挥医保控费作用。改革医保支付方式，大力推进按人头付费、按病种付费和总额预付等复合付费方式。鼓励商业保险机构参与医保经办。改进个人账户，采取门诊统筹报销模式，对费用较高的慢病和门诊大病给予更好保障，提高医保基金使用效益。实现跨省异地安置退休人员住院医疗费用直接结算，为参保群众提供便捷服务。四是整合基本医疗保险制度。理顺居民医保和新农合管理体制，加快城乡居民基本医疗保险制度整合步伐。将生育保险和基本医疗保险合并实施，降低运行成本。五是鼓励发展补充医疗保险和商业健康保险。积极鼓励发展企业和个人共同负担的补充医疗保险以及个人投保的商业健康保险，建立多层次的医疗保障体系。在落实对基本医疗保险、补充医疗保险税收优惠政策的基础上，完善个人购买商业健康保险的个人所得税税前扣除优惠政策。

第八，统筹社会救助体系建设。

加强社会救助政策衔接，专项救助不再锁定低保对象，减少福利捆绑，针对救助对象医疗、住房、就业、教育等方面的特殊情况提供差别化救助。实行扶贫政策和低保政策有效衔接，对贫困人口应保尽保。整合基本生活救助制度，针对现行社会救助政策"单向叠加"、不同制度对同一困难类型或同一类救助对象重复保障的问题，统一按困难类型划分社会救助制度。制定和完善救助申请对象财产信息核查办法，建立跨部门、多层次的救助申请家庭经济状况核对机制。合理划分中央和地方政府的基本生活救助支出责任，并由中央和地方分别负担不同的救助项目或救助对象支出，以发挥中央促进基本公共服务均等化和地方掌握信息优势的两个积极性。支持发展慈善事业，积极引导社会力量参与社会救助。

十三五规划为什么不谈"三驾马车"

徐林／国家发展与改革委员会规划司司长／

十三五规划的建议全文虽然没有就十三五经济增长提出具体数量指标，但其目标已经通过文字表述出来了。习近平总书记在向中央全会所做的说明中说，要实现"到2020年国内生产总值和城乡居民收入比2010年翻一番"。按照这个要求测算，如果2015年中国经济增长是6.9%，未来5年年均经济增长速度必须在6.543%以上。如果2015年能实现7%的增长，未来5年就需要6.523%以上的增长速度。

我们仔细读《建议》，就会发现《建议》贯穿了新供给经济学的思想。中央《建议》通过之后，各方面都在认真学习领会中央《建议》精神，一些参与《建议》起草的领导，可能会陆陆续续开始解读中央的《建议》。我的下一步工作是按照《建议》抓紧编制十三五规划纲要，更需要吃透《建议》的精神。

每一个五年规划在制定时，国务院都是基于中央五中全会通过的五年规划《建议》开展编制工作，这个《建议》实际上是执政党指导政府编制十三五规划和十三五发展的纲领性文件。国务院按照中央《建议》精神具体编制十三五规划《纲要》后，最后要提交全国人大讨论通过才算完成。我们现在的主要任务就是编制中国的十三五规划纲要，《纲要》要进一步具体落实中央《建议》提出的方方面面的要求。

我有几点主要体会：

第一，《建议》紧紧围绕十八大提出的"全面建成小康社会"的总要求，明确了十三五时期我国经济社会发展的主要目标。大家从总书记在五中全会对《建议》所做的说明中可以看出，关于十三五增长目标有专门介绍。但增长率不是十三五规划的唯一目标，主要发展目标是围绕十八大提出的"五位一体"展开的。就增长而言，总书记在做说明时说，我们要实现"到2020年国内生产总值和城乡居民收入比2010年翻一番"。但《建议》没有提出一个具体数量指标，比如：十三五时期经济的年均增长速度到底是多少。但是这个数量目标实际上已经通过文字表述出来了，基本敲定了十三五我们经济增长到底应该保持一个什么样的速度底线。按照我们的测算，如果2015年是增长6.9%，要实现翻番，未来5年年均经济增长速度必须在6.543%以上。如果2015年能实现7%的增长，则需要6.523%以上的增长速度，这实际也是实现翻番的底线要求。这次《建议》用"城乡居民收入"，而不是把城市居民和农村居民人均收入分开来表述，这是统计局启用的新的收入统计口径。如果分开来说，城市居民人均收入要实现翻番，所需要的年均增长速度要高于6.5%的底线增长，因为过去几年城镇居民的人均收入比农村居民人均收入增长速度要慢。李克强总理在韩国演讲和中央党校讲课时也都说到这个底线增速。当然，《建议》在提增长速度时，还有个前提，就是要在提高发展的平衡性、包容性和可持续性基础上，要在经济效益、质量提高的基础上实现增长，"提质增效"是一个核心话题。这是《建议》围绕增长所做的基本阐述。

第二，提出了创新发展、协调发展、绿色发展、开放发展和共享发展这五大发展理念。五大发展理念按照总书记在五中全会说明报告的表述，是管"总"的，我理解这实际上是未来5年发展的灵魂。所谓管"总"，就是方方面面的发展都要体现这五大发展理念的要求。比如说，"创新发展"本身不仅仅是创新，也有开放的问题，就是要在开放体制下实现创新，也要体现开放发展的要求；"创新"本身可能也要体现协调发展的要求，因为在创新内部，有基础研究和技术研发之间的协调，政府和企业、科研院所在发挥作用方面也有协调关系，这涉及创新资源配置在不同创新领域的协调，所以"协调发展"不只体现在某一个方面。很多发展都涉及五大发展理念的全部或者是部分。所以我理解，这五大发展理念是贯穿十三五规划或者是十三五发展方方面面的。这五大发展理念，从党的理论研究角度来看，充分体现了以习近平为总书记的中央领导集体治国理政的新思想、新观念和新理论，是对中国特色社会主义建设实践的深刻总结，是对中国特色社会主义发展理论的丰富和提升。我相信一定会有一些理论学者去深度总结、提炼中国特色的发展经济学到底是什么。我们过去学的发展经济学，主要是西方的，很多发展案例来自别的国家的发展经验总结，比如拉美国家等。但是中国在过去几十年的发展，特别是改革开放以来，经济增长速度保持在年均9.6%左右，使数亿人脱贫，整个国家的工业基础、产业升级和人民生活水平提升，都取得了令别的发展中国家特别羡慕的发展成就。

我在搞十一五规划时，和世界银行有紧密的工作联系，他们曾经邀请我到河内参加一个由世界银行、OECD（经济合作与发展组织）、UNDP（联合国开发计划署）、亚洲开发银行、非洲开发银行等几大国际机构主办的全球100多个国家参加的论坛，并邀请我做会议唯一的主题发言，重点介绍中国的发展规划制度。我感觉，世界银行是高度重视中国发展规划和发展政策具体做法的，认为中国的这套做法值得其他发展中国家借鉴。这次《建议》在"开放发展"部分专门阐述，中国除了要积极参与全球经济治理，获得媒体引用比较多的"制度性话语权"，还第一次提出要积极承担国际责任和义务，专门提到培训咨询。我在过去一段时间接触过一些发展中国家官员，他们提出希望让我们帮他们编制发展规划。现在已有中国学者在给一些发展中国家，比如非洲国家、亚洲国家等提供规划咨询。中国中铝的一个副总裁后来考了外交官，被派到一个非洲国家去做大使，他调研一段时间后发现该国资源条件非常好，但没有很好利用优势开发发展。他组织编了一个规划并提交给该国总统，总统看完觉得很好，让他们的官员认真学习研究这个规划。我们目前的规划，实际已经不是过去计划经济时代的旧东西，我们的五年规划经历过一个从五年"计划"到"规划"的演变，变得越来越具有战略性、宏观性、前瞻性和导向性。这是适应体制变化的与时俱进，但在更好发挥政府职责部分，我们具有较强的约束性。五年规划的主要发展指标因此分为两类，一类是预期性指标，一类是约束性指标，约束性指标主要是针对政府的，需要政府全力履行职责来实现。

所以我觉得，五大发展理念是对中国特色社会主义发展经济理论的丰富和提升，这个判断是不过分的。下一步还会有进一步深化和发展。

第三，这次《建议》把"创新"放在了前所未有的地位，《建议》提出"创新是引领发展的第一动力"。小平同志说过"科技是第一生产力"，把创新作为"引领发展的第一动力"，这是第一次在党的文件中出现。《建议》按五大发展来谋篇布局，第一篇就是创新发展，这体现了供给经济学的思想。大家都知道熊彼特有句很著名的话"长期增长来自创新"。最近我们有人转了吴敬琏老师批评"三驾马车"的一篇文章，我个人认为这种分析框架害我们太久，我们过去讨论宏观问题，经常是拿"三驾马车"来说事儿，但恰恰忘了经济增长理论不是从"三驾马车"出发的，增长函数里是没有"三驾马车"的，我们似乎忘了经济增长理论最本质的内涵是投入和投入效率、全要素生产率。

这次突出"创新"的作用，目的是实现发展动力转换。我觉得这恰是回到了经济增长理论的本源，《建议》基本都是从"供给侧"角度，如创新驱动、构建发展新体制等，来构建更多依靠"先发优势"的发展。这种先发优势来自什么？来自创新，来自供给侧的创造。《建议》里没有特别强调扩大内需，说的是释放新需求，创造新供给。这个话语体系的转变，完全体现了新供给经济学的思想。为什么叫释放新需求？大家都知道随着居民收入提高、消费结构升级，越来越多的新消费涌现，但国内的供给能力适应不了居民消费结构升级的需要，不能满足对优质消费品和服务的需要，所以看到越来越多的中国升级性消费需求在外溢。过去媒体说的什么到日本买马桶盖，到日本、美国、韩国看病体检，就是因为人们不满意国内提供的医疗服务和质量。这完全是供给端的问题。所以我们要努力创造新供给，这种新供给不仅是从无到有，还有一个从低质到优质的转变。所以《建议》没有像过去那样拿"三驾马车"说事儿，但是在创新发展部分有一部分是"培育发展新动力"，阐述了消费、投资、出口"三驾马车"，但仔细读那段文字会发现，它不是简单从刺激投资、刺激消费和刺激出口的角度来拓展这三大新动力，而都是从改革创新的角度来说的。

写这段文字时是有争论的，但这些争论启发了我们，让我们意识到，不能从原有角度看待需求问题，而必须从怎么通过改革创新来使新消费得到满足和释放，通过投融资体制改革来使投资效率提高、有效投资增加，通过品质提高增强出口竞争力，而不是以贬值或提供更多出口补贴推动出口增长。这种表述变化，体现了供给经济学从供给侧来推动、培育新增长动力的想法。

十三五规划的"为"与"不为"

李佐军/国务院发展研究中心资源与环境政策研究所副所长/

2015年10月将要召开的十八届五中全会将研究国民经济和社会发展十三五规划等重大问题。正在制定的国家十三五规划应在哪些方面有所创新是值得研究的重要问题。

//十三五时期面临的机遇

制定十三五规划，首先要明白十三五时期面临的机遇和挑战。

我认为，机遇主要有：

第一，全面改革深入推进带来新机遇。十八届三中全会之后，中国进入全面改革新时代，改革要在经济、政治、文化、社会、生态、党建6个领域全面展开。所有改革都意味着各主体之间责权利关系的调整，这会带来很多新的机遇。比如，政府行政管理制度改革，尤其是行政审批制度改革，对企业来说意味着交易成本的降低。金融改革中放开民营银行的准入条件、推进利率市场化等，都会给很多主体带来新机遇。还有财税制度改革、户籍制度改革、土地制度改革等都是这样。

第二，消费结构继续升级带来新机遇。消费结构升级是有规律的。过去30多年逐步满足了吃、穿、住、行、用五大基本需求，故20世纪80年代首先发展了食品和纺织服装等行业，20世纪90年代主要发展了彩电、冰箱、洗衣机、微波炉等行业，2000年以后又重点发展了房地产、汽车等相关行业。当然这些需求现在还存在，今后还会继续升级。除了这五大基本需求之外，消费结构正在向"学乐康安美"等新五大需求方向升级，新五大需求分别是学习需求、快乐需求、健康需求、安全需求、美丽需求，其比重正在不断提高。无疑，新五大需求在十三五期间比重的进一步提高，为发展与其相适应的很多新产业带来了新机遇。

第三，工业化进入新阶段带来新机遇。工业化分为前期、中期、后期三个阶段。目前中国工业化已经进入到中后期阶段，也就是中期向后期过渡的阶段。2000年以来中国进入重化工业快速发展时期，重化工业在产业中的比重不断提升。但过去10多年属于重化工业发展阶段的上半场，是资源能源密集型重化工业快速发展的阶段，即钢铁、水泥、建材、汽车、石油、石化、煤炭等重化工业快速发展的阶段。现在这些重化工业发展的高峰期过去了，重化工业发展阶段开始进入到下半场，下半场是知识和技术密集型重化工业与生产性服务业相交融发展的阶段。2015年5月出台的《中国制造2025》提到的10个行业都是属于知识和技术密集型重化行业。工业化进入到新阶段，就为发展与工业化进程相适应的新产业带来了新机遇。

第四，城镇化进入新阶段带来新机遇。2014年，中国的城镇化率达到54.77%，意味着中国城镇化进入到加速阶段的下半场。根据国际经验，城镇化水平达到30%—70%属于加速阶段，加速阶段上半场是30%—50%，下半场是从50%—70%。加速阶段上半场是城镇化加速发展但又相对粗放发展的时期，下半场则是城镇化仍然快速发展但主要提高城镇化品质的阶段。故在下半场要推进新型城镇化，国家也出台了新型城镇化战略规划。十三五期间就是快速推进新型城镇化的阶段。这个阶段不像过去那样主要发展住宅和商业地产等，而是按照人本城镇化、市场城镇化、协调城镇化、特色城镇化、集群城镇化、绿色城镇化、智慧城镇化、品质城镇化、人文城镇化的要求，推进新型城镇化。在这些特点的新型城镇化中也蕴藏着很多新的机会。

第五，区域经济一体化快速推进带来新机遇。区域经济一体化意味着区域内部不同城市不同地区分工协作的加深。根据亚当·斯密的理论，分工协作的加深可以大大提高效率和实现区域之间的共赢，可以带来很多机遇。正因为如此，新一届中央领导提出了"一带一路"、京津冀协同发展、长江经济带等大区域战略。此前，还有很多如长三角、珠三角、成渝经济带等区域一体化战略。十三五时期，区域经济一体化将在中国大地上蓬勃展开，这也给很多区域带来发展机遇。

第六，新一轮全球技术革命正在酝酿和突破带来新机遇。这一轮新的全球技术革命主要体现在信息技术、新能源技术、智能制造技术等领域。为了抓住这一轮技术革命带来的机遇，中国政府也提出了创新驱动，大众创业、万众创新，制造业2025，"互联网+"，新能源革命等重大战略。无疑，新技术的发展和应用会带来很多新的产业发展机遇。

// 十三五时期面临的挑战

十三五期间，国内外经济政治形势都在发生许多新变化，会面临很多新的挑战。

第一，中国经济增速换挡带来新挑战。十三五前期，中国经济可能继续面临下行的压力。与以往相比，经济增速将明显下一个台阶，估计会到6%—7%，不排除个别年份下降到6%以下。随着经济增速的换挡，将使产能过剩、地方债务和金融风险等问题凸显，使经济的可持续发展和社会稳定受到严峻挑战。

第二，国际竞争日趋激烈带来挑战。2008年国际经济危机爆发以来，以美国为代表的西方国家也开始强调推进"再工业化""再制造业化"，强调发展实体经济。相对来说它们在这些领域具有明显的技术和人才等竞争优势。十三五期间，中国制造业必须向中高端升级，这就与发达国家在这些领域开始形成正面竞争，这对我们是一个挑战。

第三，产业转型升级带来挑战。随着经济发展进入新阶段，除了推进产业优化升级别无选择，但产业转型升级需要具备一系列条件，如人才、技术、知识、信息、管理、制度等，这些条件的具备往往需要一个过程。在这些条件不具备或不完全具备的情况下推进产业转型升级，会面临很多新挑战。

第四，"高成本时代"悄然到来带来新的挑战。随着中国经济发展进入新阶段，资源环境约束加大，"人口红利"消失，"高成本时代"悄然到来。包括土地成本、原材料成本、劳动力成本、人才成本、能源成本、环保成本、资金成本、物流成本、知识产权成本、交易成本等都在上升。而成本的全面上升会侵蚀企业的利润空间，限制产业的发展，给很多行业和企业带来挑战。

第五，资源环境约束加大带来挑战。随着工业化城镇化快速推进，资源能源越来越短缺，环境污染压力日益加大，不得不加大对环境保护的力度。随着环保力度的加大，环境污染的增量会有所控制。但已经污染的大气、水、土壤等存量问题的解决还需要假以时间，污染绝对量还在增加。故十三五期间资源环境压力依然很大。而且，中国已向国际社会承诺2030年前使二氧化碳排放量达到峰值，这意味着今后的二氧化碳排放还要接受国际社会的监督和约束。

此外，还有"人口红利"消失带来的挑战。从2011年开始，15—64岁的劳动年龄人口比重下降，这说明中国的"人口红利"开始消失。十三五期间，人口老龄化可能进一步加剧，生产性人口的占比进一步下降，这也会给经济社会发展带来巨大挑战。

∥十三五需要强化的规划

基于以上分析，鉴于中国进入全面改革新时代，我建议十三五应强化以下规划。

第一，强化改革规划。十八届三中全会之后，中国开始进入全面改革的新时代，改革成为十三五时期的主题。中国很多的发展问题都源于制度，只有通过改革这个"牛鼻子"把制度理顺了，其他问题才好解决，才可以达到纲举目张的效果。因为经济发展取决于各个主体的行为，而各个主体的行为取决于制度的引导。因此，十三五规划最需要优先进行的是改革规划。但目前很多地方政府往往只重视产业规划和项目规划等，而忽视改革规划，这一点需要有所改变。

第二，强化转型规划。所谓转型规划就是经济结构转型规划或产业转型升级规划。随着中国经济发展进入新阶段，过去那些低端的、低附加值的、产能过剩的、部分劳动和资源密集型的产业，必须要淘汰，而要转向大力发展高附加值的、知识和技术密集型的、绿色低碳循环的、符合消费结构升级方向的产业。这就要推进产业转型升级。十三五产业规划的重点并非发展什么产业，而是怎么实现产业转型升级。

如果扩展到整个经济转型，则涉及7个方面的转型：（1）要素投入结构转型。即由原来主要依靠土地、劳动力、资金等一般要素，转向主要依靠技术、人才、信息、知识等高级要素来拉动经济增长；（2）排放结构转型。即减少"三废"、二氧化碳等不好的排放，增加氧气、水蒸气等好的排放，或推进绿色发展、低碳发展、循环发展等；（3）产业结构转型。即推动产业的高度化或高级化、高端化、特色化、集群化、品牌化、绿色低碳化、信息化、融合化、国际化等；（4）区域结构转型。即推进新型城镇化、统筹城乡发展、推动东中西部的公平发展等；（5）经济增长动力结构转型。即由原来主要依靠出口、投资、消费"三驾马车"，转向主要依靠制度变革、结构优化、要素升级"三大发动机"来拉动经济增长；（6）财富分配结构转型。即由原来主要实现国富转向主要实现民富，由原来少部分垄断行业暴富，转向所有行业公平竞争，由原来少部分人暴富，转向所有人共同富裕；（7）发展目标结构转型。即由原来主要强调经济总量和规模的增长，转向强调提质增效，由原来主要强调物质财富的增长，转向强调物质和精神财富的共同增长，由原来主要追求成为GDP大国，转向主要追求成为强国。

第三，强化创新规划。持续多年的粗放发展模式已经走到了尽头，十三五期间到了必须寻找新出路的时候了。新的主要出路就是创新。正因为如此，党中央国务院已提出了创新驱动、"大众创业、万众创新"等新战略。十三五规划必须将创新规划放在较优先的位置上。创新规划重点要解决三个问题：一是创新主体的规划，即明确包括企业、个人、科研院所、高等院校、行业组织、政府等在内的各个主体在创新中的职责；二是创新方式的规划，包括技术创新、产品创新、产业创新、模式创新、组织创新、管理创新等；三是创新环境的规划，即如何建立和完善鼓励创新的制度和政策环境。

第四，强化生态文明建设规划。生态文明建设是具有外部性的领域，不能完全靠市场来调节，需要政府进行规划。中国的资源环境约束日益加大。十三五规划应按照十八大报告、十八届三中全会《决定》《关于加快推进生态文明建设的意见》《生态文明体制改革总体方案》等的要求，强化制定各地的生态文明建设规划，以及所属的资源利用保护规划、环境保护规划等，以实现绿水青山、碧海蓝天的目标。

第五，强化社会事业发展规划。社会事业也是具有外部性的领域，必须要发挥政府规划的作用。历次五年规划都有社会事业规划，但总的来说社会事业规划相对于经济发展规划明显偏弱，往往是投入较少、落地不够。鉴于社会事业的滞后和社会稳定任务日益艰巨，十三五规划应强化社会事业规划。

第六，强化政府公共服务规划。十八届三中全会《决定》明确指出，政府的主要职能是宏观调控、市场监管、公共服务、社会管理和环境保护等，这些都可以归结为提供公共服务。十三五规划应将政府提供哪些公共服务、如何提供公共服务、如何提高公共服务的效率等纳入，并作为重点。

// 十三五需要适当弱化的规划

按照十八届三中全会《决定》的要求，要正确处理好政府与市场的关系，在规划上也要考虑充分发挥市场在资源配置中的决定性作用，同时更好地发挥政府的作用。故十三五要弱化以下规划。

一是弱化GDP增长规划。GDP增速受多种因素的复杂影响，不好预测，也不应作为五年规划的强制性指标，但可以作为非约束性的指导性指标。过去多年来，很多地方将GDP增速作为规划的重点内容，这一点在十三五规划中要有所改变。尤其是中国经济在十三五时期将逐步进入新常态，经济增速将明显下一台阶，经济发展最主要的任务是提质增效、健康可持续发展，因此更应弱化GDP增长的规划。

二是弱化产业发展规划。十三五期间，随着全面改革的推进，要逐步发挥市场在资源配置中的决定性作用，具体发展什么产业应该由市场和企业去决定，而不是由政府事先去规划。从过去多年的经验教训来看，凡是政府过度规划的产业往往形成了产能过剩等问题，而那些没有被规划的产业则往往获得了意外的发展。故我们一定要相信市场的威力。

三是弱化城镇化水平规划。城镇化是一个自然的历史过程，城镇化率的提高也有其内在的规律，不宜人为地规划。人为规划一定要提高多少个点的城镇化水平，就会造成过多剥夺农民土地、赶农民上楼、搞土地财政、建形象工程、推高房价、浪费资源、破坏环境等问题，就会带来拔苗助长、适得其反的结果。所以，在十三五规划中，为了避免各地大搞城镇化建设竞赛，要弱化城镇化水平的规划。

四是弱化基础设施建设项目规划。虽然交通、通信、水利等基础设施建设是公共产品，是政府规划的重点内容之一，但是基础设施建设也有市场需求约束的问题，也有资金约束的问题，也有通过PPP（公私合作伙伴关系）模式实现公私合作的问题，故而要尊重市场规律、尊重循序渐进的原则，也要充分发挥企业和民间资本的作用。故十三五基础设施建设规划要将重点放在总体思路规划上，而不是具体项目规划上，具体项目要尊重企业和市场的选择，要有灵活性。

关于十三五经济增长目标的四点建议

常修泽／国家发改委宏观经济研究院教授、清华大学中国经济研究中心研究员／

中国先人"治国策"有句名言："凡事预则立，不预则废。"十三五经济增长目标到了该"定"的时候了。

但，按多高经济增长率来谋划？据笔者掌握，目前意见不尽一致，大体分为三种：一种意见主张7%左右甚至更高；一种意见主张6%左右甚至更低；还有一种意见主张6.5%。我倾向于按6.5%来把握。我以前谈到未来中国将由人均国民收入"中等收入"阶段向"中高等收入阶段"转变，是按照6.5%测算的。

2015年9月17日，在新华社内部座谈会上，笔者仍坚持按6.5%左右来设定。同时把问题进一步引深：如果确定6.5%增长目标之后，决策部门和实际工作该注意什么？笔者提出四点建议。

／／供给面和需求面分析

与十二五时期相比，十三五时期"经济下行压力增大"。在潜在经济增长率将呈现下降趋势的情况下，如果设定7%则难以实现。

（一）供给面分析：劳动力要素、资本要素、资源环境"三约束"

劳动力要素供给。十三五规划要铺陈，中国改革发展的红利是否普惠到每一个人？这是我的"人本"理念。但从人口总量来说，中国正在发生变化。相关资料表明：由于快速的人口转变，目前新增劳动年龄人口数量正经历急剧下降的过程。2012年，中国15—59岁（或者15岁以上不满60周岁）的劳动年龄人口比2011年减少345万，这是国内劳动年龄人口第一次出现绝对下降。2013年，16—59岁劳动年龄人口较上年减少244万人，继续呈现下降趋势。劳动年龄人口总量出现绝对下降是新情况。预计十三五期间，适龄劳动人口规模年均降幅为0.3%左右。同时，随着人口的结构性变化，也使人口抚养比的走势出现扭转。这意味着，"人口红利"对增长的积极效应逐步减弱直至消失。

资本要素供给。随着人口年龄结构的变化，特别是老龄化问题加重（60岁及以上人口2010年为1.78亿，目前估计超过2亿人），高储蓄的水平也出现下行趋势。国内部门总储蓄率2012年为49.5%，预计到十三五末期将降至47%左右。储蓄率降低将导致资本形成率相应下降，资本积累对经济增长的贡献率趋于减弱。

资源环境约束。35年前，笔者曾发表题为《"竭泽而渔"后患无穷》的论文，现在"后患已现"：资源环境矛盾突出。能源消费的快速增长和能源消耗强度的急剧增加导致资源供需缺口逐渐增大，资源对外依存度不断攀升。前不久，习近平主席在联合国承诺排放总量比2005年大幅减少，鉴于近年来主要的污染物排放量仍处于较高水平，中国的环境压力也在不断增大。

（二）需求面分析：投资和出口"双高增长模式"不可持续

考虑到近期国际国内经济环境前所未有的特殊复杂性，原有的投资和出口"双轮驱动"模式在十三五期间面临较大的调整，不宜再确定7%的增长目标。

原有的出口驱动模式难以继续。（1）未来几年全球经济将进入一个相对缓慢的增长期；（2）主要发达经济体主权债务问题日益突出；（3）发达经济体家庭可支配收入持续下降和消费者"去杠杆化"趋势日益明显，这或许是未来几年对中国外部需求最直接的负向冲击因素；（4）国际经济衰退引发较为明显的贸易保护主义。上述四条变化，都凸显了外部依赖的脆弱性和不可持续性，传统的以加工出口为特征的发展模式遇到挑战。全球商品贸易危机前的趋势水平与现有实际水平的差距将扩大。2013年，缺口为趋势水平的17%，2015年将提升至19%。在欧洲、美国等中国出口的最大市场，进口倾向在经历了20年的大幅增长之后，正勉强持平，甚至出现下降。

房地产市场的下行压力隐藏较大的风险。据业内人士估算，房地产本身的附加价值约占中国GDP的5%，如果再把其带动的上下游相关产业都考虑进来，创造的价值可能占到GDP的20%。从未来几年房地产市场的变化趋势看，购房适龄人口在达到最大值后将趋于减少，随着房价回调预期的形成，作为房地产双重属性之一的投资品属性趋于弱化，这两个中长期结构性因素对行业发展构成向下压力。

原来依靠"投资拉动"与信贷刺激的增长动能趋于衰减。中国是个"投资驱动型"特征颇为明显的国家，投资（特别是政府投资）一直处在一个"亢奋"的状态。总投资率自2003年超过40%以来，已持续长达11年之久。特别是2009年大规模扩张投资计划后，投资率连续5年维持在47%—49%的高位。在此背景下，资本边际效率或者资本边际生产率在不断恶化。2014年学术界出过一部《增长动力转换论》。现在，中国恰恰处在换"发动机"而又没有换好的"空档"时期：一方面传统增长"发动机"因不可持续而开始减弱；另一方面，新的增长"发动机"尚未换好、替代。在此情况下，经济增长面临一定的压力。因此，预计7%难以实现，应由7%下调为6.5%。

∥实现中高速增长目标有四大条件

确定6.5%增长目标的实现具有一定的基础。主要表现在两个红利、两个拉动。

第一，"人本城镇化"红利。目前城镇化最大的问题是人口城镇化的滞后性。2012年，以常住人口统计的城市化率为54.7%，而城镇户籍人口占比即户籍人口城镇化率为37%—38%。这就意味着2014年占总人口17%的2.3亿人为非城镇户籍的常住人口。这2.3亿人并没有平等地享受城市的各种基本公共服务。原本应具有更高的消费收入弹性或者说边际消费倾向，没有挖掘出来。

城乡结构，核心是填平城乡之间的制度"鸿沟"。如果以下三个问题能得到解决：（1）农村农民的产权关系问题；（2）公共资源在城乡间的均衡配置问题；（3）农村转移人口的公共服务问题。估计到十三五末期规模城镇化率将达到60%左右，人口城镇化率达到45%—50%。那么十三五潜在消费需求将得到不小释放。

第二，"五环式改革"红利。中国"五环式改革"的空间十分广阔，特别是在政府结构改革、要素市场改革、国企和垄断性行业改革等方面。倘若能够拿出更大的勇气和魄力来打破各种利益纠葛，中国经济将焕发出新的活力。

第三，人口质量提高的拉动。除延长退休年龄进而导致劳动力总量的增加外，要特别关注人力资本的变动状况，随着教育质量和人口质量的提高，在抵消人口红利负面作用时，还可以保持人力资本总量的持续增加，从而支撑整个中国经济中高速增长。

第四，开放共赢的拉动。2015年9月，习主席在联合国讲话，勇敢承诺大国责任。中国对全球经济增长举足轻重，2013年对世界经济增长的贡献率达到近30%。随着开放型经济体制的构建，特别是随着"一带一路"建设的实施，亚投行、金砖银行丝路基金、南南基金等的启动运行，自贸区扩围扩容，跨国设施联通、贸易投资便利化、多边金融合作加快推进，这些举措将为经济增长提供新的源泉。

// 确定增长目标后的四点建议

第一，建议中央可提出第三个"中高"——"人均国民收入中高等"。

现在中央经常讲两个"中高"——增长"中高速"，结构"中高端"，建议中央可提出第三个"中高"——"人均国民收入中高等"。按世界银行2012年的标准，中高等收入国家人均国民收入为4086—12615美元；12615美元以上属"高收入国家"。2012年同一指标美国为50120美元，中国为5740美元，中国人均国民收入只相当于美国的11.45%。按6.5%左右测算，到2020年，用于国际比较的"人均国民收入"中国大体是什么格局？根据国家统计局刚刚发布的初步核实数据，2014年GDP实际为63.6万亿元，2015年按7%左右的目标增速，GDP估计为68万亿元。如果十三五期间年均经济增速为6.5%，则2020年GDP将达到93.3万亿元左右，即在90万亿—95万亿元。未来人民币如果保持汇率稳定，暂按现行时点汇率6.37，相当于约14.6万亿美元，即在14万亿—15万亿美元。2020年，全国总人口按14亿计，人均约10457美元，即在10000—11000美元区间，属于中高收入国家水平的上限。从国际比较角度考虑，可提出第三个"中高"——"人均国民收入中高等"。

第二，建议关注就业特别是就业结构性矛盾问题。

必须把"基础性人本"放在优先考虑的位置。首先是就业，近一两年，随着劳动年龄人口规模有所下降，吸纳更多人就业的服务业比重有所上升，大众创业等机制性改革释放出的就业机会增多，等等，出现了一些有利于缓解就业矛盾的新情况。从2015年以来的情况看，整体就业形势比较稳定，大中城市调查失业率保持在5%左右，上半年全国城镇新增就业已完成全年目标任务的71.8%。按照目前GDP每增长1个百分点，大概能创造150万个就业岗位的比例关系进行匡算，GDP增速6.5%左右就业总量总体问题不大，但年轻一代因"选择性就业"而导致的就业结构性矛盾，应引起重视，需要化解。

第三，建议采取措施"防系统性债务风险于未然"。

未来经济运行面临很大风险。可能酿成祸端的债务风险是其中之一。一则，地方政府面临较大的债务到期偿还压力，要有充足的政府综合财力作为偿债保证。二则，中国非金融企业债务占总债务的比重，高出全球主要国家30到40个百分点，在企业债务违约风险上升的情况下，要有足够企业利润收入奠定偿债基础。为此，要盯住企业，增强企业活力和竞争力，特别是东北地区国有企业。

第四，建议强化信心、稳定社会预期。

"信心胜于黄金"。十三五期间经济增长预期目标调降0.5个百分点，虽然点数不多，但是对社会心理影响很大。因此，要讲清十三五期间经济增长目标调降0.5个百分点，属于"平滑下移"的性质。各级政府和群众，务必增强信心，同时守住6.5底线，防止经济过快下行。

十三五中国区域发展战略前瞻

孙久文/中国人民大学经济学院区域与城市经济研究所所长/

// 我国区域发展战略的历史演进

我国的区域经济发展战略在60多年的经济发展历程中经历了多次的转变。这些转变都是在国家宏观经济的影响下，为实现国家发展整体目标做出的战略性调整。历史实践表明，每一次调整都对我国宏观经济的新发展起到了关键性的作用。

旧中国留给我们的是一个经济基础十分薄弱、地区经济发展极不平衡的地区经济格局。为改变这种状况，从新中国成立到1978年改革开放，我国的区域经济发展战略基本上是沿着一条"均衡发展"的道路前行，表现为"工业西渐"。

"工业西渐"的发展战略。新中国成立后的三年恢复时期，国家工业建设的重点是东北老工业基地，其次是华东和华北。一五时期，苏联援建的156项工程当中，沿海地区占1/5，内地占4/5；而整个一五时期，基本建设投资内地占53.3%，沿海占46.7%。二五时期以后和"文化大革命"时期，工业建设大规模向内地推进，造成了很多问题；特别是"三线"建设的失误，影响了国民经济的正常发展。

学术界习惯将从新中国成立到改革开放之前时期的区域发展战略，称为"平衡发展"战略，这实际上是为了改变旧中国工业分布极端不均衡的现状，也是正确处理沿海和内地关系的具体行动。

沿海与内地的区域格局。沿海与内地的区域格局，实际上是承袭新中国成立前的旧格局，新中国成立后，我们一直努力打破这种旧有的区域格局。其中，最有代表性的是新中国成立后的一五时期开始建设的156个重大项目，它们都是按区域经济平衡发展的目标在全国布局的。

毛泽东在《论十大关系》中明确提出要正确处理沿海和内地的关系。20世纪60年代初，出于备战的需要，国家决定将集中在大城市和沿海地区的工厂转移，建立战略后方。同时，从新中国成立以来我国的地区经济发展就极不平衡，大部分的工业集中在东部沿海地带，生产力分布存在地区非均衡性，经济形势也提出了区域经济格局调整的需要。所以，这一阶段主要实行的是区域经济平衡发展战略。这一战略的集中体现就是"三线"建设。按照设想的军事地理区划，中国沿海为第一线，中部为第二线，后方为第三线。湘西、鄂西及四川、云南、贵州三省为西南三线。西北三线建设，其辖区为陕、甘、宁、青、豫西、晋西。相对于西北、西南的"大三线"，中部及沿海地区腹地称"小三线"。根据这一精神，三五计划明确提出，把国防建设放在第一位，加快三线建设，逐步改变工业布局。四五计划则提出建立各自为战、大力协作的经济协作区。在三线建设的过程中，国家对于中西部的投资高度倾斜。三五计划中，全国新建的大、中型项目中，西南、西北、中南地区的项目数高达60.2%。而该时期东部的发展则受到了遏制。

"三线"建设是一次大规模的区域性集中大开发。主要集中于"大三线"的"三线"建设在客观上缓解了新中国成立初期区域经济分布极不平衡的状况，而且为中西部的进一步发展打下了初步的基础。从空间均衡布局的角度衡量，"三线"建设有其正面的意义。1970年，各个省份人均GDP排名前12名依次是：广东、上海、北京、江苏、吉林、青海、云南、辽宁、黑龙江、陕西、宁夏和贵州。属于三线地区的有5个省份，其中青海和云南分属第6和第7。这是"三线"建设所带来的一次大的区域经济格局调整。在随后的年份里，随着战略重点的转移，"三线"建设的中止，各个省份人均GDP排名变化很大，到20世纪80年代，前10名中已经没有西部的省份了。

// 改革开放和"两个大局"

1978年到1995年期间，为了改革开放战略的顺利实施，我国区域经济发展战略也发生了根本性的转变。从理论上讲，是从区域平衡发展转向区域非均衡发展；从实践上讲，是从"工业西渐"战略转为向沿海倾斜战略，同时为东、中、西的协调发展打好基础。

十一届三中全会确立改革开放的大政方针以后，在社会主义经济建设的新探索中，中央提出为了集中力量进行现代化建设，需要大幅度调整区域经济布局，将条件更为有利的东部沿海地区作为优先发展的重点区域。从1979年到1995年，我国在区域经济发展布局的总体格局上，对生产力布局和区域经济发展战略做了较大的调整。

邓小平同志提出了"两个大局"的战略思想，即首先发展沿海地区，沿海地区发展起来之后，以沿海雄厚的实力支援内地建设。因此，我们在改革开放之初就确立了向沿海倾斜的发展战略，即非均衡发展战略，这是我国改革开放后唯一正确的区域经济发展战略。实施向沿海倾斜的沿海优先发展战略，即充分利用沿海的工业基础和区位优势，面向国际市场，积极参与国际市场竞争，大力发展外向型产业的战略模式。为了加快改革开放步伐，中央于1979年率先赋予广东、福建两省"特殊政策、灵活实施"的权力，利用两省毗邻港澳台的区位优势，加快建设带动全国其他地区的改革开放窗口，并且陆续地批准设立深圳、珠海、厦门、汕头为经济特区和14个沿海开放城市。

1987年12月，中央系统提出沿海地区经济发展战略。主要内容是：第一，沿海地区大力发展外向型经济，积极参加国际交换和竞争，扩大产品出口；第二，积极扩大劳动密集型产品和劳动-技术密集型产品的出口，大力发展"三资"企业，实行原材料和销售市场"两头在外"；第三，加强沿海与内地的横向经济联系，带动整个国民经济的发展。1988年3月，国务院召开关于沿海地区对外开放工作会议，会议上，正式决定实施以沿海地区企业为主力，"两头在外，大进大出"的沿海地区经济发展战略，大力发展出口加工型经济，进入"国际经济大循环"。同时，中央决定进一步扩大沿海对外开放的地域范围，批准海南升格为省建制并设立特区，紧接着批准上海市浦东新区为改革开放新的试验区，这意味着我国沿海非均衡发展达到一个相当高的程度。在政府和市场力量的双重作用下，改革开放初期东部地区基本建设投资远高于中西部地区。

向沿海倾斜的非均衡发展战略，充分发挥了沿海地区的比较优势，取得了面向世界、先行发展的巨大成功，我国沿海地区在差不多20年的时间内经济增长率持续保持在全国的领先水平，国民经济整体水平有了很大提高。

// 区域发展需要解决的问题

在全国经济连续30多年快速增长的同时，到21世纪的前几年，区域非均衡发展导致的区域差距扩大、区域间利益的矛盾和冲突、地区发展机会不均等的问题相继显现，成为困扰我国经济社会发展的重大问题。

区域差距扩大的问题。资料表明，1979—1991年，沿海与内地相比，国民生产总值的绝对差距扩大了10倍以上，人均国民生产总值的绝对差距扩大了4.4倍。1995年，镇居民人均收入最高的5个省份均在东部地区，分别相当于全国平均水平的112%—174%，而人均收入最低的5个省份中4个位于西部，1个位于中部，仅为全国平均水平的67%—77%；农民家庭人均收入最高的5个省份也全部位于东部，分别相当于全国平均水平的156%—259%，而人均收入最低的5个省份全部集中于西部地区，仅为全国平均水平的55%—65%。这表明，地区间公平问题日益突出，已对宏观经济的发展形成制约。

区域之间的利益摩擦和冲突加剧问题。长期以来，由于我国工业加工能力主要集中在东部，形成东、中、西的梯度分布；而自然资源则主要集中在中西部，形成所谓"逆梯度"的分布。因此，在东西部之间事实上存在一种分工协作关系：在传统的价格体系下，中西部落后地区向东部输出廉价的农矿初级产品，高价输入东部的加工产品，造成大量的利润流失和税收转移，东部地区则获得了"双重利润"。改革开放之后，我国实施地方分权，各地方相应获得了一定权益，区际关系也开始按照商品经济原则运作，企业的经济效益与各省区政府的财政收入密切相关。为了加快本地区的发展，缩小与其他地区经济发展差距，维护地方利益，中西部地区各省也开始向高利益的加工工业投资。这样，一方面导致了地区间为争夺原料而产生各种摩擦和矛盾，另一方面造成地区之间产业结构趋同化。此外，一些地区为了发展和保护自身的经济利益，往往设卡封关，大搞市场封锁、地方保护主义限制本地资源流出和外地产品流入，形成地区间贸易和要素流动的壁垒，妨碍了资源在全国范围的合理流动和全国统一市场的形成。

地区发展机会不均等问题。由于地理位置和交通运输条件的影响，东部地区与中西部地区在发展机会上形成了事实上的不均等。东部地区借助区位优势和体制优势，迅速摆脱了旧体制的束缚，形成了市场体系相对完善、产业外向度高、区域经济良性循环的发展态势；而中西部地区由于经济发展相对落后，为了加快本地区的经济发展，当地政府和人民往往是以资源耗竭、生态破坏和环境污染为代价来发展经济，形成一定程度的恶性循环。日益恶化的生态环境，极大地制约着中西部地区的经济和社会发展，也影响到全国经济、社会的可持续发展。

上述问题，使我们认识到：区域经济发展战略需要随着经济发展不断进行适应性调整。十三五时期是我国区域发展战略调整的又一个关键时期，探索区域发展战略的方向十分重要。

／／我国经济发展新常态的区域特征

随着近年我国经济下行压力的增大，区域经济发展出现大幅波动。2014年，东北地区GDP增长5.9%，增速同比下滑2.5个百分点，经济总量占全国的比重同比下降了0.2个百分点，固定资产投资增速下滑15.8个百分点，出口增速下滑18.1个百分点，工业增速下滑4.2个百分点。相比之下，东部地区的经济运行较为平稳，2014年经济增速的降幅为0.9个百分点，工业增速和投资增速的降幅为各区域板块最低，显示了较强的稳定性，经济企稳的迹象较为明显。中部地区经济增速保持第二，且降幅最小，出口保持两位数增长，显示出一定的发展韧性。西北和西南地区的经济形势虽然优于东北地区，但稳定性低于东部和中部地区，其中西北地区的投资增速下滑较为明显，西南地区的进出口有所增长，成为拉动经济增长的新动力。

可以看出，当前各地区经济显示出不同的特点和分化发展的趋势。能够适应新常态的地区就能较好地保持经济运行，甚至能够引领新常态。

产业结构是地区经济稳定发展的主要因素。在经济下行压力下，产业结构成为地区发展分化的重要原因。东北地区、内蒙古、河北、山西等地区的资源型行业的比重较高，随着经济增速放缓、国内需求减少，产能严重过剩，石油、煤炭、钢铁等产品价格持续走低，地区经济受到严重冲击。东部省份的服务业比重普遍高于其他地区，在部分行业产能过剩、资源型价格下滑的经济背景下，服务业比重高的地区受到的影响相对较小，服务业发挥了经济发展稳定器的作用。

新产业、新业态成为经济增长的新动力。东部地区的技术和人才集聚程度较高，战略性新兴产业起步较早，电子商务、健康养老、节能环保等新业态发展较快，新技术与产业正在深度融合，这样不仅迎合市场需要，甚至能够激发市场需求，释放出新的经济活力。而西部地区经济增长过于依赖高投资，东北地区过于依赖资源和传统装备制造业。这两大板块的新兴产业和新业态发展滞后，传统产业受到经济波动的冲击，缺少新的增长点来拉动经济发展。

全面改革成为区域发展的重要支撑。十八届三中全会以来，国家全面深化改革的力度不断加大，改革的红利不断释放。从地区角度上来看，东部地区改革力度相对较大，一是国有企业改革走在全国前列，二是沿海的上海、广东、福建和天津设立自贸区，以开放助推改革。各地区的改革推动程度不尽相同是地区经济分化的重要原因。

从十三五时期区域发展的背景来看，第一，全球经济再平衡倒逼我国经济转型升级。虽然全球经济正在复苏，但主要经济体和地区之间存在重要差异，全球经济增长不均衡，新兴经济体和发展中国家明显放缓。值得注意的是，亚洲在力求实现持续经济增长的过程中，面临着中等收入陷阱、人口老龄化、日益加剧的不平等以及金融安全等挑战。作为亚洲最大的发展中国家，世界最大的发展中国家，我国经济面临全球经济再平衡的挑战，要实现可持续发展，只有不畏艰难地坚持转变经济发展方式才行。第二，国家重大战略对区域发展的引导比以往任何时期都更加突出。"一带一路"战略、长江经济带战略、京津冀协同发展战略都已经在国家层面形成了规划，做出了顶层设计，形成了示范效应，影响着各地区的政策安排。第三，构建新的经济增长极，比以往都要急迫。经济下行对区域和产业都形成了压力，构建新的增长极对抗压具有重要的作用。浦东新区、天津滨海新区、重庆两江新区、北京中关村、深圳特区等都发挥了经济发展的支撑作用。在区域中心城市构建新的增长极，提升区域中心城市的运行效率，作用十分明显。第四，适应区域经济转型升级需要，创新和疏解是产业发展的两大趋势。发达地区的产业选择正在向总部经济、生产性服务业、绿色经济转变，传统产业、能源原材料产业和部分低端制造业从发达地区特别是区域性中心城市疏解出去，如此能够更好地配置有限的生产资源，促进区域经济协调发展。第五，资源环境瓶颈制约日益加剧。随着工业化、城镇化进程的加速推进，经济发展与资源环境之间的矛盾日益突出，我国的区域可持续发展面临一系列严峻挑战。在资源环境瓶颈制约日益加剧的背景下，主要依靠土地等资源以粗放消耗的方式推动城镇化快速发展的模式不可持续。要坚持节约优先、保护优先、自然恢复为主的基本方针，着力推进绿色发展、循环发展、低碳发展，形成节约资源和保护环境的空间格局、产业结构、生产方式、生活方式，从源头扭转生态环境恶化趋势。第六，生态文明成为区域发展的重要组成部分，促使国家和地区完善生态补偿机制。目前生态文明建设已经成为区域发展的新主体，在加快区域经济发展的同时，环境治理和生态补偿是区域协同发展的不可或缺的内容，需要国家和地方政府共同建立合理的生态补偿机制。

// 十三五时期区域发展战略的主要任务

我们是在一个极端复杂的发展环境下，展望即将到来的十三五时期中国区域发展战略的。在这样的发展背景下，十三五时期的区域发展战略应当涵盖以下主要内容：

鼓励东部地区率先发展，提高经济发展质量和水平。我国区域发展总体战略，在新的历史条件下，东部地区率先发展具有显著的重要性。与其他区域相比，东部地区区域经济的抗压能力较强，原因有三个：一是东部地区的"盘子"大，一定量的压力刺激不会有明显的影响；二是东部地区的市场经济更加发达，经济更加服从客观规律，政府干预较少；三是东部当前的发展问题不是经济总量的问题，而是质的问题，对产业升级、结构调整和发展方式转变的需求更迫切。因此，鼓励东部地区率先发展应当从两个方面进行：首先，打造更优化的空间竞争形态。当今世界的竞争不是单个城市的竞争，也不是整体区域的竞争，而是城市群的竞争。纽约、巴黎、东京等大城市群构成各个经济体主要竞争主体，所以东部地区的率先发展必须打造坚实的空间抓手。其次是优化产业结构，通过产业转移加强与中西部的经济联系和协调发展，通过"一带一路"战略将过剩产能输出到沿线国家。

坚持更大的改革和开放力度，均衡构建新的经济增长极。改革开放是我国经济发展的关键环节，也是区域发展战略的核心动力。从开放角度，加快自贸区建设，推动"一带一路"的建设，并积极推动我国地区企业走出去、参与全球竞争，是提升对外开放水平的重要环节。构建新的经济增长极，就是要积极推动综合配套改革试验区、国家级新区、承接产业转移示范区、产城融合试验区等极点式区域的建设，实现以点带面的发展。

贯彻三大战略，深入促进区域协调发展。中央提出的"一带一路"战略、长江经济带战略、京津冀协同发展战略，是实现区域协调发展的关键。进入十三五时期，不平衡、不协调、不可持续的问题仍然是区域发展的主要制约因素，在实施三大战略的过程中，要从各个地方实际出发，实施分类指导，完善并创新区域政策。要大力推动形成跨行政区、跨区域板块的经济合作区，强化区域间的重大项目和重大政策的对接。

大力促进陆海统筹和发展海洋经济。十二五规划明确提出陆海统筹的要求，将发展海洋经济、建设海洋强国放在战略的高度。党的十八大报告从战略高度对海洋事业发展做出了全面部署，明确指出要"建设海洋强国"。在目前的国际局势下，十三五期间继续推动陆海统筹战略，必须统筹海洋维权与周边稳定、统筹近海资源开发与远洋空间拓展、统筹海洋产业结构优化与产业布局调整、统筹海洋经济总量与质量提升、统筹海洋资源与生态环境保护、统筹海洋开发强度与利用时序，并以此作为制定国家海洋战略和海洋经济政策的基本依据。

促进区域发展精准化，完善区域政策体系。我国广阔的地域面积和差异极大的禀赋状况，决定了"一刀切"的区域政策不足以理顺区域间的关系，必须在准确把握国家战略方向的前提下，充分考虑不同地区的实际需求，构建差别化、有针对性的区域政策体系。十三五时期，需要将区域政策的空间划分从板块层面缩小到跨省区层面，并进一步缩小到增长极层面，推动区域经济发展的精准化，提高区域政策干预的精确度。要统筹东中西，协调南北方，进一步促进区域协调发展。

谋划十三五时期区域发展新格局。在十三五时期，我国区域发展战略的方向其实已经十分明确，这就是以三大战略为核心，重点打造的国家级经济带。以国家级经济带为骨架，以区域中心增长极为节点，以县域发展为基础，形成覆盖全国的区域发展新战略。

目前的国家级经济带主要有：

环渤海经济带。环渤海经济带处于东部地区，贯通南北、连接陆海，总人口2.5亿，GDP以及投资、消费、进出口等主要指标都约占全国的1/4，作用独特，区位优越，基础雄厚，正处于转型发展的关键阶段，是中国经济最有潜力的新增长极之一。其中，京津冀协同发展是本区域发展的核心，也是打造国家首善之区的关键性战略。

长江经济带。长江是继中国沿海经济带之后最有活力的经济带，依托长三角城市群、长江中游城市群、成渝城市群，做大做强上海、武汉、重庆三大中心城市三大航运中心，推进长江中上游开发，拓展我国经济发展空间。

新丝绸之路经济带。新丝绸之路经济带是在古丝绸之路概念基础上形成的一个新的经济发展区域。东边牵着亚太经济圈，西边系着发达的欧洲经济圈，被认为是"世界上最长、最具发展潜力的经济大走廊"，是打造西部大开发的"升级版"。随着"一带一路"大战略的提出与实施，新丝绸之路经济带成为国家大战略的重要支撑。

中国经济带的建设是为了构建中国区域空间的战略格局，形成我们全部国土科学开发的框架体系。因此，目前还处在"织网"的阶段。在中国区域空间的战略格局的大网中，还有若干经济带已经或即将形成：

东南沿海经济带。随着沪深高铁的全线贯通，上海自贸区、天津滨海新区、粤港澳合作区等助其提速，一个连接长三角城市群、海峡西岸城市群、珠三角城市群和北部湾城市群的经济带已经呈现。

珠江经济带。与长江经济带平行、支撑我国南方发展的珠江经济带，包括广东、广西、贵州、云南，以珠三角为龙头，涵盖整个西江流域，并将进一步拓展中国的区域经济发展空间。

东北中部经济带。从黑龙江北部一直到辽东半岛，形成一个纵贯东北平原腹地的经济带。这里有中国最大的平原，有丰富的煤炭、石油、粮食等资源产品。东北中部经济带的建设将有利于本区的东北亚区域中心作用的发挥。

黄河经济带。包括山东、河南、陕西、甘肃、青海，黄河经济带东到黄海，西接新丝绸之路经济带，是中国的经济脊梁。

长城经济带。在中国的北方，沿长城一线，包括北京、河北、山西、内蒙古、宁夏，在中国的北方内陆形成一个强大的经济地带。这个经济带将承担中国最大的能源基地的职能。

十三五规划强调金融的服务定位

张超 / 中国人民大学国际货币研究所研究员 /

十三五规划出来，其中涉及"互联网金融"方面的内容被各方誉为"亮点"。解读规划，除了重视其本身直述的相关重点领域，还需要读懂规划所表达的"潜台词"。

规划在金融领域的要求可以总结为以下六方面：一是服务实体经济；二是构建可持续发展金融体系；三是建设绿色金融体系；四是建立双向开放体制；五是发展普惠金融；六是提升金融治理能力。在笔者看来，这六大要求总结为一句话就是：提升能力，做好服务。

习总书记2015年11月18日在菲律宾出席亚太经合组织领导人非正式会议时再次阐述："要解决世界经济深层次问题，单纯靠货币刺激政策是不够的，必须下决心在推进经济结构性改革方面做出更大的努力，使供给体系更加适应需求结构的变化。"央行周小川行长在解读规划时，认为"创新调控思路和工具"需要货币政策在区间调控基础上加大定向调控力度，增强宏观经济政策的针对性、准确性和前瞻性。

中央财经领导小组办公室副主任杨伟民表示："当下我国经济下行的问题，虽然也有需求总量和需求结构方面的原因，但主要原因不在需求侧，病根在于供给体系和结构问题。"

结合习近平总书记、周小川行长、杨伟民副主任的连番表态和解读，笔者在规划发布后重点思考金融的"服务"能力。规划对于今后5年金融业的"服务"能力提出："坚持创新发展理念，全面提高金融服务实体经济效率"的总体要求，强调健全金融机构体系，构建金融发展新体制；发挥金融创新功能，培育经济发展新动力；完善宏观调控方式，创新调控思路和政策工具三个具体要求。

从这三个具体要求看，前两个要求是强化金融体系自身的能力，创新服务实体经济的手段；后一个要求强调货币政策思路要由传统的"大水漫灌"式总量刺激向"精准发力"式局部调控转变，为转方式、调结构、守底线提供有利的金融环境。

国家领导人和中央财经工作决策机构负责人的连续表态，说明决策层已经非常清醒地认识到我国经济的核心问题和症结。而解决问题单纯依靠金融是很难奏效的，在这样的经济大环境下，金融应该成为服务经济的"镇痛剂"和"缓冲器"，不能越俎代庖地充当拯救经济的"救世主"。

现在我国经济的主要矛盾在供给端，而供给端的主要矛盾又在于供给结构的不合理，主要表现为：低端、低附加值产品供给过剩，满足需求的产品又供给不足。需求端与供给端发展严重失衡，导致供需两端缺口越来越大。生产出来的产品没有销路，而消费者在境内又不能以相对低廉的价格购买到所需商品，造成我国实际购买力的大量外流，进而导致实际推动我国产业升级的动力不足，形成一种恶性循环。

造成这样局面的主要原因就是过去我国对供给端的重视不够，过分强调对需求的刺激，并对居民收入结构发展缺少正确的把握，没有意识到中产层的快速崛起。经济在供给端一味发展排浪式产品，对于个性化产品供给对经济发展的促进作用的认识有限。同时，长期的政策刺激造成全社会的产业结构失衡。虽然我国经济因为"刺激"而付出了较大的发展成本，但至少目前我们选择的方向是正确的，亡羊补牢，为时未晚。在"供给端管理"这样正确的思路指导下，我国经济恢复内生性发展动力充满希望。

在目前宏观经济大环境下，规划突出金融的"服务"性质，规避我国金融行业陷入"大金融"思潮的风险。"大金融"是20世纪70年代布雷顿森林体系崩溃以后，以"里根经济学""撒切尔革命"和"华盛顿共识"等市场原教旨主义理论为依托，催生出的依靠货币市场、资本市场、商品市场等虚拟经济发展为主要动力的"脱实入虚"发展方式，而2008年金融危机是"大金融"的一次彻头彻尾的失败！

正如习总书记指出的那样，单纯的货币政策宽松无法有效解决我国当前经济的问题。资金供需链因去杠杆、去产能、环境硬约束等因素制约运转效率降低，货币对经济的刺激作用边际递减，传统政策传导机制受损。一个结构性矛盾突出的经济体不是通过金融业的大发展就能脱胎换骨的。

在这样的背景下，规划强调金融业的"服务"性质为我国金融业的发展指出了方向，并给市场提供了理性的预期。因此，在解读"规划"直述的内容的同时，强调对规划"潜台词"的解读不但可以更加深刻地理解规划对我国经济中期发展的指导意义，更能从我国经济发展的大局出发，从战略的高度诠释中央对我国经济未来发展之路的谋划。

"新供给"新在哪里

贾康 / 华夏新供给经济学研究院院长 /

　　理论一定是要服务现实的，但理论自有其超越片断现实、局部现实的规律认知追求，和高于一般经验、直觉的指导性品质，这才构成了理论服务现实的价值之所在。经济学研究者显然应力求理论密切联系实际，在无穷尽的发展过程中，有所发现，有所创新，有所前进。

　　中国经济在经受不期而至的世界金融危机冲击之后，已走到了一个自身"潜在增长率"下台阶而"矛盾凸显"对"黄金发展"瓶颈制约日趋严峻的新阶段。往前看，寻求经济增长的可持续，必须在"发展是硬道理"升华为"全面协调的科学发展是硬道理"之后，使中长期发展与有效激发、如愿释放内生潜力与活力相结合，从而使经济增长质量真正提高，已强调多年的优化结构、加快发展方式转变成为现实。与此相关的分析认识指向一个人们无法回避、议论纷纷的问题：为使中国中长期经济增长、结构调整面临的瓶颈制约得到破解，需要构建什么新的思路？我们认为回答这个问题，首先需要得到理论创新之光的烛照引领。

　　中国的"新供给经济学"研究群体，在迎接中国共产党的十八大和十八届三中、四中全会的背景之下，提出了从供给端发力应对现实挑战、破解瓶颈制约的一套认识和建议。十八届三中全会关于全面深化改革、十八届四中全会关于全面推进法治化的指导文件的发表，又给予我们更多的研究激励和改革、转型的紧迫感。作为研究者，我们力求有所作为地形成对主流经济学理论框架的反思，和对实现从邓小平提出的"三步走"到习近平表述的"中国梦"现代化目标的理论创新支撑。相关认识的切入点，需要对已有的经济学成果有"破"有"立"。

"新供给"新在哪里？我们认为，虽然已有的研究成果还属初步，但其新意已可做出简要总结：一是新在我们的"破"，二是新在我们的"立"，三是新在我们成体系的政策主张与思路设计。

// "新供给"研究中的"破"

从世界金融危机和中国改革开放的现实生活经验层面考察，人们普遍发问：为什么经济学家对"千年之交"后震动全球的金融危机既无像样的预测，又无有效、有力的经济学解说与对策思路框架？如何以经济学理论阐释中国的不凡发展与艰巨转轨进程？众多研究者认为：经济学理论迄今已取得的基本成果亟待反思。我们认为，这一中外人士反复提到的挑战性问题可以归结为经济学理论所需要的、在"新供给"研究中已致力做出的"破"，这至少集中在如下三个方面：

第一，我们直率地指出了主流经济学理论认知框架的不对称性。古典经济学、新古典经济学和凯恩斯主义经济学虽然各自强调不同的角度，都有很大的贡献，但是它们共同的失误又的确不容回避，即它们都在理论框架里假设了供给环境，然后主要强调的只是需求端、需求侧的深入分析和在这方面形成的政策主张，都存在着忽视供给端、供给侧的共同问题。最近几十年有莫大影响的"华盛顿共识"，理论框架上是以"完全竞争"作为对经济规律认知的假设条件，但是回到现实，即联系实际的时候，并没有有效地矫正还原，实际上拒绝了在供给侧做深入分析，在这样一个重要领域存在明显不足。世界头号强国美国前几十年的经济实践里，在应对滞胀的需要和压力之下应运而生的供给学派是颇有建树的，其政策创新贡献在实际生活里产生了非常明显的正面效应，但其理论系统性应该说还有明显不足，他们的主张还是长于"华盛顿共识"框架之下、在分散市场主体层面怎样能够激发供给的潜力和活力，但却弱于结构分析、制度供给分析和政府作为分析方面的深化认识——因为美国不像中国这样的经济体有不能回避的如何解决"转轨问题"与"结构问题"的客观需要，也就自然而然地难以提升对供给侧的重视程度。相比于需求侧，供给侧的问题更复杂、更具长期特征和"慢变量"特点，更要求结构分析与结构性对策的水准，但这并不应成为经济学理论可长期容忍其认知框架不对称的理由。

第二，我们还直率地批评了经济学主流教科书和代表性实践之间存在的"言行不一"问题。美国等发达市场经济在应对危机的实践中，关键性的、足以影响全局的操作，首推他们跳出主流经济学教科书实行的一系列区别对待的结构对策和供给手段的操作，这些在他们自己的教科书里面也找不出清楚依据，但在运行中往往得到了特别的倚重与强调。比如，美国在应对金融危机中真正解决问题的一些关键点上，是教科书从来没有认识和分析过的"区别对待"的政府注资，美国调控当局一开始对雷曼兄弟公司在斟酌"救还是不救"之后，任这家150多年的老店垮台，有了这样的一个处理后又总结经验，再后来对从"两房"、花旗一直到实体经济层面的通用公司，就分别施以援手，大量公共资金对特定主体的选择式注入，是一种典型的政府区别对待的供给操作，并且给予经济社会全局以决定性的影响。然而，如此重要的实践，迄今还基本处于与其经典学术文献、主流教科书相脱离的状态。

第三，我们还直截了当地指出了政府产业政策等供给侧问题在已有经济学研究中的薄弱和滞后。比如，在经济发展中"看得见摸得着"的那些"产业政策"的方面，尽管美国被人们推崇的经济学文献和理论界的代表人物均对此很少提及，但其实美国的实践可圈可点，从20世纪80年代《亚科卡自传》所强调的重振美国之道的关键是"产业政策"，到克林顿主政时期的信息高速公路，到近年奥巴马国情咨文所提到的从油页岩革命到3D打印机，到制造业重回美国，到区别化新移民和新兴经济等一系列的亮点和重点，都不是对应教科书的认知范式，而是很明显地对应现实重大问题的导向，以从供给端发力为特色。不客气地说，本应经世致用的经济学理论研究，在这一领域，其实是被实践远远抛在后面的"不够格"状态。

// "新供给"研究中的"立"

有了上述反思之"破"后，我们强调，必须结合中国的现实需要，以及国际上的所有经验和启示，以更开阔的经济学理论创新视野，考虑我们能够和应当"立"的方面。

第一，我们特别强调的是经济学基本框架需要强化供给侧的分析和认知，这样一个金融危机刺激之下的始发命题，需要更加鲜明地作为当代学人"理论联系实际"的必要环节和创新取向。在基础理论层面我们强调：应以创新意识明确指出人类社会不断发展的主要支撑因素，从长期考察可认为是有效供给对于需求的回应和引导，供给能力在不同阶段上的决定性特征形成了人类社会不同发展时代的划分。需求在这方面的原生意义，当然是不可忽视的——人有需求才有动力、才要去追求各种各样的可用资源——但是在经济学角度上，过去对于有效供给对需求引导方面的作用却认识不足。我们从供给能力在不同阶段特征上的决定性这样一个视角，强调不同发展时代的划分和供给能力，以及与"供给能力形成"相关的制度供给问题，具有从基础理论层面发生而来的普适性，也特别契合在中国和类似的发展中国家怎样完成转轨和实现可持续发展方面的突出问题。回应和解决这个视角上的问题，其实也包括那些发达经济体怎样在经历世界经济危机冲击后更好地把理论服务于现实需要。在现实生活中，关键是在处理"生产产品满足消费"的需求侧问题的同时，解决"生产什么"和"如何生产"的供给侧问题——尤其是"制度供给怎样优化"的问题。这种把需求与供给紧密联系起来的研究，在人类经济社会发展实践中正在日益凸显其必要性和重要性。

第二，我们强调正视现实而加强经济基本理论支点的有效性和针对性。比如"非完全竞争"，应作为深入研究的前提确立起来，因为这是资源配置的真实环境，牵涉大量的供给侧问题。过去经济学假设的"完全竞争"环境，虽带有大量理论方面的启示，但它毕竟可称为一种1.0版的模型。现在讨论问题，应放在非完全竞争这样一个可以更好反映资源配置真实环境、涵盖种种垄断竞争等问题的基点上，升级、扩展模型和洞悉现实。需求分析主要处理总量问题，指标是均质、单一、可通约的；而供给分析要复杂得多，处理结构问题、制度构造问题等，指标是非单一、不可通约的，更多牵涉到政府—市场核心问题这种基本关系，必然在模型扩展上带来明显的挑战和非比寻常的难度，但这是经济学创新与发展中绕不过去的重大问题。更多的中长期问题和"慢变量"问题，也必然成为供给侧研究要处理好的难题。过去经济学研究中的"一般均衡"或在"反周期"调控中可自然解决的议题，我们认为有必要升级为在非完全竞争支点上有待加入供给侧能动因素做深入开掘的大文章。

第三，我们认为市场、政府、非营利组织应各有作为并力求合作，这也是优化资源配置的客观要求。在明确认同市场总体对资源配置的决定性作用的前提下，我们还需要有的放矢地来讨论不同的主体——即市场和政府，还有"第三部门"（非政府组织、志愿者、公益团体等），它们在优化资源配置里面可以和应该如何分工、合作、互动。在不同的阶段和不同的领域，分工、合作、互动的选择与特点又必有不同。由分工、失灵到替代，再由替代走向强调"公私合作伙伴关系（PPP）"式的合作，反映了人类社会多样化主体关系随经济发展、文明提升而具有的新特征、新趋势。

第四，我们特别强调了制度供给应该充分地引入供给分析而形成有机联系的一个认知体系，即物和人这两个视角，它们在供给端应该打通，各种要素的供给问题和制度供给问题应该内洽于一个体系，发展经济学、制度经济学、转轨经济学、行为经济学等概念下的研究成果，需要加以整合熔于一炉。通过这样的"立"回应转轨经济和中国现实的需求，形成的核心概念便是我们在理论的建树和理论联系实际的认知中，必须更加注重"理性的供给管理"。在中国要解决充满挑战的现代化达标的历史任务，必须借此强调以推动制度和机制创新为切入点、以结构优化为侧重点的供给端的发力与超常规的"追赶—赶超"长期过程。

当然，以上这些并不意味着我们就可以忽视需求方面的认识——"需求管理"的认识在已有的经济学理论成果中已经相对充分，我们希望在供给这方面更丰富、更有针对性地提高认识框架的对称性。这样的认识落到中国经济学人所处的现实中间，必然要合乎逻辑地特别强调"以改革为核心"，从供给端入手推动新一轮"全面改革"时代的制度变革创新。这是有效化解矛盾累积和"滞胀""中等收入陷阱""塔西佗陷阱"和"福利陷阱"式的风险，实现中国迫切需要的方式转变与可持续健康发展而直通"中国梦"的"关键一招"和"最大红利所在"。我们的研究意图和可能贡献，是希望促使所有可调动的正能量把重心凝聚到中国迫在眉睫的"十八届三中、四中全会之后新一轮改革如何实质性推进"这一问题上，以求通过全面改革和理性的供给管理，跑赢危机因素的积累，破解中长期经济增长、结构调整瓶颈，从而使"中国梦"的实现路径可以越走越宽、越走越顺。

// "新供给"的政策主张

在上述基本认识引出的新供给经济学研究群体的基本政策主张，是以改革统领全局之下的"八双"和面对"两个一百年"历史任务的"五并重"。

"八双"的基本要点是：

第一，"双创"——走创新型国家之路和大力鼓励创业。

第二，"双化"——推进新型城镇化和促进产业优化。

第三，"双减"——加快实施以结构性减税为重点的税费改革和大幅度地减少行政审批。

第四，"双扩"——对外开放格局和新的国际竞争局面之下，扩大中国对亚非拉的开放融和，以及适度扩大在增长方面基于质量和结构效益的投资规模（对于消费的提振当然是比较重要的，已经有了不少研究成果和重视程度的明显提高，但是对于投资这方面的进一步认识，我们认为也需要强调，所以放在"双扩"概念之下来体现）。

第五，"双转"——尽快落实人口政策的转变，积极促进国有资产收益和存量向社保与公共服务领域的转置。

第六，"双进"——在国有、非国有经济发挥各自优势协调发展方面，应该是共同进步，需要摒弃那种非此即彼截然互斥的思维，在"混合所有制"的重要概念之下，完善以"共赢"为特征的社会主义市场经济基本经济制度的现代化实现形式。

第七，"双到位"——促使政府、市场发挥各自应有作用，双到位地良性互动、互补和合作。对这方面的分析认识，需扩展到中国势必要发展起来的第三部门，即志愿者组织、公益慈善界的非政府组织、非营利组织，这些概念下的一些越来越活跃的群体，应该在社会主体的互动中间发挥他们的潜力。我们非常看重国际上已高度重视的公私合作伙伴关系（官方意译为"政府与社会资本合作"）PPP模式，在此模式下寻求共赢，应该是最基本的认识视角。

第八，"双配套"——尽快实施新一轮"价、税、财"配套改革和积极地、实质性地推进金融配套改革。

在上述基本考虑中，"双创"是发展的灵魂和先行者；"双化"是发展的动力与升级过程的催化剂；"双减"则代表着侧重于提升供给效率、优化供给结构以更好适应和引导需求结构变化的制度基础；"双扩"是力求扩大供给方面在国际、国内的市场空间；"双转"是不失时机、与时俱进地在人口政策和国有资产配置体系两大现实问题上顺应供给结构与机制的优化需要，以支持打开新局；"双进"是明确市场供给主体在股份制现代企业制度安排演进中的合理资本金构成与功能互补和共赢效应；"双到位"是要在政府与市场这一核心问题上明确相关各方的合理定位；"双配套"是对基础品价格形成机制和财税、金融两大宏观经济政策体系，再加上行政体制，以大决心、大智慧推进新一轮势在必行的制度变革与机制升级。

"五并重"的基本内容是：

第一，"五年规划"与"四十年规划"并重，研究制定基于全球视野的国家中长期发展战略；

第二，"法治经济"与"文化经济"并重，注重积极逐步打造国家"软实力"；

第三，"海上丝绸之路"和"陆上丝绸之路"并重，有效应对全球政治经济格局演变；

第四，柔性参与TPP与独立开展经济合作区谈判并重，主动参与国际贸易和投资规则的制定；

第五，高调推动国际货币体系改革与低调推进人民币国际化并重。

这个"五并重"思路设计的视野，是把中国顺应世界潮流寻求民族复兴的时间轴设为百年、空间轴设为全球，来认识和把握综合性的大格局、大战略问题。

// 拒绝简单化标签，注重从实际出发、供给端发力服务全局

简要地说，我们主张的上面这些"立"，是生发于对经济规律的探究，首先既对应中国的"特色"和背景，又服务于中国现代化的赶超战略。邓小平强调的"三步走"可理解为一种实质性的赶超战略。其间，前面几十年主要是追赶式的直观表现，最后的意图实现，则确切无疑地指向中华民族能够实现伟大复兴，在落伍近两百年之后又"后来居上"地造福全中国人民和全人类，这也就是习总书记所说的"中国梦"。这个"中国梦"绝不是狭隘民族主义的，而是一个古老民族应该对世界和人类做出的贡献，是数千年文明古国在一度落伍之后，应该通过现代化加入世界民族之林第一阵营，在人类发展共赢中间做出自己应有的、更大的贡献，即服务于中国和世界人民把对美好生活的向往变为现实。

我们深知，相关的理论和认识的争鸣是难免的，也是必要的，而在中国现在的讨论中间，似乎还很难避免简单化贴标签的倾向。比如说在一般的评议中，某些思路和主张很容易被简单地分类——某些观点被称为新自由主义，某些观点被称为主张政府干预和主张大政府，有些则被称为是主张第三条道路。贴标签的背后，是认识的极端化和简单化。

我们自己的认识倾向是希望能够超越过去的一些贴标签式的讨论，侧重点在于先少谈些主义、多讨论些问题，特别是讨论真问题、有深度的问题，来贯彻对真理的追求。研讨清楚了"真问题"，"主义"也就呼之欲出了。没有必要在经济学框架之内，在对经济规律的认知领域之内，对这些讨论中的观点处处去贴意识形态标签，处处去分辩是左是右、姓资姓社。新供给研究的追求，是继承经济学和相关学科领域内的一切人类文明的成果，站在前人的肩膀上，对经济理论学说做出发展，包括补充、整合与提升。

我们对理论研究的"从实际出发"应该进一步的强调。"一切从实际出

发"既要充分体察中国的传统（包括积极的、消极的），充分体察中国的国情（包括可变的与不可变的），也要特别重视怎样回应现实需要——有些已认识的固然是真实合理的现实需要，但也会有假象的现实需要即不合理的、虚幻的诉求，我们要通过研究者中肯、深入的分析，把这些理清。既从实际出发体察中国视角上必须体察的各种相关事物，同时也要注重其他发展中国家以及发达国家的经验和教训、共性和个性，包括阐明和坚持我们认为现在已经在认识上可以得到的普世的共性规律和价值。

由破而立，由理论而实际，在分析中就特别需要注重供给端与需求端的结合，政府、市场与第三部门互动等全方位的深入考察和相互关系考察，力求客观、中肯、视野开阔、思想开放。"新供给经济学"绝不是为了创新而创新，而是面对挑战有感而发，为不负时代而做出理应追求的创新。中国自20世纪90年代以来宏观调控中"反周期"的政策实践，有巨大的进步和颇多成绩，但延续主流经济学教科书和仿效发达国家的需求管理为主的思路，继续贯彻单一的"反周期"操作路线，随着近年的矛盾积累与凸显，已日益表现出其局限性。今后随着中国经济潜在增长率下台阶、经济下行中资源环境制约和收入分配等人际关系制约已把可接受的运行状态的"区间"收窄，再复制式地推出"四万亿2.0版"的空间，已十分狭窄，较高水平的理性"供给管理"的有效运用，势在必行。既然在中国中长期发展中如何破解瓶颈制约，和攻坚克难全面深化改革、优化结构，是国人共同面临的历史性重大考验，那么我们应站在前人的肩膀上，以严谨的学术精神，秉持理论密切联系并服务实际的创新原则，更好地追求经济学经世济民的作用，更多地注重从供给端发力，在实践中破解瓶颈，服务全局，把握未来。

吴敬琏

孔泾源

厉以宁

迟福林

张文魁

钟正生

张英洪

沈开举　郑磊

季卫东

如何确立中国经济新常态？

吴敬琏/国务院发展研究中心研究员/

近年来大多数人已经认识到，中国经济高增长、低效率，靠大量投资支撑的旧常态已经不可维持，它必然要过渡到"新常态"。

// 新常态仍待努力确立

那么，新常态具备哪些特征？这有多种不同的理解。大体上有两点比较一致：第一，是GDP从高速增长向中高速增长，甚至中速增长转变；第二，是经济发展方式从依靠投资驱动的粗放增长转向依靠创新驱动的集约增长转变。

应该看到，以上两点有着很不相同的情况。前一点，经济增长速度降低已经是一个不争的事实，而且也取得了朝野共识。至于第二点，经济结构的优化、经济效率的提高和经济发展方式的转型，却是一件尚未实现有待努力的事情。

这样，我们就面临一个问题：如果GDP增长速度下降过程中效率没有改善，原来由GDP数量扩张所掩盖的许多经济社会矛盾就会暴露出来，而且会造成减速过快，经济社会矛盾加剧的困境。因此，仅有增长减速而没有增长质量的提高，并不是我们希望见到的一种常态。相反，如果能够在增长减速的同时提高增长的质量，优化结构、提高效率，就能减轻增长减速的冲击，甚至能够在中速增长的情况下使人民得到更多的实惠。所以，GDP有较高效率支撑的中速增长，才是符合我们愿望的新常态。

// "三驾马车"分析框架的误区

研究应对增长减速的方针政策，可以运用不同的分析框架。运用不同的分析框架，得出的政策结论也会有很大的不同。

大致上从2009年开始，不知什么原因，在分析中国宏观经济走势的时候，流行起一种认为经济增长速度取决于消费、投资、净出口等"三驾马车"的需求强度的理论。根据这种理论，中国经济的增长乏力，是由消费、投资和净出口等三项需求不足造成的。只要能够把需求扩大到足够的水平，增长就能够重上台阶。

我认为，这一套分析有重大的缺点。

首先，它用错了分析框架。十分明显，"三驾马车"分析法是凯恩斯主义的短期分析框架的变形。如同大家知道的，凯恩斯主义认为，需求的强度决定供给的规模，因此，产出总量等于由消费、投资、财政赤字和净出口四项需求构成的社会总需求。不过即使是凯恩斯主义的经济学，也只是运用这一理论框架来讨论短期经济问题，用它来分析长期经济发展趋势显然是用错了分析框架。

其次，由这种分析得出的政策结论也是有问题的。因为消费、投资、出口需求有多大，归根到底是由一些客观因素决定的，并不取决于人们的愿望。以进出口为例，它最终取决于整个国际经济格局。过去中国对发达国家有大量的净出口，第一，是因为在高消费、高福利导向下，发达国家的储蓄率很低，在储蓄和投资之间有很大的缺口，需要靠从发展中国家净进口来填补；第二，是因为中国低成本的竞争力很强，能够在发达国家的净进口中分到一块比较大的"蛋糕"。

全球经济危机发生以后，发达国家去杠杆化，提高了自己的储蓄率。这样一来，根据经济学的"双缺口模型"，只要发达国家储蓄和投资之间的缺口变小，发展中国家净出口的可能性也就变小。美国的储蓄率会有起伏，但是回到危机以前的水平，我看是不大可能的。另外，随着中国劳动者工资水平的提高，中国产品的低成本优势也在减弱，因此在出口"蛋糕"中所占份额也会降低。

此外，消费需求的提高，也不是以人们的愿望为转移的。例如，有人说，城市化可以使消费需求提高，因为农民进城以后消费需求会有很大的提高，所以只要加快城市化，消费需求就会很快增加。这里其实是把消费需求与消费愿望混为一谈了。在经济分析中所说的需求是指有购买能力的需求，有钱做后盾的需求。所以增加劳动者消费需求的前提，是增加他们的收入。而增加劳动者收入的首要办法，是发展生产，提高效率。即使政府能够给予补贴，也是"羊毛出在羊身上"，是不可能使人民普遍富裕起来的。

于是，每一次出现了经济增长速度下降，用"三驾马车"的分析办法算来算去，最后的结论就是进行强刺激，多发钞票，多上投资项目。

2009年用4万亿元投资（两年）、10万亿元贷款进行刺激，虽然造成了增长率的短期回升，但货币超发、负债增加等消极后果也同时发生，成为需要长期消化的负担。2012年以后，又多次采用增加投资的办法刺激经济，但正面效果愈来愈差，负面效果愈来愈强，这使许多人认识到这不是个好办法。

／／驱动经济增长的三个因素

研究长期经济增长趋势更可靠的方法，是对驱动经济增长的三个因素，即劳动投入、资本投入和生产效率的状况进行估量。

过去30多年的高速增长是怎么来的呢？

主要是靠大规模的投资，但还有一些其他的因素。第一个因素是大量新增的劳动力，也就是中国社会科学院蔡教授所说的"人口红利"。还有一个因素是效率的提高。改革开放对提高效率产生了十分积极的影响。一方面，市场化改革改变了城乡隔绝的状况，大量过去低效利用的农村劳动力和土地转移到城市，这种结构变化使资源的利用效率得到提高。另一方面，开放使我们能够通过引入外国的设备和技术，很快地提高中国的生产技术水平，使中国与发达国家之间的技术水平差距迅速缩小。这样一来，改革开放以后，生产效率提高对增长的贡献较之改革开放以前有了相当大的进步。

现在的问题在于，以上这些有利于维持高增幅的因素，有的正在缩减，有的已经消失。

首先，新增劳动力对经济增长的贡献越来越小了。蔡教授在2006年就已指出，根据他们前三年的调查发现，剩余劳动力无限供应的情况正在发生改变，"刘易斯拐点"已经出现。

其次，随着中国一般技术水平跟西方国家相接近，用引进外国设备和技术的办法来大幅度地提高自己的技术水平，就变得不大可行了。清华大学的白重恩教授和其他一些研究者都得到大致一致的结论，就是从21世纪初开始，中国经济增长中全要素生产率的贡献明显降低，并引起中国经济潜在增长率的下降。

经济学的基本原理告诉我们，在由现有资源状况和技术状况决定的潜在增长率降低的情况下，要短期拉升增长率，唯一的办法就是采取刺激政策，通过信用扩张向市场"放水"。但是就中国的情况而言，长时期采取刺激政策已经使宏观经济变得十分脆弱，蕴藏着发生系统性风险的危险。

日本野村综合研究所的首席经济学家辜朝明写了好几本书，总结日本近年来经济衰退的教训。他在书中指出，日本的经济衰退以至全球多次重要的金融危机，都是在泡沫破灭后出现的资产负债表衰退，而出现资产负债表衰退的基础，则是杠杆率（负债率）过高的缺陷。在我看来，如果说西方国家资产负债表衰退的主要成因是高消费和高福利，东亚国家的杠杆率过高则主要是由企业和各级政府举债过多造成的。在目前我国政府机构和企业资产负债表杠杆率过高的情况下，在某些环节上出现偿债困难，甚至"跑路"逃债的现象已经屡见不鲜。在这种情况下，政府要做的是"去杠杆化"，控制和消解风险，而不是用加强"刺激"的办法维持高增长率，继续提高杠杆率将使爆发系统性风险的危险加大。

更何况2009年以来多次采取刺激政策，其效果递减已经变得非常明显。

如果说2009年的4万亿元投资（两年）和10万亿元贷款还把2009年四季度和2010年一季度、二季度的增长率拉高到10%以上的话，2014年二季度的1万亿元左右投资只把增长率从一季度的7.4%提高到二季度的7.5%，拉升了0.1个百分点，三季度又回落到7.3%。经济学所说的"投资报酬递减规律"的效应已经充分显现。

以上的分析说明，唯一的出路在于提高所谓索洛余量，即"技术进步、效率提高"对于经济增长的贡献，也就是说，要优化结构，促进创新，实现经济发展方式从粗放增长到集约增长的根本转变。

// 体制转型是发展转型的基础

实现经济增长方式转型或者经济发展方式转型，并不是一个新口号和新要求。从1996—2000年的第9个五年计划开始，就提出实现这一转型的要求，只不过在大部分时间里执行的情况很不理想。问题的症结在于，发展方式转型受到旧体制的掣肘。

1995年制订九五计划的时候，先是国家计委提出需要进行增长方式从粗放增长到集约增长的转变。在后来的讨论中，人们总结了苏联转型不成功的教训，指出体制的转变是增长方式转变的基础。因此，九五计划规定要实现"两个根本性转变"：一个是经济增长方式从粗放增长到集约增长的转变，一个是经济体制从计划经济到市场经济的转变。

在1996—2000年的九五计划期间，由于执行1993年十四届三中全会《决定》，市场取向改革全面推进，经济增长方式的转变也取得了一定的成绩。

可是到了2001—2005年的十五计划期间，城市化加速这件好事在中国体制下却使各级政府大大增加了他们手中掌握的土地等重要资源，于是许多地方都出现了政府主导的重化工业投资热潮。由于政府主导了重要资源的配置，经济发展方式转变也出现了逆转。

十一五总结了十五的教训，再次提出以转变经济增长方式为主线。但是由于十一五期间改革推进缓慢，虽然我们制定了一个很好的十一五规划，但在经济发展方式转型上乏善可陈，以致中共中央在十一五最后一年（2010

年）不得不发出"加快转变经济发展方式刻不容缓"的号召。

综合以上分析，我们在当前情况下需要采取的方针，应当是在采取措施的同时保证不发生系统性风险的条件下，把主要的注意力放在推进改革上。因为只有通过全面深化改革，建立一个好的社会经济体制，才能优化结构、转变方式，确立由较高效率支撑的中速增长这种合意的新常态。

// 控制和消解风险

目前中国宏观经济虽然存在许多不容忽视的问题，但是风险总体可控。只要采取正确的措施，系统性风险完全能够避免。我认为，可以采取的措施很多，其中包括：

第一，停止对回报过低或者是没有回报的项目的无效投资。现在有一种流行的说法，说是基础设施建设不需要考虑近期是否有回报，因为东西在那里，早晚会有用。这完全不是经济学的思考方法。经济学考虑问题的一个最重要的前提，是资源具有稀缺性。既然资源有限，做了这样就不能做那样，在进行投资时就必须进行选择。只能做那些效益最好、最需要做的事情。在这方面，我们要吸取日本的教训。1986年发生内需不足的问题以后，日本政府为拉动经济增长，启动了大规模的公共基础设施投资计划。正是这种大量的无效投资，形成了后来大崩盘的基础。

第二，动用国有资本偿还国家的或有负债。所谓"或有负债"，是指在资产负债表上没有记载，却早晚必须偿还的债务。目前最突出的是社会保障基金缺口。据计算，其中对老职工的社会保障欠账就高达几万亿元。及早归还这类欠账，既可以减轻偿债压力，还能创造更有效的公有制实现形式。对于这一点，十八届三中全会《决定》有明确的规定，要求拨付部分国有资本充实社保基金。这项决定应当尽快付诸实施。

第三，停止对僵尸企业输血。现在有一些地方政府用贷款、补贴、减免税收等办法去维持一些根本无法起死回生的企业。政府不是在发挥自己应当承担的社会功能，帮助解决企业停产给职工带来的困难，而是支持这类僵尸企业继续无谓地浪费社会资源，这只会增加金融风险的积累，而不会给社会带来任何助益。这也是日本政府在经济衰退中举措失当留下的一个教训。

第四，对资不抵债的企业实施破产清盘或者在破产保护下重整，以此来释放风险，避免风险积累，化大震为小震。

第五，停止由政府出资兜底，实行100%的刚性兑付，以免加大道德风险。

第六，努力盘活。由于前一时期的过度投资和粗放增长在全国各地形成了大批"死资产"，如"晒太阳"的开发区，绵延好几个街区的"死城"，等等。虽然有一定的难度，还是应当努力设法盘活，以便降低资产负债表的杠杆率和出现"资产负债表衰退"的可能性。

除了采取以上这类堵塞漏洞、释放风险的措施，政府还应当灵活运用财政政策和货币政策进行短期调节。

这两类措施的综合运用，使我们能够保持宏观经济的稳定，不出现系统性危机，为推进改革争取时间，使改革和发展逐步进入良性循环。

// 把推进改革放在优先地位

对于全面深化改革能不能从根本上解决我们面临的问题，当前是应当把提升增长速度放在优先地位，还是应当把推进改革放在优先地位，学术界和经济界一直存在争论。

在我看来，改革能够解决问题，不仅已经得到理论上的证明，而且也已经被近期的实践所证实。

有的经济学家认为，中国需要用增加投资的办法维持8%以上的增长率，是因为要保就业。保就业当然是必要的，但是把就业情况和GDP增长之间的关系看成是线性的，认为要保就业就必须保增长，这种观点从学理上说是难以成立的。因为增长有个结构问题，有的行业增长1%，它的新增就业可能超过1%，有的行业增长1%，它的新增就业却可能不到1%。我们过去大量投资建设的资本密集型产业，雇用员工的数量就比普通服务业要少得多。所以，由于产业结构的变化，在同样的GDP增长率的条件下，就业的情况却有很大的不同。最近三年的情况十分明显。这几年我国的经济增长率是一个台阶

一个台阶地往下走的，但是就业的状况却有所改善。比如说，中国的经济增长率从2010年的10.4%一路下行，降到2013年的7.7%，但2013年的就业情况，特别是低技术水平劳动者的就业情况却比以前来得好。据国家统计局报告，2013年原来要求城镇新增就业900万人，实际完成1310万人；2014年前三季度增长率再下一个台阶，但就业情况比2013年还要好一些。这几年的实际情况可能没有统计数字那么亮丽，但就业情况有所改善却是肯定无疑的。

为什么出现这样的情况？主要原因在于服务业加快了发展。

服务业的发展曾经是整个中国经济发展的一个瓶颈。我国的十一五规划总结十五的经验，提出要把转变经济增长方式作为经济工作的主线。转变经济增长方式的核心是提高效率。我曾讲到效率提高的四个主要源泉：

一是让农民工变成市民，成为有知识、有技术的劳动者。二是制造业的产业链向"微笑曲线"的两端延伸，实现制造业的服务化。三是发展服务业，特别是生产性服务业。四是用现代信息技术改造整个国民经济，而信息产业从本质上说，或者说它的主要成分，就是服务业。总而言之，转变经济发展方式、提高效率的要点，就是发展服务业。

很可惜，十一五期间并没有做到这一点，有些地方稍有改善，有些地方甚至有所退步。但是最近两年的情况发生了很大的变化，服务业的发展明显加快。原来一直是制造业一枝独秀，2012年第三产业赶了上来，与第二产业的增长率并驾齐驱。2013年服务业进一步提高了增长率，第三产业第一次成为中国第一大的产业。

为什么过去政府三令五申要求发展服务业却成效不大，而这两年突然发生了改变呢？原因就在于十八大前后进行的两项改革大大促进了服务业的发展。

一项改革是2012年从上海开始，接着很快在全国推开的营业税改增值税（"营改增"）改革。财税部门把"营改增"列在为企业"减负"项下。目前中国企业的税负太重，减负是应该的，但这并不是"营改增"最主要的目的。经济学家之所以主张全面推广"营改增"，是因为他们相信亚当·斯密所说的，分工乃是推动经济发展的最主要的动力。营业税由于存在转移价值要重复征税的问题，是一种有碍于分工深化的税种。增值税只对增加价值征税，就不存在这个问题。所以"营改增"有利于分工深化。这在服务业，例如电商服务业等近年新行业的成长上表现得十分明显。

另一项改革是2012年从广东开始，本届政府把它规定为转变政府职能重要内容的工商登记便利化。进行这项改革以后，有些地方新登记的工商户增长了百分之几十。

目前在就业领域内存在的一个问题，是大学毕业生、有学位的研究生就业存在一定的困难，有些人拿到的薪酬甚至比保姆还低。这是跟经济发展模式没有实现根本转变有关的。这说明就业方面有些问题还要进一步解决，但是就业的总体情况还是不错的。

以上讲的两项改革只是全面深化改革序幕期间进行的较小改革，虽然它们并不能全盘解决经济结构扭曲、效率低下等问题，但是改革小试牛刀都能够起这么好的作用，中央改革战略部署的实现能够为解决我们面临的问题奠定基本的制度条件，应当是确定无疑的。

// 坚定有序地推进改革

2014年以来，多项改革项目正在有序地推进。比如说金融领域的关键性改革：利率市场化、汇率市场化，其进度甚至比原来预想的还要快一些。财政改革正在逐步落实。政府职能改革、简政放权也取得了初步成效。现在需要注意的，一是要防止回潮，二是要继续向纵深发展，通过制定企业市场准入的负面清单和政府职权的正面清单，形成厘清政府与市场关系的正式制度。

另外，有些方面的改革需要加快。

首先是国有经济的改革。国有经济改革是关键性的，但是进展缓慢。为了改变国有企业效率低下的状况，十八届三中全会对国有企业改革做出了许多重要决定，现在亟须加快实施。

还有一项重要的改革，就是中国（上海）自由贸易试验区建设。自贸区试验的进展不仅关系到上海市的长远发展，而且事关中国采取什么样的国际战略和建立什么样的对外经济体系。

现在不少地区积极要求在本地建立自己的自贸区。不过有的人按照过去的理解，把设立自贸区的意义看作取得某些政策优惠。这是对自贸区意义的一种误读。习近平总书记曾指出，上海自贸试验区的主要内容和任务，在于通过体制机制创新，"促进贸易投资便利化"，"营造市场化、国际化、法治化的营商环境"。上海自贸试验区的经验在其他地区乃至全国的推广，不但会对形成进一步开放的经济和法治体制起决定作用，而且将有力地促进我国统一开放、竞争有序的市场体系的建设。

民营企业是经济发展方式转型的主要推动力量。目前许多企业家信心不足，积极性不高，需要引起足够的注意。应当借鉴1998年应对亚洲金融危机时扶持民营中小企业的经验，组织深入的调查研究，提出切实有效的综合解决方案。

现代市场经济的有效运作离不开政府在创设良好的营商环境和提供公共服务方面的作为。目前在反腐高压态势下，政府官员"乱作为"的情况有些收敛，但"不作为"的情况有所蔓延。中纪委书记王岐山以前说过，先治标后治本，用治标为治本赢得时间。我觉得在反腐高压态势已经建立的情况下，应当大力加强制度反腐，把权力关到法治的笼子里。与此同时，要按照李克强总理所说的政府"法无授权不可为"的原则，加快建立官员职权的正面清单，使官员行使职权有规可循。

《中共中央关于全面深化改革若干重大问题的决定》已经出台两周年了，新一轮改革任重道远。虽然我国经济面临一些困难和压力，但是只要正确分析问题，控制和消解风险，把推进改革放在优先地位，坚定有序地落实改革措施，就一定能够克服困难，提高增长质量、优化结构、提高效率，建立中国经济新常态。

经济困境与改革取向

孔泾源／中国经济体制改革研究会副会长／

当前的中国经济，正陷于杠杆膨胀与通缩加剧、去杠杆与防通缩抉择两难的困境之中。宏观层面的积极、宽松政策，或落于对高杠杆火上浇油、对防通缩于事无补的尴尬境地。摆脱这种两难境地，需要有区别于以往的、更强有力的金融深化与结构性改革，并以此推动实体经济发展。

∥迅速增长的杠杆与泡沫

1.货币供应量迅速攀升。2008—2012年，为应对国际金融危机，中国出台了一系列刺激政策。其中，广义货币供应量（M2）由2008年末的47.52万亿元增长到2012年末的94.42万亿元，激增近50万亿元。其与GDP之比，达到1.88。近几年，为了应对经济下行，货币供应增势未减。到2014年末，M2增加到122.84万亿元，经济的货币相关率进一步上升到1.93，较之1978年的0.32，扩大了6倍，创下新高。中国广义货币供应量跃居所谓全球"五大印钞机"之首。货币供应量迅速攀升，给实体和虚拟经济均带来一系列隐患。

2.资本市场结构畸形，流动性、高杠杆非理性涌入。正常发展的资本市场，是由场外到场内、由基础市场到主板市场渐进推移的"正三角形"式分布。体制转轨中的中国资本市场，最初是以审批制方式建立主板市场，场外市场初经试验、遇挫中止、至今尚在发育乃至严重滞后的试验之中。结果是社会不断增加的流动性以各种方式间隙、潮汐式地涌入股市，竞价于经审批有幸入市的为数不多的一批企业的部分"流通股"，股市价格自始就背离了由实体经济盈利水平所决定的资本化价格而虚高离奇、大幅振荡。人们关注的不是实体经济盈利水平，而几乎完全是由人为造成的极其紧张的供求关系，以及投机偏好和心理预期所盲目推动的股票价格。后来虽经"全流通"改革，增加中小板、创业板、新三板，等等，但是，资本市场的"倒三角"格局及运作机理并未改变。更有甚者，还在此基础上引入融资融券、场内场外配资。一时间，杠杆飞扬、股价暴涨，股值总量以及日交易量迅速跃居世界前列，终于发生剧烈振荡，引领全球股市暴跌。其间不乏无视市场规律、具有强烈败德色彩的"国家牛""改革牛""4000点牛市新起点"，以及后来股价暴跌时挟持政府强力"救市"的种种喧嚣。实际上，平心甚至乐观而论，以上证指数计，实体经济决定的股市指数，3000点以下有投资价值，3000点以上有泡沫因素。超越这一边际点而期待"牛市"、拉升股市或强力"救市"，都是违背市场规律的。

3.国有部门负债率居高不下。近几年，国有企业负债率一路攀升，2014年末，平均资产负债率达到65.15%；困难企业甚至部分行业达到70%以上。同期，中国银行业金融机构平均资产负债率为93%，资本金充足率已过警戒线，不良资产的任何增加都酝酿着金融风险。从公布的数据来看，政府兜底的债务规模从2013年上半年末的10.89万亿元上升到2014年末的15.4万亿元，一年半的时间升高41.4%。预计2015年末，全国地方政府债务的债务率为86%。另据审计署数据，截至2012年底，有3个省级、99个市级、195个县级、3465个乡镇政府负有偿还责任债务的债务率高于100%。此外，还有相当一部分难以纳入统计范围的各类融资与负债项目，以及各级政府的或有债务。

4.杠杆率过高是确定无疑的事实。据有关研究，2008—2014年，居民部门债务总额占GDP的比重从18.2%提高到36%，上升了17.8个百分点；非金融企业部门从98%提高到123.1%，上升了25.1个百分点；金融部门从13.3%提高到18.4%，上升了5.1个百分点；政府部门从40.6%提高到58%，上升了17.4个百分点。加总以上各部门，2014年末，中国经济整体（含金融机构）的债务总额为150.03万亿元，其占GDP的比重，从2008年的170%上升到235.7%，6年上升了65.7个百分点，平均每年上升近11个百分点。其中，实体部门的债务规模为138.33万亿元，其占GDP的比重，从2008年的157%上升到2014年的217.3%，6年上升了60.3个百分点。

// 应对经济下行继续追加杠杆

为应对全球金融危机而实施扩张性的宏观政策，对保持经济稳定发挥了积极作用，但是，经济规律终究是决定因素。中国经济由两位数的高速增长过渡到一位数的"新常态"，也是不以人们的意志为转移的。本来，消化前期政策影响、健全经济运行机制，需要去杠杆、挤泡沫，但是，经济下行压力推动决策层逆势应对，进一步加大杠杆力度，一些"调控"措施，也是围绕稳增长而变相，甚至是直接加杠杆的。

1. 2015年财政政策的积极态势。按照年度财政预算，2015年财政赤字1.5万亿元以上，赤字率2.2%—2.3%，较2014年的1.8%有所扩大。2015年3月财政部下达第一批1万亿元置换债券额度，6月下达第二批1万亿元置换债券额度，8月中央财政下达6000亿元新增地方政府债券和3.2万亿元地方政府债券置换存量债务额度。增加置换债券额度，帮助地方缓解偿债压力。截至7月末，已发行地方政府债券14288亿元。

2. 定宽政策："货币政策新常态"？央行连续降息降准，再加杠杆。自2014年11月以来，央行连续5次降息、3次降准。最近一次是2015年8月26日起，下调金融机构人民币贷款和存款基准利率。

3. "加杠杆式改革"。对于实行多年的"贷存比"天花板，已通过立法程序废除了相关规定而改为监测指标，实际上是打开了宽松货币政策的闸门。资本市场融资融券，并以近乎单边融资为特征"两融"由试点而正式化，场内场外配资成灾，以及近期出台的有关间接融资促进政策，如融资租赁、重大项目等信贷支持政策。其实，早在2013年底，我国登记在册的融资租赁企业已达1086家，其中内资试点企业123家，外资企业963家。全行业注册资本金总量2884.26亿元，资产总额8725.43亿元，行业平均资产负债率达到71.4%。另外，我国基本建设等重大项目负债率一直都处于高位。

4."高杠杆、强刺激"低效益投资。为刺激经济增长，自2015年9月起，有关决定将港口、沿海及内河航运、机场等领域固定资产投资项目最低资本金比例要求由30%降为25%；铁路、公路、城市轨道交通项目由25%降为20%。将玉米深加工项目由30%降为20%；城市地下综合管廊和急需的停车场项目，以及经国务院批准、情况特殊的国家重大项目资本金比例可比规定的再适当降低。如果没有特定的改革措施跟进，这种投资大、见效慢、社会效益大于经济收益的领域，粗放式地推动杠杆急剧扩张，无异于"剜肉医疮"式的刺激政策，甚至有可能诱发系统性金融风险。

// 高杠杆为什么没有演变成通货膨胀？

在杠杆如此之高、泡沫如此丰富的背景下，为什么中国经济一路下滑，经济运行不是通胀而是通缩趋势？CPI进入"1&2"区间，PPI连续40多个月处于一路走低的负增长的泥沼之中，近期也看不出走出的迹象。或者说，实体经济的紧缩是趋势而不是现象。对于这种悖逆现象，可以有很多解读，但至少包括以下几个主要原因：

1.中国M3并未超量。美国的M3达到500多万亿人民币，是中国M2（130多万亿元）的3倍多；日本达300多万亿人民币，是中国的2倍多（而GDP只有中国的一半左右）。从M3以上的层次考察，美国、日本的货币供给更多。这也表明，只要决策正确，改革精准，我国经济还是有足够的回旋余地与发展空间的。但若固有体制不变，一味地放大杠杆，风险甚至危机也就在眼前。因为在货币层次中，M3以下逐步减少，便意味着距实体经济越近，货币供应越少，金融对实体经济的支持力度也就越小，甚至机制性的"脱实向虚"。

2.在金融市场上，银行间接融资虽然过大，但主要流向国有企业和其他政府投资项目，中小企业和民营企业融资非常困难。这些国有部门杠杆率虽高，但经济效益并不如预期，拖累整体经济。如2015年1—7月，国有企业利润降幅（-2.3%）比1—6月（-0.1%）扩大2.2个百分点。地方国有企业利润虽同比增长3.6%，但比1—6月回落4.6个百分点。钢铁、煤炭行业由盈转亏，有色行业继续亏损。全国国有及国有控股企业经济运行仍面临下行压力。

3.特殊的体制结构催生了过剩产能，扭曲了收入分配，约束了国内需求，加剧了对外依赖。一旦外部需求受限，往往过于依赖投资拉动，其中的盲目性是以抬高的负债率、杠杆率，进一步加剧产能过剩、恶化市场环境，造成物价下跌，尤其是生产者价格下跌。

4.股市虽然杠杆膨胀、泡沫严重，但实体经济并未从中获得稳定的融资红利，不仅IPO审批制造成受益面过小，而且在市值分布中，金融板块过大，达到1/4以上。至于股市打新的溢价，受益方主要是二级市场的参与者，尤其是"庄"家。在股市价格虚高、泡沫面临破裂时，一些国有企业甚至还被要求承担"救市"责任，被迫入市拼搏、逆势做多，或增持本股、逆难犯险，继续向股市注水，拉高股价，增加泡沫或杠杆。

诸多因素造成的结果是，中国经济总量层面高杠杆、泡沫化，而实体经济、结构层面则是紧缩与萧条。因此，中国的货币问题不是数量问题，主要是结构、效率与体制问题，即"倒三角形"的货币供应结构、资本市场结构和政府财力结构问题。

∥通缩期去杠杆的根本出路：资产证券化与结构性改革

去杠杆是克服危机、调整经济结构、促使国民经济恢复健康不可或缺的关键环节。杠杆率本身也在经历着其特有的循环周期及特点，通缩期的去杠杆显然有别于通胀期的去杠杆。宏观决策层面当前面对的是，去杠杆必然加剧通缩、防通缩又必然拉高杠杆的两难困境。因此，本期去杠杆同时又必须应对结构性通缩，积极的财政政策，宽松的货币政策，以及产业政策、地区政策、收入分配政策、城镇化政策等都不可或缺，但又绝不是全部。根本出路是，在适度宽松的宏观政策下，加快推进资产证券化与结构性改革，双管齐下，标本兼治，以杠杆消化、结构优化、体制健全、GDP做大的方式，化解中国经济多重结构性风险。否则，一味地加杠杆、强刺激，面对的将是高概率的虚拟经济膨胀、实体经济萧条、各种矛盾激化甚至系统性风险产生的"中等陷阱"或全盘皆输的前景。

1. 治标措施：资产置换与"杠杆转移"。中国资产负债表当前的结构风险，主要表现为期限错配、资本结构错配以及海外资产错配。这些错配既与发展阶段相关，更与体制扭曲有关。解决资产负债表风险，根本上还要依靠调整经济和金融结构，转变经济发展方式。但是，治标措施也是需要的，即先以资产结构调整，管控资产负债表的结构风险。

期限错配问题主要反映在地方资产负债表中，包括财政部已出台的地方债务处置办法，缓解一些地方的"短贷长用"问题。资本结构错配问题主要反映在非金融企业资产负债表中，其基本表现就是负债率过高。除了以财税政策支持企业提高效益、还本付息，还需要扩大直接融资、推进资产证券化缓解杠杆压力。海外资产错配问题主要体现在对外资产负债表中，其集中表现，就是我国对外资产和对外负债的投资收益差额（中国对外投资与外方在中国投资的收益轧差）长期为负。短期内需要通过支持政策提高对外贸易及投资水平，长远看还需要通过推进汇率市场化、投资贸易便利化，提高涉外经济竞争能力。

2. 资本市场结构翻转与正态分布。加快资本市场基础板块建设，推进股票发行体制改革，使资本市场实现结构性翻转，由"倒三角"的逆态分布转换成"正三角"的正态分布格局，使数以千万计的各类企业由市场决定入市机会、价格形成，将高杠杆泡沫转化为实体经济的直接投资，将那些在货币市场、股票市场泛滥成灾的流动性、高杠杆，转化成实体资本、产业资本，或为其输入足够的直接融资，从根本上化解高杠杆与紧缩化的两难困境。由此从虚拟资本和实体资本两个市场向社会资本开放准入，促进整个国民经济体制完善、优胜劣汰、结构调整、转型升级和可持续发展。

3. 实体经济证券化的特殊意义。走出当前经济困境，从长远看，资本市场正态化，实体经济证券化、市场化的特殊意义在于：

（1）有利于改善股市供求关系，推动企业利润资本化，股市价格由实体经济决定及股市、股价理性化，约束杠杆和市场泡沫，以及由"脱媒"压力推动间接融资及利率市场化。（2）有利于解决中小企业融资难、融资贵以及资本市场结构优化问题。（3）有利于解决资产并购重组、过剩产能淘汰、要素自由流动、结构适时优化，尤其是杠杆率过高问题。时下新投资模式蓬勃兴起，在某种意义上，是以增量资产证券化的形式，对存量资产证券化程度过低的强制性矫正。（4）基础设施、市政公用设施及其他非经营性资产证券化、市场化，有利于提高公共资产利用效率、效益，降低政府债务杠杆，以及社会资本顺利参与、PPP模式广泛发展问题，由此也约束一些不计成本、盲目扩张、贪大求洋、好大喜功、依赖杠杆的"政绩投资"行为。（5）土地要素资本化、证券化、市场化，有利于解决城镇化，尤其是"三农"发展潜力，甚至包括地方政府债务偿还问题。（6）实体经济证券化，有利于解决货币供应、资本市场、政府财力等一系列"倒三角"问题。

4.结构性改革及其目标取向。跨世纪的中国改革，取得了非凡的成就，也积累了诸多矛盾和问题，以及有悖公平正义、对改革极为不利的过程性利益格局。结构性改革无疑涉及经济社会生活的方方面面，是一个艰巨而长期的任务。但无论问题如何复杂、领域如何众多，改革的价值取向不可错位、彷徨。这就是，通过结构性改革实现"六大公平"，即市场主体平等竞争、公共资源平等使用、城乡要素平等交换、社会成本平等分担、基本服务平等享有、社会成员平等保护。在此基础上，积极推进创业创新、城镇化以及地区、产业发展等。唯此，中国才能突破体制瓶颈，走出两难困境，跨越"中等收入陷阱"，实现可持续发展目标。

// 资产证券化必须从教训中汲取经验

通过资产证券化等金融深化措施，走出去杠杆与防通缩的两难困境，必须遵循市场规律和金融深化次序，不能主观臆断或任由强势利益主体左右。

1.产品价格市场化应当优先于资本价格市场化。在存在政府管理价格、具有垄断性质的行业中，资产证券化的前提是该行业产品的市场化。同理，作为金融产品价格的利率市场化应当优先于包括银行在内的金融资本的市场化。否则，在产品价格尚未市场化的前提下，颠倒市场化次序，贸然先将垄断行业、金融资本市场化，以及借助杠杆揠苗助长，违背市场规律补贴、救市，包含着有悖社会公平正义的体制性利益输送，甚至"吃里爬外"。

2. 制度设定上不能模糊虚拟经济与实体经济的关系。中国资本证券化、市场化早期，对现金分红要求较低，这与当时的股权结构、流通模式密切相关，后来虽然有所矫正，但依然占比太少、范围太窄，加上市场的优胜劣汰机制作用不健全，市场体现不出股价是上市企业未来盈利水平的资本化的价格这一市场底色，更多表现为投机取利、供求博弈。资本市场的制度设定，必须市场决定与政策引导相结合，在实体经济业绩与虚拟产品价格之间建立市场逻辑关系与价格形成机制。

3. 资产证券化过程中，实体经济应当优先于虚拟经济。坚持这种市场化次序，是要防止金融领域"近水楼台"，杠杆"自我强化""自娱自乐"。近期的资产证券化，已经透露出金融机构捷足先登迹象。如在社会资本尤其是实体资本证券化程度极低的情况下，银行信贷资产、银行间债券市场信贷资产证券公司、基金公司资产、保险项目资产等证券化已率先启动。即使是金融资产证券化，金融基础产品证券化也应当优先于金融衍生品的市场化，防止金融资源"脱实向虚"、抬高杠杆。

4. 市场结构正态化改革优先于交易技术工具创新。中国资本市场是一个逆态分布的倒置结构，以及IPO审批管制性市场。当务之急是推进市场结构正态化和IPO注册制改革。金融机构尤其是监管当局不是在市场结构正常化上下功夫，反倒是在"先进"的交易工具上"精益求精，细致入微"，这是典型的舍本求末、本末倒置。最典型的莫过于在市场结构畸形、IPO行政管制、供求机制受限的情况下，先于"T+0"制度的建立而进行所谓的"两融创新"。

5. 资本市场交易技术创新应遵循由简单、基础到复杂、高级的逻辑与规律。无涨跌幅限制的"T+0"，是股市最基础的市场化自我调节机制，它不仅会无限放大庄家坐庄或操纵股价的成本与风险，而且可以极大地提升A股交易效率及市场的有效性，形成多、空双边的充分博弈与对等博弈，从而形成合理估值及均衡股价，并使得股价波动能够充分反映市场供求及偶然事件影响，进而平抑股价在短期内的过度暴涨与暴跌，有利于股价均衡。无涨跌幅限制的"T+0"交易制度，更符合市场决定作用精神，并为市场化改革提供均衡的价格形成机制与市场环境。应该说，无涨跌幅限制的"T+0"是市场化的最基础要求，而融资融券则是市场化的较高级要求。

6. 金融深化中必须坚持制度创新与风险管控平衡对称。以融资、融券创新为例。在结构失序、行政干预过度的资本市场，不应先推行"T+0"，更不该过早地取消涨跌停板制度，如今颠倒"两融"与"T+0"的次序，超前推行高利差、高杠杆的"两融"业务，极大地助推了全民炒股和借钱炒股的过度投机风气，成为疯牛、快牛最强有力的助推剂和加速器。并且，现行融资、融券制度，还是无对称性制衡的"两融"模式，存在着暴涨暴跌的双重风险。在大牛市期待中，"两融"余额不断扩容、不断创出新高，但其中99%都是融资余额在需求侧单边扩张，而供给侧的融券余额则极小。这种单边融资需求，与股价暴涨以及随后的强制平仓、股价暴跌其实是一体两面。这种制度设计的不对称，不免产生疯牛、疯人、疯语的市场效果。千呼万唤始出台的《管理办法》对平衡机制和风险管控，也只有"逆周期管理"的原则规定，没有任何责任主体，这也不是市场主体的责任，不能简单要求市场主体承担"两融"供求平衡和逆周期调节责任。

我们对简政放权的认识加深了

厉以宁／北京大学光华管理学院名誉院长、教授／

中国的双重转型仍在继续推进。从计划经济体制向社会主义市场经济体制的过渡仍未完成。计划经济体制是不会自动退出历史舞台的。党中央了解这一情况，所以十八届三中全会强调让市场调节在资源配置中起决定性作用和大力发展混合所有制经济，十八届四中全会强调依法治国、法治国家的建设。这就为中国改革的深化指明了方向。十八届五中全会将从十三五规划制定的方方面面向全国人民展示2020年的前景。在未来的发展中，改革与发展是紧密地结合在一起的。不强调经济体制改革，不扎扎实实地推进改革，中国经济的持续增长将会遇到障碍。而只有突出改革，中国才能使双重转型进入一个新阶段，使体制转型和发展转型登上一个新台阶。

// 怎样正确认识当前的简政放权

通过从计划经济体制向社会主义市场经济体制的继续转变，结合计划经济体制对经济的影响来深入分析改革发展之路，可以进一步明确简政放权的意义和所采取的措施。从2015年上半年简政放权的经历和取得的成绩来看，我们对简政放权的认识加深了。

第一，市场经济体制之下同样需要有适合市场经济体制的行政审批管理制度。不能说现存的行政审批管理制度都应该取消。如果有这种看法，那肯定是错误的。

市场经济的运行必须有序。市场经济体制下，强调的是有序，有法治，依法治国。市场主体就是市场经济中的一个个微观经济单位。微观经济单位总的来说分为三大类：一是企业，二是个人，三是为市场经济运行服务的管理部门。这三大类微观经济单位都应当在有法可依、有序可循的条件下从事生产经营和管理。有法可依、有序可循，企业和个人才会有积极性、有活力。有法可依、有序可循，为市场经济运行服务的管理部门才能使市场管理规范化，才能使市场经济运行正常、有序。因此，当前推行的简政放权就是依法治国、依法管理，这是保证市场经济运行正常化、规范化、有序化所不能缺少的。

第二，不能否认，由于计划经济体制曾经长期存在并发挥作用，所以在现实生活中还存在一些与社会主义市场经济不适应或不协调的行政审批管理制度。不取消此类带有浓厚的计划经济体制色彩的行政审批管理制度，有悖于建设社会主义市场经济体制的目标的实现。

正因为如此，所以有必要推进规范化的行政审批管理制度的建设，这是深化经济体制改革的重要内容之一。在规范行政审批管理制度的过程中，一是要出台新的有利于调动市场主体（包括企业和个人）积极性和增强他们的活力的行政审批管理制度；二是要取消那些过时的、阻碍市场经济发展的行政审批管理制度；三是要下放一批行政审批事项。把行政审批事项下放，不仅有助于增加应该对某个事项审批负责的行政单位的责任感，而且行政效率也会大大提高。

第三，对那些同行政审批联结在一起的收费项目，应进行一番整理。这关系到计划经济体制之下负责行政审批的部门或单位的经济利益问题，所以应当整理和重新安排。

过去长时间内，不仅是企业还有个人都对乱收费、高收费、乱罚款、高罚款及乱摊派等行为抱怨不止，认为这不仅不合理，而且往往在缴纳方面因人而异，对于同一事项有不同缴费数额，有的通过熟人或行贿，可以减少收费、罚款、摊派的金额。这被认为是极不公正、极不公平的收费、罚款或摊派。因此，对收费情况的清理，既是简政放权工作的一部分，也是清除计划经济体制下滥用权力，以及增加执法者不当收入的改革手段，因而，这也是廉政建设的一部分。

// 向西方发达市场经济国家学习如何制定负面清单、权力清单、责任清单，这对促进我国行政审批管理制度规范化是有意义的

　　根据国际上的经验，在简政放权工作中可以向西方发达的市场经济国家学习如何制定负面清单、权力清单、责任清单，这对促进我国行政审批管理制度规范化是有意义的。这里提到的是三类清单，即市场准入的负面清单、政府的权力清单、政府及其部门的责任清单

　　（一）市场准入的负面清单。市场准入负面清单的制定是为了告诉市场主体（包括企业和个人），在市场准入方面什么是不可从事的或不可介入的。这也就告诉了市场主体，负面清单所载明的就是底线、禁区。实际上，这也就告诉了市场主体，负面清单没有载明的领域是市场主体可以进入的。这是规范市场行为不可缺少的一环。

　　我们常说企业应当合法经营。这句话虽然并不错误，却难以实现。这是因为，当我们说"企业应当合法经营"时，需要自己举证"我符合某某法律法规"，举不胜举；而当我们说"企业应当不违法经营"时，要由检举方举证"你违背了某某法律法规"，自己有了辩护的机会，说明自己并未违背某某法律法规。这样，企业心里就有底了，企业投资人和经营管理人就有底气了，从而他们的积极性会增强，企业的活力也会增强。

　　（二）政府的权力清单。政府是依法行政的。政府的权力清单明确了政府及其部门的权力边界和行使职权的方式。政府的权力清单意味着政府在治理时，必须先有法律法规的授权，法无授权不可为。如果政府在行政活动中越过了法律法规授权的边界，那就是政府的违法。这是不允许的。政府的违

法理应受到法律的处理，包括道歉、赔偿市场主体受到的损失、对行政工作人员的处置等。

市场经济体制和计划经济体制的重大区别之一是：市场经济体制之下政府依法行政，政府的行政权力界限由权力清单表明，而计划经济体制下，则没有政府行政权力的界限，也不存在政府行政的"违法违规问题"。

（三）政府及其部门的责任清单。政府及其部门的责任清单和政府的权力清单有相似之处，但也有区别。同政府的权力清单一样，政府及其部门的责任清单，也表明政府的行政管理必须有法律法规作为依据，政府不能越过法律法规的授权而自行其是。政府及其部门的责任清单与政府的权力清单的区别在于：它比政府的权力清单更加明确、更加具体地载明政府的法定职责，即政府必须做什么、怎么做，这是政府及其部门的职责所在。也就是说，在政府的权限范围内，法定的政府行政责任是必须履行的，否则就是政府的失职。

此外，政府及其部门的责任清单中还把政府及其部门履职尽责的程序规范化、明细化了。这就给公众和企业对行政部门的监督提供了可以实施的标准。

以上谈到的市场准入的负面清单、政府的权力清单、政府及其部门的责任清单，我国还刚实行不久。这些清单的制定是我国由计划经济体制转向社会主义市场经济体制过程中的重大改革措施。我们期待着在这个基础上，简政放权工作取得更大的成绩。

╱╱从最近有关简政放权的改革进展以及取得的成绩可以清楚地看到，公众的主动性、积极性已经被调动起来了

全国人民期待的政府行政管理改革，是建立一个法治政府、服务型政府、廉洁政府、有作为的政府。在政府朝这些目标改革的过程中，不仅要依法执政、依法行使权力，还要尽可能有作为，包括坚持创新管理，坚持发展国民经济，坚持改善民生，坚持调动和发挥公众的主动性、积极性，坚持提高企业的活力，引导企业开拓新局面。

从最近这两三年中央有关简政放权改革的进展以及在这个领域内取得的成绩可以清楚地看到，公众的主动性、积极性已经被调动起来了，创意、创新、创业的热浪正在形成，企业开拓市场、提质增效的努力预示着企业将会有更大的活力，迎接新时期的来临。公众和企业界正在为即将开始的十三五规划而奋斗，为实现"两个一百年"的宏伟目标竭尽全力。这就是中国特色社会主义新阶段来临的可喜征兆。

实践表明，中国经济增长和创新的潜力巨大。只要加快体制改革，深化体制改革，中国经济增长和创新的潜力就会迸发出来。不妨回想一下，30多年前，当中央推广农村家庭承包制之后，短短几年之内中国农民积极性的发挥就创造了奇迹，这就使实行多年的城市居民凭粮票和油票过日子的情况发生了根本的变化，粮票和油票都取消了。又比如说，23年前，当邓小平同志南方讲话公开发表后，全国上下显示出多大的热情啊，多少农民简装走出农村，奔向沿海，奔向城市，去寻找适合自己发展的天地；还有多少知识分子辞去公职，奔向经济特区，创办新企业，开拓新市场。上述情况就像一块大石头被投入了寂静的湖泊中，激起了阵阵波浪。中国特色社会主义的建设再也阻挡不住了，新形势激发了每一个有志者创业的信心。

再看看当前的中国社会，同样是在深化改革的大潮中显示出中国经济的新气象。最近这两三年内，我到过浙江嘉兴市考察，亲眼看到农村土地确权以后农民积极性的高涨。他们的权益有保障了，他们经营家庭农场或农业合作社的劲头谁都抑制不了，他们在创造新农村、新城镇、新社区。我也到过北京中关村的创新创业平台，看到多少年轻的大学生、研究生、企业投资人和科研工作者在讨论创新创业的方案。我还到过重庆，看到小微企业的注册者那么高兴，那么活跃，因为开业比过去简便多了，政策优惠也一一落实了。他们开始筹建小微企业，如果经营得当，能抓住机遇，说不定几年以后就会成长为一个中型企业。只要有希望，他们的潜力肯定会发挥出来。

企业的发展壮大同企业能抓住机遇、迸发潜力和活力是联结在一起的。而企业能否抓住机遇，以及企业的潜力和活力能否迸发出来，归根到底是一个体制问题。扼要地说，主要是三个体制的作用最为突出：一是企业的微观经济基础是否规范化，包括产权的明确和清晰，法人治理结构的完善，以及企业自身的凝聚力。要知道，有发展潜力和充沛活力的企业，才是名副其实的市场主体。市场主体自身的改革和潜力、活力的迸发，既是国民经济增长的基础，也是企业成长壮大的支撑。二是政府的宏观经济调控是否规范化，是否建立在科学决策之上，以及是否符合国民经济的实际情况，是否能够调动各类市场主体的主动性和积极性。三是整个经济体制是否从传统的计划经济体制向社会主义市场经济体制转变，市场调节是否已在资源配置中发挥决定性作用。这显然不是短期内就能实现的，而是必须坚持市场化的目标，使中国的经济体制朝着市场经济的方向前进。各种体制的改革也必须与此配合，其中就包括了行政审批管理制度的改革，包括了简政放权。

公众的信心是在改革实践中逐步建立的，公众的积极性是在改革不断向前推行的过程中增强的，这就是全国人民的希望所在。

以转型改革释放增长潜力

迟福林／中国（海南）改革发展研究院院长／

十三五时期，中国正处在经济转型升级的历史关节点：化解短期增长压力、提振增长信心的希望在2020年；转变经济发展方式的关键在2020年；实现全面小康、迈向高收入国家行列的关节点在2020年。在这个特定背景下，未来几年需要从经济转型升级的趋势出发，谋划好、把握好经济增长的路径选择，有效应对经济增长的挑战，实现经济转型升级的实质性突破。

// 经济转型升级大趋势蕴藏巨大的经济增长潜力

中国经济转型升级大趋势蕴藏着巨大的经济增长潜力，未来几年实现7%左右的经济增长是有条件的。

1. 工业转型升级大趋势——从"中国制造"走向"中国智造"

（1）世界第一制造业大国。中国制造业增加值占全球比重从1995年的4%左右上升到2013年的20%；2014年这一比例提高到20.8%。但是制造业大而不强的问题仍然十分突出，制造业人均规模还不及美、德、日的1/3。

（2）转方式、调结构和新一轮全球科技革命形成历史交汇点。当前，无论是工业转型升级，还是最近公布的《中国制造2025》行动纲领，重要的阶段性特征是经济转型升级与新一轮全球科技革命形成历史性交汇。把握好全球科技革命这个重要机遇，主动推进工业结构的转型升级，对中长期经济发展至关重要。

（3）制造业全球化、信息化、服务化特点突出。目前，制造业向智能化转变的大趋势凸显，有望到2020年初步完成从工业2.0向3.0的升级，并奠定走向工业4.0的重要基础。同时，制造业全球化布局正在提速，应当充分把握"一带一路"的战略契机，加快推动企业"走出去"和某些优势产能、富裕产能"走出去"，逐步形成制造业全球产业链。

（4）"互联网+"制造业升级的突出优势。十三五应当充分利用初步形成的"互联网+"的商业模式创新，推动制造业的转型变革。需要进一步指出的是，由"互联网+"推动的科技革命主要不是表现在某些产品上，更重要的是反映企业模式、商业模式的创新。

2.城镇化转型升级大趋势——从规模城镇化走向人口城镇化

"城镇化红利"仍是未来5—10年中国扩大内需的突出优势。我一直主张"人口城镇化"。要实现"人的城镇化"，首先要使人口城镇化达到一定水平，解决农民工的身份问题。如果没有较高的人口城镇化率和相应的制度安排，就很难实现"人的城镇化"。十三五时期将加快从规模城镇化向人口城镇化转型升级，意味着有近4亿农业转移人口进城，为生活性服务业带来巨大市场空间。

（1）2020年人口城镇化率将达到50%左右。2014年，规模城镇化率已经达到54.7%，估计到2020年将达到60%。问题在于，人口城镇化率太低，2013年仅为36%，与2012年世界人口城镇化平均水平（52%）相距16个百分点。《国家新型城镇化规划（2014—2020）》提出，到十三五末期规模城镇化率达到60%左右，人口城镇化率达到45%左右。我认为，这一目标过低。从现实看，只要以农民工市民化为重点的相关改革到位，缩小人口城镇化率与规模城镇化率的缺口，加大户籍制度改革，推进基本公共服务均等化、城乡一体化等制度创新，2020年人口城镇化率达到50%左右是完全有可能的。

（2）十三五农民工要成为历史。"让农民工成为历史"，这不仅是个经济问题，更是个社会问题。2014年，农民工人数接近2.7亿。同时，绝大多数农民工是80后、90后的新生代农民工，这些农民工绝大多数的意愿是落户城镇，但在现行体制下又难以融入城镇。只有打破制度障碍，初步取消农民工的身份，尽快建立流动人口的居住证制度，实现从农民到市民的身份转换，"农民工"才有可能真正成为历史。总的看，2020年是"农民工"退出历史舞台的节点。

（3）十三五期间人口城镇化率年均提高2个百分点是有条件的。一是随着户籍制度改革的提速，城乡一体化进程将明显加快；二是国家不断加大对中小城镇的公共资源配置，中小城镇成为吸纳农村转移人口的重要载体；三是基本公共服务体系建设正处于加快推进中。中共十八大明确提出，到2020年总体实现城乡基本公共服务均等化的目标。

3.消费结构升级大趋势——从物质型消费走向服务型消费

（1）从生存型消费向发展型消费升级。10年前，在城乡居民消费支出中，城乡居民用于食品、衣着的生存型消费支出占相当大的比重。这10年，主要包括居住、家庭设备及用品、交通通信、文教娱乐、医疗保健等的发展型消费所占比重明显提升。据统计，1990—2013年，城镇居民发展型消费支出比重从32.39%提高到54.42%；农村居民发展型消费支出比重从33.43%提高到55.72%。尤其是在中国进入到发展型消费新阶段后，满足人的自身发展的需求开始全面快速增长，城乡居民支出结构中的生存型消费比重持续下降，城乡恩格尔系数已由1978年的57.5%下降到2013年的37.7%。

（2）从传统消费向新型消费升级。这几年，人们对绿色消费、信息消费、便捷消费等新型消费的需求进一步提高。例如，这10年城乡居民的信息消费以每年20%左右的速度增长。在经济下行压力加大的情况下，2015年上半年通信器材消费同比增速仍然保持在30%以上。这10年，城乡居民的信息消费以每年20%左右的速度增长。

（3）从物质型消费向服务型消费的升级。目前，城镇居民服务型消费比重已接近40%。预计到2020年城镇居民的服务型消费支出比重将超过50%，一些发达地区有可能在60%左右。消费结构升级蕴藏着巨大的消费潜力，消费总规模到2020年有可能达到45万亿—50万亿元。13亿人消费结构升级与消费潜力的释放将成为中国经济增长的最大动力、经济结构调整的最大空间。

未来5—10年中国经济增长蕴藏着巨大潜力，经济向好的格局没有改变，"中国故事"没有讲完。尽管在转型中面临诸多挑战，但仍需增强信心。经济转型升级将给中国带来巨大的市场、巨大的增长潜力。

// 以转型改革应对挑战

十三五要以转型改革应对挑战，化解经济下行压力，防范经济危机，释放经济增长潜力。

1.迎接产业结构调整的挑战——如何从工业主导转为服务业主导

（1）产业结构与发展阶段不相适应。总的看，中国正处于工业化中后期。到2020年服务业占比将达到55%以上，基本形成服务业主导格局，这是工业化中后期产业结构调整的重要标志。目前，虽然服务业增加值规模明显增加，服务业增加值占GDP比重2015年上半年达到49.5%，创历史新高。但与发达国家70%以上水平相比仍然偏低，与巴西和俄罗斯相比也有10个百分点以上的差距，这使"有需求缺供给"的矛盾日益突出。

（2）产能过剩问题严重。在"三期叠加"时期，产能过剩的问题十分突出，部分行业的产能过剩导致实体经济压力不断增大。主要表现在：第一，工业企业平均产能利用率为72%左右，且呈逐年下降趋势。而合理的产能利用率大概在81%以上，中国工业产能低于合理水平9个百分点。第二，全面性过剩，不仅有传统产业的产能过剩，而且有的行业出现"先进产能"过剩。第三，大量落后产能难以退出。未来几年，通过"一带一路"拓展经济发展空间，可以为某些优势产能、过剩产能寻求出路，推动中国制造业的全球布局，缓解中国产能过剩带来的压力。

（3）制造业利润持续走低，实体经济困难加大。主要表现在：第一，制造业进入微利时代。近几年在31个制造业行业中，有9个行业总资产利润率低于同期贷款利率。第二，社会资源流向"虚拟经济"，"脱实向虚"问题严重。社会资源主要包括社会资本和人才，目前社会资本流向"虚拟经济"的问题日益突出。第三，低成本的比较优势丧失，劳动力成本上升势头明显。尽管目前中国城乡收入差距连续几年呈缩小态势，但是制造业资本向东南亚转移趋势明显。

2.创新能力提升的挑战——从投资拉动转为创新驱动

（1）创新驱动的关键是科技创新能力。工业化中后期，效率的提升主要在于创新。当前，中国的科技创新能力在国际上处在中等偏下的水平。尤其是关键技术和核心技术对外依存度高达60%左右。比如，国外机器人制造企业仍然占据中国近90%的市场份额，核心零部件仍需要进口。

（2）自主创新能力弱。主要表现在：第一，中国基础研究占研发经费支出的比重在5%左右，美、英、法都在10%以上。近年来，尽管研发投入占GDP的比重逐年提高，但基础研究经费占研发总经费的比重仍偏低。第二，科技成果转化率仅为10%左右，发达国家在40%以上。

（3）创新驱动重在教育。中国现行的教育体制带有考试型、封闭性、行政化的某些特点，而这又是难以形成自主创新能力的重要制约因素。要加快形成创新型、开放性、专业化的教育体制，为提升自主创新能力和经济结构调整提供所需的各类专业人才。深化教育改革，需要"跳出教育看教育"，加快推进以优化结构、提升质量为基本目标的第二次教育改革。

3.全面改革突破的挑战——从被动改转为主动改

经济转型升级的主要动力是改革。总的看，在利益固化的背景下，改革的阻力相当大，形成全社会的改革共识及其全面深化改革的大环境，还需付出巨大的努力。

（1）全面深化改革面临利益关系、权力结构的调整，使得改革的复杂性、深刻性、艰巨性明显加大。从全社会看，全面深化改革到了利益关系调整、权力结构调整的新阶段。以金融为例，混业发展已经成为现实和趋势，但现行的"一行三会"的分业监管体制与此不相适应的矛盾日益突出。这需要尽快成立国家金融监管总局，以适应中国金融市场混业经营的需求。

（2）全面深化改革需要大氛围。当前，全面深化改革的大环境尚未形成：一是改革面临某些理念的束缚、干扰，需要进一步解放思想。比如，混合所有制改革，尽管中共十八届三中全会明确指出，积极发展混合所有制经济，推动国有企业完善现代企业制度，但近年来国有企业改革总体来看进展缓慢。二是一般是讲改革故事的人多，干改革实事的人少，有冲动、有热情投入改革的人就更少。三是改革缺乏激励机制。习近平总书记明确提出，

"要着力强化敢于担当、攻坚克难的用人导向，把那些想改革、谋改革、善改革的干部用起来，激励干部勇挑重担。"由于尚未形成有效的激励机制和改革的大环境，不作为的现象十分突出，导致很多改革仅限于纸面，难以取得实质性突破。四是某些改革有走"回头路"的可能。

// 实现调结构、转方式的重大突破

实现经济转型升级的目标，既能实现调结构、转方式的实质性突破，又能奠定未来10—20年可持续发展的重要基础。

1.形成服务业主导的产业结构

尽管目前对能否形成服务业主导仍存在诸多争议，但我认为，服务业主导的内涵主要指：一是服务业占产业结构的比重，从经济发展的一般规律看，进入工业化中后期，服务业占比一般不低于55%；二是服务业与第一产业、第二产业之间的内在关系。当前，中国制造业大而不强的根源在于以研发为重点的生产性服务业比重太低。经济发展的不同时期，要有不同的产业结构与之适应：工业化前期，产业结构以农业为主导；工业化中期，产业结构以轻工业和重化工业为主导；工业化后期，产业结构以服务型经济为主导。这表明，不同的发展时期和发展阶段，产业结构呈现不同的特点。

（1）中国现代服务业发展前景广阔。主要表现在：第一，服务业比重比发达国家低20个百分点以上，比发展中国家低约10个百分点。第二，进入工业化中后期，现代服务业呈现较快发展势头。生产性服务业向价值链中高端延伸，生活性服务业更加贴近居民消费需求。2008年，我就提出要从生产大国走向消费大国，尽管当时存在诸多争议，但总的看，消费的水平应当与经济发展、社会发展的阶段相适应，不同的发展阶段，消费需求是不同的。以吃饭为例，随着温饱问题的基本解决，人们开始吃营养、吃特色、吃环境、吃文化，这不仅反映了消费者个性消费偏好的改变，更反映了消费增长动力的转变。

（2）十三五形成服务业主导的产业结构。《服务业发展"十二五"规划》指出，十二五末期经济中服务业比重将超过47%。从现实来看，自2013

以来服务业占GDP的比重首次超过第二产业，经济结构升级的态势初步形成。预计2015年末服务业占比将达到50%左右，比十二五规划的目标提高了3个百分点。随着中国进入工业化后期，十三五服务业占比年均提高1个百分点，达到55%以上是完全有可能的；生产性服务业占比实现倍增，占GDP比重从15%提高到30%。

（3）十三五以服务业主导引领经济新常态。总的看，中国尚未形成经济新常态，且正处于走向经济新常态的关键时期。

一是形成7%左右增长的新常态。过去10年，中国服务业每增长1个百分点，可以带来经济增长0.43个百分点。十三五时期，如果服务业增加值继续保持9%—10%左右的年均增长，将带动GDP增长4个百分点左右，加上农业、工业的增长，将为中国实现7%左右增长的新常态奠定坚实基础。

二是形成新增就业不断扩大的新常态。2008年，中国GDP每增加1个百分点，新增加就业80万人；到2013年，GDP每增加1个百分点，新增就业170万人。这表明，服务业占比的提高是解决新增就业的关键因素。十三五时期服务业增加值按年均10%测算，每年新增就业达到1000万人是有条件的、有可能的。

三是形成全社会创业创新的新常态。十三五时期，中国能否在"中国制造"向"中国智造"的转型上取得重要突破，主要取决于生产性服务业能否快速发展。为此，以研发为重点，大力发展中小企业，不仅是形成新一轮创新创业潮的主要推动力，而且将为创新创业开辟巨大的市场空间。

四是形成利益结构优化的新常态。服务业就业比例达到50%，即到2020年随着服务业主导地位的确立，中国服务业就业人口将不少于4亿人，由此带动中等收入群体的增加，即中等收入群体比例达到35%—40%。

五是形成绿色发展的新常态。如果2020年服务业占比达到55%，能源消耗量将下降14%左右，二氧化硫将减排18%左右。

2.形成消费主导的经济增长格局

进入工业化中后期，消费型驱动将成为拉动经济增长的主要推动力。

（1）十三五消费升级扩大的趋势明显。主要表现在：第一，目前中国最终消费率为50%左右，比发达国家平均水平低30个百分点左右。第二，消费理念、消费结构、消费模式趋势性变化，即多样化、个性化特点十分突出。

按照国家老龄委的估算，现在老年人的当期消费至少有1万亿元人民币的消费需求潜力。但是，由于产品供给短缺、服务水平上不来，年实际消费大概在2000亿元人民币。第三，人口结构变化、城乡一体化进程拉动消费。第四，消费个性化、多样化推动服务型经济加快发展。

（2）十三五消费总量有望实现倍增。主要表现在：一是预计最终消费率将从2014年的51.2%提高至60%以上，居民消费率达到50%左右。当前，中国居民消费占GDP的比重一直处于下降通道之中，由1978年的48.8%降至2013年的36.2%，而政府消费则相对稳定。二是预计消费总规模有可能从2014年的30.7万亿元扩大到2020年的50万亿元左右。

（3）消费对经济增长贡献率明显提升。2015年上半年，消费对增长的贡献率为54.4%；到2020年，消费对增长的贡献率将达到60%以上，搞得好，甚至可能高于60%。这表明，13亿人的大国正处在消费结构升级的关键时期，不仅将带来巨大的消费市场，也是支撑中国经济增长和全球经济增长的重要因素。

3.形成以服务贸易为重点的对外开放新格局

（1）中国服务贸易规模与转型升级趋势不相适应。主要表现在：第一，服务贸易比重低。从国际比较看，2014年中国服务贸易占对外贸易总额的比重仅为12.3%，而全球服务贸易占全球贸易的比例达到20%，低于全球平均水平7.7个百分点。目前，中欧的服务贸易占双方贸易总额的比重约12.5%，占全球服务贸易的比重只有0.8%左右，发展空间十分巨大。按《中欧合作2020战略规划》中欧贸易额到2020年达到1万亿美元的目标，如果中欧服务贸易比重提高到20%，双方服务贸易将达到2000亿欧元的规模。只要打开思路，打破服务贸易对中国的管制，在服务经济、环保、制造业技术等方面对中国放开市场，中国将给欧盟提供巨大的市场空间。第二，经济转型升级对服务贸易依赖性加大。无论是生产性服务业还是生活性服务业都对服务贸易提出新的要求。

（2）以"一带一路"为总抓手加快服务贸易强国进程。抓住"一带一路"机遇，十三五从服务贸易大国走向服务贸易强国，重在加快服务贸易开放。总的判断是："一带一路"是以扩大自贸区网络为目标，以服务贸易为重点，以基础设施建设为依托，是新阶段对外开放的总抓手。

（3）把加快服务业开放作为双边、多边自由贸易重点。建议把握服务业市场开放的主动权，推进国内自贸区"提质扩容"，以促进服务贸易为重点加快双边、多边自贸区建设，以加快推进服务外包为重点形成国内发展现代服务业的新平台，到2020年，服务贸易继续保持10%以上的增长速度。与此同时，加快与"一带一路"沿线国家和地区商建自由贸易区网络，扩大双边和区域服务贸易协定，打破对中国的服务贸易壁垒。

// 适应经济转型的改革路径

在当前的经济形势下，短期内政策刺激的"托底"作用十分重要，甚至起决定性影响。同时，政策刺激要着眼短期，更不要为中长期埋下更大的隐患。政策刺激的关键在于激发市场活力。化解经济下行压力，主要不是靠政策刺激，关键在于处理好政府与市场关系，充分发挥市场在资源配置中的决定性作用和更好发挥政府作用，适应发展趋势，在制度创新中发挥政策的放大效应。

1.服务业市场全面开放是重点

服务业市场开放既是经济结构调整的关键，又是市场化改革的战略重点。从现实看，中国教育市场的开放程度与教育发展严重不相适应。尽管21世纪初教育市场化、产业化曾引起诸多争论，但当前的教育市场开放与过去教育产业化有着根本性的区别。一是只有充分发挥政府在教育产业的主导作用，尤其是强化义务教育主体作用，才能更好地促进产教深度融合。教育产业化最大的问题在于基础教育的管理权限下放给地方，由各个地方政府管理。在执行过程中，出现了层层下放，逐渐变成以乡镇为主的管理制度，造成了农村义务教育的困境。为此，需要在强化政府义务教育主体责任的前提下加快教育市场开放。二是人们对教育的选择呈现多样性，目前每年赴美留学的中国学生以20%—30%的速度增长。过去赴美留学的中国学生以大学、研究生为主，现在扩展到小学、中学，其中，中学占相当大的比例。三是只有社会资本成为教育投入的主体力量，才能满足全社会日益增大的教育需求。总的看，无论从需求层面，还是供给层面，中国的教育不仅是一个大市场，而且是全球关注的潜在大市场。

从工业主导走向服务业主导，服务业市场开放既是经济结构调整的关键，又是市场化改革的战略重点。服务业领域市场开放严重不足，难以利用国内社会资本和外资做大"蛋糕"。十三五深化市场化改革，重中之重是让市场在服务业领域发挥决定性作用。

2.以结构性改革破解服务业发展的结构性矛盾

改革开放以来形成的一整套政策与体制安排，带有激励工业发展、抑制服务业发展的突出特征。比如，与社会需求相比，公益性社会组织发展仍然滞后，其中一个重要原因在于，公益法人制度缺位，公益性社会组织发展缺乏相应的法律保障。推进服务业主导的经济转型升级，需要加快打破结构性矛盾带来的掣肘，加快推进结构性改革。一是加快财税体制改革与财税政策调整。二是加快金融体制改革与金融政策调整。当前，金融资源"脱实就虚"的矛盾突出，中小企业融资难仍是一个大问题。三是教育体制改革。随着"中国制造2025"战略的实施，技术技能型职业人才的需求全面增长但供给短缺严重。例如，制造业高级技工缺口每年高达400余万人。有企业家形容，"找100个大学生不难，找100个高级钳工却是难上加难"。这说明，经济结构的变化要求教育结构要做出相应的调整。

3.以政府购买公共服务为重点加快公共服务业市场开放

充分利用市场力量、社会力量扩大公共服务供给，争取使政府采购规模占财政支出比重从2013年的11.7%提高到2020年的15%—20%，服务类占政府采购总额比重从2013年的9.4%提高到30%左右。

4.深化以简政放权为重点的政府改革

当前，监管转型的滞后已经成为深化简政放权的突出矛盾。从消费领域看，消费安全问题的根源在于消费监管的缺位；从金融领域看，不冲破大的体制障碍，监管转型将难以取得实质性突破。这不仅关系到改革红利的释放，而且对未来的经济增长具有决定性的影响。

中国正处于转型变革的关键时期，观察中国、分析中国，要"明大势、看大局"。十三五自觉把握经济转型升级大趋势，基本实现由工业主导向服务业主导的经济转型，就能缓解短期经济下行压力，释放经济增长的巨大潜力，有效应对经济转型挑战。这是经济转型的历史抉择。

国企改革的新范式及政策挑战

张文魁／国务院发展研究中心研究员／

自中共十八届三中全会决定重启改革，至今已经过去一年半了，一些领域的改革在快步推进，但各方面对国企改革表现出谨慎的态度。日前，中共中央、国务院印发《关于深化国有企业改革的指导意见》，国务院发布《关于国有企业发展混合所有制经济的意见》。众所周知，国企改革早已经不是一个新议题，断断续续走过了30多年不平坦的历程。笔者认为，新一轮国企改革，出台新文件很重要，引入一种新范式可能更重要。

∥旧模式难以为继

在过去30多年的国企改革过程中，各层面做了大量探索、实践、设计、调整，形成了非常独特的改革轨迹，笔者将其概括为国企改革的中国范式。这种范式大致包括如下要点：第一，长期遵循实用主义思维，在很长时间里刻意回避产权改革，但不断推行激进的控制权改革；第二，长时间的激进控制权改革自发地走向渐进的产权改革，使产权改革形成了严重的路径依赖特性，导致国企改革较多地对内部人有所依赖和由内部人主导；第三，产权改革渐进地和摇摆不定地推进，具有机会主义特征和不确定性，并且与企业的业务、资产、债务重组交互推进；第四，很多母子型结构和集团化的国企选择碎片化的、各自突围的产权改革方式，即保留母公司的国有制不触碰，子孙公司等下级法人实行各式各样、五花八门的产权改革；第五，借助非国有企业崛起带来的竞争效应和示范效应促进国企改革，同时充分利用非国有企业崛起，为国企产权改革和重组提供缓冲作用；第六，激进的控制权改革和渐进的产权改革导致了巨大的企业改革成本，改革时间拖延之长又极大地增加了改革成本，对整个社会都构成一定的代价，这种代价不仅体现在经济支付方面，也体现在公平正义方面。当然，这里对国企改革中国范式的概括不一定很完整，但涵盖了基本要点。这个范式是在曲折中形成的，是一个历史产物，在过去十几年里，我们越来越清楚地看到了这个范式难以克服的种种问题。最主要的问题，就是对产权改革的模糊性、摇摆性政策，其他很多问题都是由这一点衍生的。国家在很长时期里本想回避产权改革，但为了避免产权改革，又往往以不断加码的控制权改革来弥补，最后反而导致控制权改革失控，也导致自发的产权改革失控。对产权改革的模糊性、摇摆性态度和政策，在实际当中导致大量的碎片化产权改革，即国企不断分拆出子孙公司来推行产权改革。看起来，很多资产和业务被激活了或者分散突围了，但未实行产权改革的最上层母公司就成了旧机制的大本营和旧货仓库，集团性国企并不能真正实现市场化，反而因为碎片化的产权改革而使整体协同效应遭到削弱，一个集团内的子孙公司之间各行其是，甚至打来打去。此外，还有计划经济遗产屡屡清理不净，或者清旧新又生；资产、业务、债务的重组没完没了，重组成本此伏彼起，国企与政府之间的财务边界纠缠不清；公司治理软弱无力，且与来自党政机构的监管犬牙交错，给中国国企构筑了全世界最复杂的监管体系但仍然受到腐败多发和政商难分的困扰，等等。这种范式的最终结果，并没有使国企真正实现市场化，反而使国企在市场化和政策化、独立化和附属化之间不断拉扯、徘徊。

现在，当中国经济增长进入阶段性转折的时候，要使国企真正顺应"市场发挥决定性作用和政府更好发挥作用"这一大趋势，就需要走出旧范式、引入新范式。

// 新范式的核心

新范式的核心内容，就是要推行具有主动性的、有时间表的总体性产权改革，以此为基础，推动公司治理转型和涵盖业务结构、资产负债、组织构架、管理流程、员工政策、薪酬福利、激励机制等在内的一揽子重组，从而实现企业的实质性再造和全球竞争力的重建。旧范式也包含产权改革的内容，但是，在较大程度上，那是一种反应型、被动式的产权改革，过程是渐进的，进度是迟缓的，且经常摇摆不定。新范式产权改革，不应该等到越来越多的国企陷入经营困境才去大规模实行，不应该采取得过且过、缺乏担当的机会主义态度，而是要按照十八届三中全会规定的时间节点去设定一个具体的时间表，争取在2020年之前，使总体性的产权改革和一揽子重组得以基本完成。

总体性的产权改革，重点对象是那些大型和特大型国企，特别是集团性国企的最上层母公司，包括央企的母公司。除了要改建为国有资本投资运营公司的母公司，它们中的大多数应该按照十八届三中全会《决定》中的混合所有制改革和相应的公司治理改造，极少数涉及国家安全和国民经济命脉的大国企可以保持国有全资状态，但也可试探多个国有机构持股的股权多元化。而对广大的中小型国企，可以实行十六届三中全会《决定》的多种放活政策。

在上述产权改革的同时，公司治理应该获得实质性转型，一揽子重组应该大力推进，使得大多数国企的业务结构更加合理、资产负债表更加健康、组织体系更加精炼灵便、管理能力和创新能力得到强化、三项制度和激励约束机制实现与市场接轨。这样的改革和重组如果能够得以实施，那些位居行业重要地位的大型特大型集团性国企将可以重建全球竞争力，这比南车、北车这样的单纯合并举措要有意义得多。

许多人会问，集团性国企的母公司，特别是集团性央企的母公司，具备总体性产权改革的条件吗？在当前情形下，母公司的产权改革和一揽子重组能推得动吗？其实，不少集团性国企的业务、资产、人员状况基本上具备总体性产生改革的条件，一些集团性国企已经近乎实现了母公司整体上市，具备非上市方式产权改革的集团就更多了。即使那些资产质量不佳、经营状况不好、遗留问题很多的集团性国企，只要与一揽子重组结合起来，与下属中小企业的放活和综合性清理结合起来，仍然具备母公司产权改革的条件。20世纪90年代末推行的债转股就可以作为这一改革大致的模板，现在缺乏的主要是决心而不是所谓的条件。极少数包袱特别重、人员特别多的国企，总体性产权改革和一揽子重组或许可以缓一缓，但是，外围清理有大量工作可做，外围清理得比较干净之后，条件就差不多具备了。或者会有"算账先生"说，国有集团母公司的总体性产权改革和一揽子重组是很不划算的，那部分"好"的国有资产不能折成一个好价格，不能圈来更多的资金。这其实是一个不完全算账法，如果那部分"不好"的国有资产和相应的债务、包袱、遗留问题、旧机制，不是留在母公司这个旧货仓库里，而是一并解决掉了，那不就是省大钱了吗？看一看多年来那些似乎划算的改革吧，"好"资产圈来的钱还不是慢慢被存放的"不好"资产和债务、包袱、遗留问题、旧机制消耗掉了吗？也许还会有一种意见，认为对所有的国有企业，不管是集团母公司还是中小国企，只要实行与私营企业一视同仁的依法破产政策就行了：搞得好就继续搞，搞不好就依法破产，这不就是市场化了吗？为什么非得推行总体性产权改革呢？是的，一视同仁的依法破产制度的确是市场化，但是，这是一种被动的市场化，是等损失已经造成、经营难以为继时才来市场化，当然，这种被动的市场化对日常经营的市场化有倒逼作用也不能否认，但重要的是，纯粹国有制和非市场机制是可以相互强化的，新政治经济学在这方面有很多论述，大量事实更可以印证这一点。

// 政策挑战不容忽视

不过，引入新范式，需要克服一些不容忽视的政策挑战。

第一项重要的政策挑战，就是如何界定和防止国有资产流失。国企改革，要防止少数人大肆瓜分和掠夺国有资产，要防止国有资产流失，这是毫无疑义的。尽管在上一轮国企产权改革的时候，中央和地方都出台了一系列的法律和规章，以防止国资流失和腐败、防止各方合法权益受侵害，过去几年里还出台了更加细致的防止国资流失的各种技术性措施。但是，关于国有资产流失，仍然存在很多认知方面的分歧和法律方面的模糊地带。严格来说，国有资产流失目前还算不上是一个法律概念，但可以认为它接近于《物权法》第57条"低价转让、合谋私分、擅自担保或以其他方式造成国有财产损失"的规定，以及《企业国有资产法》多个条款"防止国有资产损失"的规定。《刑法》中也没有国有资产流失的概念，在破坏社会主义市场经济秩序罪中的169条中，规定"徇私舞弊，将国有资产低价折股或低价出售，致使国家利益遭受重大损失的，处三年以下有期徒刑或拘役，遭受特别重大损失的，处三年以上七年以下有期徒刑"，但到底多少算是重大和特别重大损失，并不清楚。在实际当中，如何准确地判定国有资产流失，法律清晰度严重不够。如果这个问题不解决，新一轮国企产权改革就难以稳健地、持续地、全面地推行下去。笔者认为，下一步迫切需要国家出台更加详尽的判断国有资产流失的司法解释。司法解释可能会比较机械，但法律尺度很清楚，当事人只要遵循法律，就不必担心日后告旧状、翻旧账。

第二项重要的政策挑战，就是如何把握混合所有制的股权结构尺度。十八届三中全会已经把混合所有制提到了基本经济制度的重要实现形式这样一个高度。但在实际工作中，面临着股权结构和股份来源的选择问题。如果大部分国企，尤其是集团性国企的母公司，国家持有过高的股份，只引入一些股份比较小的社会资本，不但对社会资本的吸引力不足，也不利于公司治理的转型和经营机制的转换。因此，要推行新一轮产权改革，必须要有合适的、清晰的股权结构和股份来源政策，但考虑到中国的实际情况，这殊非易事。

一个可以考虑的方案，是在新一轮国有企业改革中实行名单政策，而不是分类政策和"一企一策"政策。无论是"一企一策"，还是分类政策，理论上都没有错，因为每个企业本身就不是一样的，也是可以分成不同类别的，笔者也乐见其成，但是，在实际操作当中，"一企一策"的随意性太大，可能成为逃避改革、拖延改革的借口；分类政策可能在漫长的分类谈判和类别选择中掉入分类陷阱当中，最后改革的时机就错失了。不妨积极试一试"名单政策"。它是一种确定国有企业是否进行混合所有制改革以及大致限定股权结构的政策。这个名单完全覆盖各级国资委直接管理的一级企业，即所有的一级企业都应该包括在这个名单中。在这个名单中，每个一级企业都能找到自己的名字和是否要实行混合所有制、实行混合所有制第一步的股权结构有什么样的限定。当然，不实行混合所有制、继续保留国有独资的一级企业只是少数，这少数企业保留国有独资，可能是因为它们将要被改建为国有资本投资运营公司，可能是其所处的行业或所承担的功能比较特殊，也可能是因为历史包袱太重而且目前没有化解的方法。不管是什么原因，这个名单都应该列明并且给以解释说明。而其他企业，争取在2020年之前实现混合所有制改革。

对于应该实行混合所有制改革的一级企业，每个企业都应该列明第一步的股权结构的限定。这个限定并不是把股权结构规定得一清二楚，实际上是要公布每个一级企业大致的国有股比例限制。政府对每个一级企业规定了国有股的比例上限或者下限，就可以使国企自己，以及有意参与国企混合所有制改革的社会资本，有一个清晰的政策界限。这比一个一个地去试探、去谈判要好得多。同时，在整个名单政策中，政府应该就为什么对这个企业要设定这样的国有股比例限定给出解释说明。名单政策可以根据情况变化适时修订，修订的方向是不断降低国有股的比例限定，引导国有股份不断地释放给社会上的投资者。

或许会有一种疑虑：名单政策让国企对号入座，这会不会造成国企人心惶惶？以前的改革政府经常采取含糊策略，好像这样就能够避免人心惶惶，但事实并非如此，反而诱使人们纷纷在私底下打听、议论和"运作"，尽量避免那些可能失去父爱依靠的"被改革"，这并不是好办法。其实，国外的那些大型国企的改革方案，涉时3年5年或8年10年，都是事先透明的，甚至是由议会通过的，只要管理人员和普通员工的正当利益得到保障，对号入座反而是最好的。

第三项政策挑战，就是如何确定国有股的持有和股权行使政策。由于大部分一级企业都要实行股权多元化或混合所有制，这些企业中的国有股由哪个机构来持有和行使股东权利，就成了一个无法回避的问题。同时，不管国资委是否直接持有这些企业的国有股，国资委对这些企业以后如何管理，也必须纳入考虑范围。国资委直接持有混合所有制企业的国有股，没有实质性的法律障碍。国资委作为出资人机构，本身就包含了持有国有股份的含义。

所以，国资委可以直接持有混合所有制一级企业的国有股份，当然也不排斥以后由国有资本投资运营公司来持有其他一级企业的股份（那时，现有的一级实际上已经变为二级企业，叫作二级企业更妥当）。这涉及未来国资管理构架的调整问题。

无论未来国资管理构架做什么样的调整，都应该制定对混合所有制一级企业的国有股持有与权利行使政策。这个政策应该规定，一级企业实行混合所有制之后，国有股是由国资委还是其他哪个机构（如国有资本投资运营公司）持有。考虑到现实当中许多国有股的持有和股权行使是分开的，即国有股持有机构只是名义持有，并不真正行使股权，股权行使是由另一个机构来行使，或者通过另外的方式和渠道来行使，所以，应该制定清晰的国有股权行使政策，以告诉外界，未来一级企业实行混合所有制之后，持股机构能否完整地行使股权，如果不能完整行使股权，哪些机构各行使什么权利，行使权利的渠道、方式、时间、触发机制是什么。

还应该制定国资委和其他党政部门对混合所有制企业的管理政策（或者根据习惯叫作监管政策）。为什么需要制定这个政策？这个政策与对混合所有制一级企业的股权持有和权利行使政策有何不同？照道理来说，哪一个机构持有国有股份，就由哪一个机构来行使国有股权，除此，无论国有控股还是国有参股企业，都不应该被其他任何别的机构实施股东权利之外的日常性"国有企业管理"或"国有资产管理"。这些企业也接受审计、透明度检查以及一些特殊行业的监管，但并不是针对国有企业、国有股份的日常性监管。

但现实当中，不但这些被称为"监管"的力量仍然存在，而且，更重要的管理力量是对国企"干部"的任免与管理。

2014年，一些省市自治区出台的国有企业改革指导意见当中，规定只要国有股份比例低于50%，国资委将不再按国有企业进行监管，这是一个进步。但是，难道国有股份比例高于50%的混合所有制企业，就应该接受国有股东权利之外的"监管"吗？这个"监管"是监管机构自己随时发个文件就可以去查、去指示、去审批吗？而且，也不光是国资委不再实施旧式监管就算数了，因为对国企高管人员实施"干部"管理的权限大部分并不在国资委手里，这涉及公司治理能否真正转型的问题。这些都是非常大的挑战。

第四项重要的政策挑战，就是如何处理国企中残留的计划经济遗产。

这就是所谓的处理国企的历史遗留问题。国企历史遗留问题大致可以分为三类：

一是企业办社会，企业长期承担为职工提供医疗、学校、后勤等服务；二是职工福利尚未或无法实行社会化，包括离退休职工的管理和统筹外费用、内退职工的各种费用、"三供一业"；三是一些模糊地带，如国企职工身份的特殊性、国企的冗员较多又无法全部裁减。

国企的这些问题非常棘手，其实，其中有些问题并不都是计划经济时代留下来的东西，而是目前还在不断产生的新东西；甚至其中很多内容，譬如说一些所谓的办社会职能以及超统筹的福利待遇，也不能说都需要强制取消，但问题在于，这些负债性的东西超出企业和企业股东的承受能力和承受意愿时，如何化解矛盾。这些问题真是"剪不断、理还乱"，但是，如果要实现真正的市场化，这些问题就无法回避。

因此，要推行新一轮国企改革，还需要国家有关部门制定国企职工身份和相关权益、福利的解释政策，这与最高法院就一些重大而敏感问题做出解释是一样的道理，哪怕解释为各地区各企业可以根据实际情况自行处理，那也算是一种政策。

国企职工已经成为一个需要谨慎对待的庞大群体，能否制定一个职工能接受、国家能承担、社会能平衡的政策套餐，以及能否使这样的政策套餐在实际中得以执行，实在是一项严峻的挑战。

此外，对国企在国家安全和国家基石中的作用如何认识，则是更深层次的挑战。这些挑战，都需要认真应对。

当汇率的潘多拉盒子打开后

钟正生 / 莫尼塔研究董事总经理、财新智库董事总经理 /

人民币汇率的问题很复杂，但确实是牵动当前资本市场神经最关键的问题。我分三部分来分析：一、对本轮人民币汇改的反思；二、对人民币汇率前景的看法；三、近期人民币汇率波动的影响。

// 对本轮人民币汇改的反思

为何在这个时点选择汇改？很多人觉得是央行出的昏着。在股市比较脆弱的时候，在经济下行压力还很大的时候，再打开汇率这个潘多拉的魔盒，给人的感觉就是无论如何这都是一个昏着。

我想可以从这样几个角度去探讨。一个角度是，央行为何要主动求贬。汇改选在7月出口数据急剧下滑的时候，所以，很多人觉得这是一个提振出口的举措。但我并不是特别赞同这样一种说法。为什么？我们可以看看周小川行长之前的文章，他对人民币汇率有更多的诉求。他并非简单认为，汇率是调节短期贸易顺差的工具，它也是促进中国经济转型的一个工具。可以纵向比较中国的出口产品结构，是慢慢沿着附加值链条往上走的。

背后道理很简单，如果这是一个人民币实际汇率逐渐升值的过程，那么只有那些真正有竞争力的企业才能存活下来。人民币汇率贬值可能让本该死掉的企业存活下来，这样反而可能不利于中国经济结构的调整。我们可以把这个观念称为对于人民币汇率的"结构主义"观念。而商务部在遇到出口下滑的时候，往往就有汇率贬值的诉求，我们可以把它称为对于人民币汇率的"重商主义"观念。

观念可以不同，但这两个部委之间对人民币汇率的不同诉求，确实在人民币汇率决策过程中发挥很大作用。所以，我并不认为本轮人民币贬值是为了提振中国出口。因为关键是中国这次3%的汇率贬值幅度，跟其他新兴经济体货币贬值幅度相比，是小巫见大巫。靠这种贬值幅度来提振出口，短期内很难看到效果。

个人比较赞同的是：无论如何美联储都是要加息的，人民币的汇率都是需要调整的，或者人民币资产价格是有调整压力的，所以不如抢先一步提前释放调整的压力。我们也可以把它看作一种压力测试。最后的结果大家看得出来，这个测试的结果有点出乎预料。

另一个角度是，考察市场对本轮汇改的反应。汇改出台一周时，国内外评价都偏正面。这次央行打的是政策组合拳：一方面做市场化的改革，使人民币汇率中间价确定更加地市场化，让市场更多地发出声音；另一方面是人民币汇率适度的贬值。

我认为周小川行长对于固定汇率制和浮动汇率制各自相对的利弊，是有倾向性认识的。这个可以从易刚在新闻发布会上的讲话看出来。在固定汇率制或者钉住汇率制下，人民币汇率看似很稳定，但一些深层次的问题和矛盾在累积。所以说，市场化是央行对人民币汇率的一贯诉求，股市的调整延缓了汇改出台的时机，而不是相反。

可见，不管是从短期看——我们需要提前释放调整压力这样的一种应变策略，还是从中长期来看——人民币汇率无论如何要向市场化方向去调整，我觉得这次人民币汇改是"蓄谋已久"的。主要根源还是，其他新兴经济体货币对美元贬得太多，所以美元指数走强；而我们是钉住美元的，所以我们的实际汇率也走强。国内外评价都认为，这次我们没有操纵汇率，是在做市场化的改革，这是一开始国内外媒体对央行汇改的反应。

但是，这轮汇改一开始没有贬值的嫌疑，最后却造成了事实上的竞争性贬值的效果。以后的事态发展就有所失控了，这主要包括以下几个方面：

第一个方面，在国际金融市场掀起了一番血雨腥风。不仅造成新兴市场的动荡，也给美联储加息带来不确定性。其实在之前美联储发表的会议声明中，就已提到要关注中国因素，特别是中国股市的动荡，中国金融市场的动荡会对美联储加息决策产生影响。

造成的第二个事态失控的结果就是，人民币汇率贬值的压力和预期在一段时间可能是很难消除的。于是，央行被迫多线作战：可以看到最近每天人民币汇率中间价比前日收盘价差不多都会略微拉升一点。但也不会拉得太多，毕竟我们做出了一个市场化的承诺，这话先说出去了就不能偏离太多。然后还能看到央行在现货市场的干预，比如说尾盘突然拉升，又看到央行在远期市场上的一些干预，包括在其他衍生品市场干预。最近央行在资本管制上做了一些限制，但央行不这么说，说是"宏观审慎"的管理。

所以，这次人民币汇改一开始初衷是好的，但是结果出乎预料。如果把它理解为是一个压力测试的话，这个压力测试的结果确实也是超出预料的。

这次新兴市场的动荡折射出两个信号：

第一个信号，我把它概括为"虚幻的脱钩"。大家回忆一下，在次贷危机之后，有这样的一个判断，即新兴经济体可以独立于发达国家，走出一波独立的增长行情。但现在可以明确看出，世界经济的格局可能在发生一些变化，发达经济体所占权重在增加，而新兴经济体所占权重在减弱。

第二个信号，我们在看待人民币汇率问题时，不要把中国当作国际经济学中一个"小国"的概念，它已完全是个"大国"概念。我们不仅受制于美联储的货币政策，也能影响美联储的货币政策。我感觉央行这次汇改是做了很多的预案的，但是我相信它也没有料到，中国在世界经济中的体量是如此之大，中国对世界经济的影响已如此之大。

以上是我对本轮人民币汇改的反思。结论就是：第一，人民币汇改打开了潘多拉的魔盒，后续人民币资产价格重估的问题开始进入人们的视线。第二，中国在世界经济中的体量是在增加的，中美货币政策的互动和博弈成分也是在增加的。所以，我们不要太妄自菲薄，觉得完全受制于美国，很多场合我们还是有谈判空间的。

// 对人民币汇率前景的展望

对于近期人民币汇率，我提出三个观察视角，可能有助于大家思考。

第一个视角，本月（2015年9月）底习近平主席访美。我们陆续听到一些未经证实的消息说，习主席向各部委征求意见，看看访美之行的时候跟美国出什么牌，我们谈判的筹码是什么。对人民银行来说，人民币进入SDR（特别提款权）应该是排在前面的议题。如果说"8·11"的人民币汇改造成意想不到的结果，给美联储加息决策带来困扰，对国际金融市场带来扰动的话，那么我相信在习主席访美之前，人民银行在汇率上不会有太多的动作。如果有太多动作，那完全是节外生枝，可能也会带来一些不可预知的结果。这是第一个视角，从中美政治经济博弈的角度来看，近期的人民币汇率不会有太多动静。

第二个视角，判断人民币汇率可以看看美元指数年内的走势。因为美元跟人民币是一体两面的关系。我们梳理了一下最近几轮美联储加息周期的情况。在开启加息周期之前大概6—9个月时间，美元指数走强，而在加息之后平均8个月的时间里美元指数走弱，8个月之后又开始重新走强。这实际上是预期被提前和充分反映的过程。

我们做个假设，如果在9月16日（2015年）的美联储会议上，美联储做出了加息决策，那从历史规律来说，美元指数可能会走弱。这对非美货币，对人民币汇率未尝不是一件好事。

但如果美联储9月16日决定不加息，例如美国前财长萨默斯、资本市场大鳄达里奥、世界银行和国际货币基金组织，以及FT主编马丁·沃尔夫，都说美联储不应该过早加息。如果这个月不加息的话，那么按照此前美联储自摆乌龙的说法，今年（2015年）无论如何加一次息，加25个bp的话，最有可能在12月加息。如果年底加息的话，按照之前的历史规律，美元向下跌幅不大，但向上的动能有多少呢？

这里面有一个负循环：如果现在美元指数走得过强，或者是一段时间上升得太快，对美国经济至少有两方面的负面影响：

第一个负面影响是，美元指数越是走强，美国的出口部门和企业盈利受制越深。回过头来看，2015年第一季度美元的走强给美国的跨国公司盈利造成很大冲击，第二季度美元指数有所调整，再加上跨国公司在外汇市场上做了一些对冲，美元走强对跨国公司企业盈利的影响在减弱，但整体来看对企业盈利的影响还是很大。

第二个负面影响是，非美货币的贬值，人民币汇率的贬值，本质上是一个输出通缩的过程，会使大宗商品价格受到压制，从而使美国核心通胀水平高起不来，美国货币政策正常化的必要性和紧迫性其实也在减弱。

可见，如果年底美元指数是一个振荡的走势，向下有底，向上的动力也不足的话，对人民币汇率的压制可能也是比较有限的。

我比较赞同马丁·沃尔夫的说法，现在美联储其实是在权衡加息和不加息的风险。不加息的风险，是未来美国的通货膨胀肯定会攀升。不过这个风险是相对可控的，毕竟美国信用扩张不强。即便注入大量的基础货币，如果信用扩张不强的话，最终造成通胀的风险是不大的。

第二个风险是提前加息的风险，就是可能重新给美国经济形势带来波折，造成政策的事后逆转——政策被迫逆转的事例我们并不陌生。

例如，2011年欧央行在特里谢时代，他当时觉得欧元区的经济已经正常化了，通货膨胀的风险在抬头，因此我们看到了连续两次的加息。但特里谢下台后，欧央行被迫在很短的时间里连续降息，重新降到零利率附近。但我们见到了欧元区经济的二次触底。近期的政策被迫逆转的事情，就是过早过快加息的后果，对美联储是有触动的。

也就是说，两害相权取其轻，不加息带来的风险是有限的，而加息带来的风险我觉得是比较大的，因此权衡的天平应倾向不要过早过快地加息。

第三个视角，从更长期间来看一国的汇率，中长期是升还是贬还是要看经济的基本面，汇率是经济基本面的结果。经济基本面究竟看什么，有公认的一些经验准则，这就是一国的经常项目顺差规模，或者说经常项目顺差与GDP的比例。如果经常项目顺差与GDP的比例连续几年都维持在0到3%的话，大致可以说该国汇率是比较接近均衡汇率的。

从这个简单经验规则来判断，中国经济上半年经常项目顺差与GDP的比例是2.5%左右，因此人民币汇率失衡程度是不是像资本市场所夸大的那么大，大家可进一步讨论。

当然，中长期很重要一点就是看中国经常项目的顺差能不能持续。8月衰退式的贸易顺差能不能持续，对理解经常项目顺差其实就很简单。我们都学过宏观经济学，其中一个基本的恒等式就是，储蓄减去投资等于经常项目顺差。

目前，中国有效的投资机会可能依然是缺乏的。可以看看私人部门投资是什么状况，实体经济中中小企业制造业投资不足。公共投资方面，基建投资发力空间也是有限的。但另一方面，中国高储蓄的状况可能依然如故。

所以，储蓄与投资差额存在，过剩储蓄存在，那么经常项目顺差就依然存在。这看起来是会计恒等式，其实是经济发展模式的一个伴生物。如果中长期来看，中国经常项目顺差持续存在，或者换句话说，中国经济模式的转型不会一蹴而就的话，那么我们对人民币汇率还是有支撑的。

以上是看待人民币汇率的三个视角：近期习主席访美之前，央行不想节外生枝，不会在汇率上再惹出事端；年内美元指数走势是振荡行情，因此对人民币汇率的压制效应也不会太大；如果再把眼光放得更远，就会发觉现在资本流动的格局，快进快出，大进大出。光看资本账户这部分，波动会非常大，而经常账户的余额，中长期看则是相对平稳的一个变量。往后看，中国经常项目顺差可能还会持续一段时间，无论如何对人民币汇率还是有支撑的。

看远一点，我对人民币汇率不是那么有把握。但我觉得年内央行应该不至于出现连续急剧贬值过程。如果非要定个点位，即期汇率应在6.5左右，也就是说从现在价位再贬值2%。还有一个问题是，过了明年会有什么状况？

应该说，中美经济处于周期转换时点，中美货币政策处于分化时点，对人民币汇率自然是有压制的。全球美元流动性在回流，新兴市场会无一幸免。但我认为大家应记住，苍蝇不叮无缝的蛋。如果中国不爆发系统性风险，如果中国经济不硬着陆，如果真的能实现政府说的新常态，每年维持5%—6%的增速，那相对于世界其他发达经济体的增速来说也是非常不错的。在判断中长期人民币汇率时，需要对处于中美经济周期转换的阶段有清醒的认识，我个人认为这个阶段才刚刚开始。

// 人民币汇率波动的影响

先谈人民币汇率波动对国内货币政策的影响。大家都知道，央行不断地干预人民币汇率，央行的外汇储备不断被消耗，国内基础货币的紧缩效应会慢慢体现出来。这样央行必须要在公开市场操作方面，或通过其他流动性管理工具来对冲。但是公开市场是滚动操作的，毕竟期限比较短，而且我个人理解这也是比较折腾的一件事情。所以眼光放长点，央行全面降准的空间依然是存在的。

对于央行降准，可以从三个逻辑来看：

第一个逻辑是对冲外汇占款的减少。2013年全年新增外汇占款2.6万亿，2014年不到8000亿，2015年估计是负值。外汇占款是基础货币供给最重要一块，这块缺口央行一定要弥补，这是降准第一个逻辑。

降准的第二个逻辑是对冲地方政府债务置换。回想下2015年4月中下旬的降准。当时的货币市场利率并不高，商业银行的超储率却很高，货币市场流动性不缺，那为什么在这个时点降准？因为第一批和第二批的地方政府债务置换正如火如荼地在开展，这是很大的不确定性，对中长期资金面有很大冲击。央行也不知道这个不确定性有多大，所以采取一个百分点的直降。这也是我们看到人民银行在流动性管理上唯一超调的一次。目前看来，降准的这两个逻辑是叠加在一起的，外汇占款在减少，地方政府债务在推进。

降准的第三个逻辑是对商业银行资产负债表修复的作用。简单地说，现在是大类资产配置的迷惘时代，但对一个商业银行来说，不管把资产配置到什么地方，总比存在央行的准备金账户上吃利息要高。中国存款准备金是冠绝全球的，以后逐渐下滑的空间很大。目前商业银行不良率攀得比较快，盈利的压力比较大。如果趁势存款准备金逐渐下调，是会给商业银行的盈利一些扩展空间的。

从欧美日的货币政策实践来看，要有效地解决商业银行的惜贷问题，即向实体经济输血不足的问题，其实通过降准释放商业银行的盈利空间，可能是一个比较有效的手段。

纵观欧美日次贷危机之后的量化宽松政策效果，如果大家做个比较的话，为什么美国的信用扩张是最先起来的，实体经济是最先恢复起来的？这与它们货币政策不同的路径、不同的模式有很大关系。

简单说，就是美国当时在QE2的时候，美联储就直接购买银行的不良资产。所以对商业银行来说，就相当于资产负债表上坏的资产置换成好的资产。随着资产负债表的修复，商业银行的风险偏好被修复，放贷的意愿可能就会提高。

所以，在QE2后期美国的信用扩张开始。但对日本来说，央行主要购买的是商业银行的国债。对商业银行来说，只是一笔优质资产换成另一笔优质资产，对商业银行资产负债表的改善并没有实质的提振作用，所以对风险偏好的提升、放贷意愿的提高也就没有实质性效果。

当然，如果央行觉得全面降准这个工具太猛烈了，释放的货币宽松信号太强了，那么有没有变通的手段呢？我觉得是有的，那就是央行把一些中长期的流动性管理工具给做出来，比如说要针对商业银行全面推行PSL。

现在货币流动性缺乏，对金融机构来说中长期流动性尤其缺乏。这有这么几个原因：第一个原因，利率市场化后期，金融脱媒如火如荼，商业银行存款基础收缩得很快。

第二个原因，随着地方债的不断置换，地方债期限一般以3—5年居多，商业银行中长期资金消耗得也越来越多。

第三个原因，中国在外汇占款多的时候，要被动投放基础货币。当出口企业在商业银行结汇的时候，商业银行拿到了一笔美元资金，出口企业在商业银行账户上多了一笔人民币存款，所以这是商业银行多了一笔人民币存款。现在外汇占款趋势减少，央行被迫主动投放流动性了。但目前央行投放大多数都是三个月及三个月以下偏短的流动性。从银行负债角度说，以前拿到的是较长期的存款，现在拿到是较短期的一些流动性，所以中长期资金缺乏问题会更严峻。

其实，创造中长期流动性管理工具也是变压力为动力的办法。地方债置换总是要推进的，有这个需求的时候，有缺口的时候，央行正好把这些中长期工具给推出来。

目前金融机构是很缺中长期资金的。大家可以看到这个现象：2015年第一批的地方债置换相对顺利，第二批开始出现流标，年内还有第三批1.2万亿要置换，明年还有几万亿。我们慢慢会发觉，可能会出现金融机构拿不住地方债的情况。道理很简单：商业银行可用的中长期资金越来越少，而地方政府为什么能让商业银行去买地方债，因为你的手上有财政存款，你买了地方债我可以给你更多的财政存款，给更多未来项目的承诺，但地方政府可给的甜头也是越来越少。

所以，综合供需两方面来看，地方政府可给的甜头越来越少，商业银行可用的钱越来越少，可能就拿不住这些中长期债券。这个时候，如果央行不愿意直接去购买地方债，觉得这是一个中国版的QE，有赤字货币化的嫌疑，那么可以间接购债，由商业银行购债，然后再向人民银行抵押贷款。

总结一下，人民币汇率波动的结果，央行被迫做流动性对冲，要么是全面降准，要么是把这些中长期流动性管理工具给做出来。况且，央行一直强调从数量调控转向价格调控，一个中长期流动性的管理工具都没有，怎么谈转换？

再谈下人民币汇率波动对大类资产配置的影响。

先说股票市场。人民币汇率波动会造成增量流动性的匮乏。从增量的角度来看，对股票市场是有制约的。大家很期待国家队的救市，但国家队的救市就像中国刺激经济一样，它完全就是"托而不举"。未来国家队入市资金的规模、期限、时点等，都有很多的不确定性。

其次谈谈对债券市场的影响。美元回流的话，对新兴市场，对中国也一样，人民币的资产价格都会受影响。所以近期货币市场出现紧张，首先是短期利率，然后慢慢地对中长期利率也产生了影响。往后看，我对中国的债券市场，特别是中长期债券收益率下行是有信心的。

在"8·11"汇改之前，中长期收益率一度居高不下。个人认为，央行可能对这个局面不是十分满意，就想动一动这个中长期收益率。那怎么动中长期收益率呢？大家都很明白，中长期的债券收益率之所以居高不下，一个重要原因就是地方债置换造成了对国债和其他金融债的挤压，所以造成国债收益率居高不下。按照刚刚分析的逻辑，央行可能会提供中长期流动管理工具，未来这种挤出效应可能就是慢慢减弱的，这对中长期收益率就是利好。

再看看大宗商品。美联储在加息过程中，虽然美元在加息前走强，在加息后走弱，但整体上还是比较强势的，美元比较强势对大宗商品就是种抑制。当然，最重要的是全球终端需求在走弱。现在来看，欧洲经济略为好点，日本经济前景重新陷入暗淡，这两个此消彼长算是打平了。

但这轮新兴市场的动荡，对部分新兴经济体的杀伤是毋庸置疑的。所以，单靠美国"一枝独秀"，是难以带动全球需求的，全球需求前景仍然比较低迷。我经常开玩笑说，现在是不太敢做空大宗商品，因为貌似大宗商品价格已经跌无可跌，多多少少还是有成本支撑的；但又不太敢做多大宗，因为你吃不准大宗商品价格反弹的时点，这个L型的底部也许会持续很长的一段时间。

最后再谈下汇率。我补充两个因素，这可能会对目前对于人民币汇率比较浓厚的贬值预期有修正作用。

第一个因素，大家为什么说预期难以控制，是因为信心难以控制；为什么信心难以控制，是因为可能受到一系列经济数据的影响。所以，如果往后一段时间中国经济的数据报出来还不错，大家对中国经济严重放缓的担心减弱了，可能会对人民币汇率预期有帮助。

第二个因素是，假设美国9月份加息，假设加息后美国的经济又出现了一些波折。这个当然是站在我们的角度比较幸灾乐祸的一个看法，但是我觉得这种风险是确实存在的。如果存在这种中美经济之间一正一负反向变化的话，这对人民币汇率就是有利的。

其实，人民币汇率近期的波动，除了打开潘多拉盒子造成很大的不确定性之外，与恐慌的跨市场传染也是有关系的。大家可以看看，当时股票市场、大宗商品市场、外汇市场、新兴债券市场，几乎所有的市场都在跌，所以大家看任何东西都是戴着悲观的眼镜去看的。随着资本市场逐渐回归常态，大家对人民币汇率的担忧情绪可能会慢慢减弱。极端的情绪，我觉得总是不会持续太长时间，一段时间之后大家都需要平复的过程。

总之，刚刚说的中美之间的一些逆向的、与现在的方向不太相同的变化，可能对稳定人民币汇率和预期是有帮助的。

城乡一体化需要公平正义的制度变革

张英洪 / 北京农研中心研究员 /

　　我国不但存在着以农业户籍人口为一元、非农业户籍人口为一元的城乡二元结构，还存在着以本地户籍人口为一元、以外地户籍人口为一元的城市内部二元结构。城乡二元结构和城市内部二元结构共同构成了双重二元结构。城乡一体化可以区分为狭义城乡一体化与广义城乡一体化，破除城乡二元结构的城乡一体化叫作狭义城乡一体化，既破除城乡二元结构，又破除城市内部二元结构的城乡一体化叫作广义城乡一体化。狭义城乡一体化是片面的城乡一体化，广义城乡一体化才是全面的城乡一体化。城市化与城乡一体化都涉及城市与农村的关系，是对城乡关系的不同表达。城市化与城乡一体化之间存在着两种不同的关系。

　　党的十八届三中全会提出："城乡二元结构是制约城乡发展一体化的主要障碍。必须健全体制机制，形成以工促农、以城带乡、工农互惠、城乡一体的新型工农城乡关系，让广大农民平等参与现代化进程、共同分享现代化成果。"城乡一体化与城乡二元结构一样，都是富有中国特色的重要概念，是20世纪80年代当时中国最优秀的政策研究者在改革开放实践中提出来的。城乡一体化与城乡二元结构的关系，就像"矛"与"盾"的关系一样，城乡一体化就是针对城乡二元结构来说的，城乡一体化的过程实际上就是破除城乡二元结构的过程。以城乡一体化之"矛"破除城乡二元结构之"盾"，最终形成平等、开放、融合、功能互补的新型城乡关系，这不但是解决"三农"问题的根本途径，也是实现社会文明进步的根本要求。当前，我们既需要重新认识城乡二元结构，也需要重新认识城乡一体化。

// 双重二元结构

城乡二元结构具有鲜明的中国特色，它是造成中国"三农"问题的重要体制根源。20世纪80年代，以郭书田、刘纯彬为代表的农村政策研究者对中国二元社会结构做了开创性的重要研究。在此基础上，我们曾提出解决"三农"问题的根本在于破除二元社会结构。2008年10月，中共十七届三中全会明确提出要着力破除城乡二元结构，加快形成城乡经济社会发展一体化新格局，到2020年，城乡经济社会发展一体化体制机制基本建立。近些年，加快推进城乡一体化、破除城乡二元结构，已成为主流政策选择，各地在推进城乡一体化中出台了不少新措施，取得了许多新进展。2010年，笔者在北京城乡结合部调研中提出了双重二元结构的问题。

我国城乡二元社会结构有静态与动态两种形态。静态的城乡二元结构就是在计划经济体制下基于农民与市民两种不同的户籍身份，以此建立城市与农村、市民与农民两种权利不平等的制度体系，实行"城乡分治、一国两策"，使农民处于"二等公民"的不平等地位。动态的城乡二元结构是基于本地居民与外来人口（主要是农民工，但不只是农民工）两种不同的身份，以此建立城市本地居民与外来人口两种权利不平等的制度体系，实行"城市分治、一市两策"，使外来人口处于"二等公民"的不平等地位。动态的城乡二元结构是市场化改革以来原静态城乡二元结构在城市中的新形态。

静态城乡二元结构与动态城乡二元结构共同构成了当代中国的双重二元结构。在沿海发达地区和各大中城市，双重二元结构交织在一起，共同构成了城市化和城乡一体化面临的重大体制障碍。

我国静态城乡二元社会结构形成于20世纪50年代，它是计划经济体制的产物，是政府主导的制度安排的结果，其基本特征是城乡分治，农民与市民身份不平等，享受的权利不平等，所尽的义务也不平等。这种以歧视农民为核心的城乡二元结构，将农民限制在农村，不准农民向城市流动，形成了一种静止状态的二元社会结构，我们称之为静态城乡二元结构，静态城乡二元结构从制度上歧视的对象是农民群体，他们被深深打上了农业户籍的身份印记。长期以来，我国在既定的城乡二元结构中谋发展。直到2008年党的十七届三中全会明确将破除城乡二元结构上升为国家的基本公共政策。静态城乡二元结构已持续50多年，现在正处于破除之中。

我国动态城乡二元社会结构形成于20世纪80年代，它是市场化改革的产物，是市场力量和政府行为双重作用的结果，其基本特征是城市内部分治，外来人口与本市人口身份不平等，享受的权利不平等，所尽的义务也不平等。这种以歧视外来人口为核心的二元结构，将外来人口排除在政府提供的公共服务之外，形成了一种因人口流动而产生的动态的二元社会结构，我们称之为动态城乡二元结构，动态城乡二元结构从制度上歧视的对象是外来人口。进入城市的外来人口很多是农民工，但也有其他非农业户籍的外地人员，他们被统一打上了外来人口或流动人口的身份印记。改革以来，我国各类城市在既定的动态城乡二元结构中谋发展。中共十六大以来，农民工问题引起了国家的高度重视，但包括农民工在内的外来人口始终未能真正融入城市成为平等的新市民，他们是城市严加管理的对象。动态城乡二元结构已持续30多年。

改革以来，随着工业化、城市化的发展，人口不断向城市集中，全国各类城市的外来人口不断增长，一些城市的外来人口大大超过了本地人口。在传统的城乡二元结构的基础上，市场化改革的力量又在城市催生了新的动态二元结构。全国各类城市特别是大中城市和经济发达地区的城镇，同时形成了传统的静态城乡二元结构与改革以来出现的动态城乡二元结构叠加在一起的双重二元结构。凡是有外来人口的城市和城镇都存在着双重二元结构，在外来人口大量集聚的大中城市，双重二元结构表现得尤为突出。

如果说传统计划经济体制下的静态城乡二元结构主要是行政力量主导的结果的话，那么改革以来随着工业化、城市化进程的加快，包括农村剩余劳动力在内的大量外来人口向城市流动迁移所形成的动态二元结构则是市场力量和政府行为共同作用的产物，但这种动态二元结构是在传统静态城乡二元结构的基础上形成的，换言之，城市中的动态二元结构是对静态城乡二元结构的复制与异地再生。二者之间的共同本质在于不平等地对待某一群体。双重二元结构是我国城市化、城乡一体化发展面临的主要社会结构性障碍。

我们提出的双重二元结构与有的学者所说的"新二元结构"不同。孙立平教授曾提出"新二元结构"概念，他将改革前形成的城乡二元结构视为一种行政主导型二元结构，20世纪90年代以来，一种他称之为市场主导型二元结构开始出现，这是一种新的二元结构，导致"新二元结构"出现的是我国经济生活从生活必需品阶段向耐用消费品阶段的转型，就是说，到了耐用消费品时代，城里人的消费项目与农村或农民几乎没有什么关系，城里人的耐用消费支出很难流向农村，城乡之间形成了一种消费断裂，这种因市场因素造成的城乡二元结构是一种市场主导的"新二元结构"。显然，"新二元结构"概念丰富了传统城乡二元结构的内涵，但"新二元结构"仍然属于传统城乡二元结构或我们称之为静态二元结构的范畴之内，它没有涉及城市中的动态城乡二元结构。

20世纪90年代，有学者提出和讨论"三元社会结构"问题。我们发现不同的学者对"三元结构"的内涵有不同的理解，与我们提出的动态城乡二元结构最接近的一种"三元结构"概念是将农民工或流动人口作为社会的一元，在此种意义上使用"三元结构"概念主要着眼于农民工问题和流动人口问题。我们使用的动态城乡二元结构的外延比"三元结构"更广。在各类城市中，作为本地户籍人口的一元，与所有外来人口的一元，构成了身份和权利不平等的动态城乡二元结构。城市中的外来人口主体是农民工，但不仅仅是农民工，还有其他城镇非农业户籍人口；外来人口也不只是流动人口，那些在某城市定居一二十年的外来人口，虽然不再"流动"，但仍视为"流动人口"。

提出和使用双重二元结构的概念具有重要的理论意义和现实意义。从理论上说，改革以来形成的农民工问题、蚁族问题、流动人口问题等城市外来人口问题，都可以纳入到动态城乡二元结构的框架中加以解释。从实践上说，破除城乡二元结构已成为当前的主流公共政策，但各地在破除城乡二元结构上，比较普遍的现象是侧重于破除传统静态的城乡二元结构，而相对忽视动态的城乡二元结构。对于外来人口，各地虽然出台了改善农民工等外来人口待遇的政策，但各个城市政府对待外来人口的传统思维和政策仍然严重存在。各类城市在对待外来人口问题上还主要局限在加强对外来人口的治安管理上，而不是将其作为移居城市的新市民加以平等对待。就是说，各地在城乡一体化进程中，对待外来人口的问题还没有上升到破除动态城乡二元结构上来。动态二元结构概念的提出，为各类城市推进城市一体化实践提供了重要的理论支持。

狭义城乡一体化与广义城乡一体化

与重新认识城乡二元结构相适应，我们也需要深化对城乡一体化的认识。我们提出将城乡一体化区分为狭义城乡一体化与广义城乡一体化。这是对城乡一体化认识的一个重大的突破。

我们把破除城乡二元结构的城乡一体化叫作狭义城乡一体化，把既破除城乡二元结构，又破除城市内部二元结构的城乡一体化叫作广义城乡一体化。狭义城乡一体化是片面的城乡一体化，广义城乡一体化才是全面的城乡一体化。

北京作为国家首都和人口特大城市，既有全国城乡二元结构的共性，又有城市内部二元结构的特性。北京存在城乡二元结构和城市内部二元结构叠加在一起的双重二元结构。北京的城乡一体化必然存在双重使命，既要破除城乡二元结构，又要破除城市内部二元结构。

城乡一体化进程中，传统静态的城乡二元结构正在破除，而动态城乡二元结构在有的地方却在日益强化。我国各个城市在空间结构上包括城区与郊区农村，在人口构成上包括非农业户籍的市民与农业户籍的农民以及外来人口。20世纪50年代以来，我国各城市内部就开始存在静态的城乡二元结构。20世纪80年代以来，随着外来人口向城市流动迁居，受传统城乡二元结构的影响，一种区分城市本地户籍人口与外来人口的新的动态二元结构逐渐形成，并日益成为影响城市健康发展的重要因素。

发达地区各大中城市中的动态城乡二元结构相当突出，推进广义城乡一体化的任务更加繁重。以北京市为例，2013年末，全市常住人口2114.8万人，其中常住外来人口802.7万人，占常住人口的比重为38%。在常住人口中，城镇人口1825.1万人，占常住人口的比重为86.3%。2013年末全市户籍人口1316.3万人，其中农业户籍人口约250万人。在北京市常住人口构成中，受传统静态城乡二元结构直接影响的是约250万人的本市农业户籍人口，而受动态城乡二元结构直接影响的是802.7万人的外来人口。外来人口远多于北京市农业户籍人口。因此，从某种意义上说，动态城乡二元结构的消极影响甚至超过静态城乡二元结构。全国其他大城市都与北京一样，都存在双重二元结构的复杂问题。在北京市，推进狭义城乡一体化，就是着眼于1316.3万人的户籍人口，重点解决约250万农业户籍人口的平等市民待遇问题，让农业户籍人口平等参与现代化进程、共同分享现代化成果。推进广义城乡一体化，就是着眼于2114.8万常住人口，全面解决约250万农业户籍人口以及802.7万外来人口的平等市民待遇问题，让农业户籍人口以及外来人口平等参与现代化进程、共同分享现代化成果。

狭义城乡一体化是片面的城乡一体化，只有广义城乡一体化才是全面的城乡一体化。广义城乡一体化就是要破除静态与动态两种城乡二元结构，树立既统筹兼顾本地城乡户籍居民权益，又统筹兼顾本地户籍居民与外来流动人口的权益，实现市民与农民、本地居民与外来人口的身份平等、机会平等和权利平等。既要使本市户籍农民共享城市发展成果，也要使外来人口共享城市发展的成果。忽视外来人口基本权益的城乡一体化，只是片面的城乡一体化，实质上并没有完全跳出城乡二元结构的传统窠臼。对任何城市发展来说，只有全面破除静态城乡二元结构和动态城乡二元结构，推进广义城乡一体化，才能真正形成城乡经济社会发展一体化新格局。只有统筹破除双重二元结构，全面推进城乡一体化，才能使城市郊区农民、外来人口与城市户籍市民一样融为一体、休戚与共，才能从根本上解决农民问题、农民工问题和城市其他外来人口问题等，才能有效应对城市快速发展所面临的各种危机与挑战。破除双重二元结构既是工业反哺农民、城市支持农村的基本要求与具体体现，也是城市获得新的人力资本的公正选择，是一个城市走上公平正义发展轨道的必然选择。

狭义城乡一体化就是要让户籍人口中的农业户籍人口与城镇户籍人口

"同城同权同尊严"；广义城乡一体化既要让农业户籍人口与城镇户籍人口"同城同权同尊严"，又要让外来人口与户籍人口"同城同权同尊严"。

// 城市化与城乡一体化的关系

城市化与城乡一体化，都涉及城市与农村的关系，是一对既有紧密联系又有重大区别的概念，是对城乡关系的不同表达。

城市化是全世界都在共同使用的概念。一般认为，城市化是由传统农村社会向现代城市社会转变的历史过程。城市化将农村与城市联系起来，其实质就是将农村社会转变为城市社会，其表现为城市人口的增加、城市规模的扩大、城市非农产业的发展、城市生活方式的确立等方面。城市化是针对农村社会来说的。城市化表达的城乡关系，就是将农村社会转变为城市社会的过程。衡量城市化发展水平的指标就是城市化率，即城市人口占总人口的比重。

城乡一体化是中国特有的概念。一般认为城乡一体化是我国现代化和城市化发展的一个新阶段，城乡一体化就是要把城市与乡村作为一个整体统筹谋划，实现城乡功能互补、制度统一、权利平等的发展过程。城乡一体化将农村与城市联系起来，其实质就是要破除城乡二元结构，实现农村与城市平等开放、共同发展，其表现为改变城乡分割的二元制度，实现城乡制度统一开放；改变城乡不平等的制度安排，实现城乡制度平等；改变城乡对立、城市对农村的歧视与掠夺，缩小城乡差距，实现城乡功能互补、平等发展。城乡一体化是针对城乡二元结构来说的。城乡一体化表达的城乡关系，就是要破除城乡二元结构、实现城乡平等发展的过程。目前衡量城一体化发展水平的指标并没有形成公认权威统一的认识，还没有出现单一的"城乡一体化率"这一概念。学术理论界对城乡一体化的衡量指标进行了很多研究探讨，但都是建立繁多的指标体系，不像城市化率那样单一和权威。我们虽然在此提出了"城乡一体化率"这一概念，但同样没有建立一个简单明了的衡量指标。城乡一体化不是城乡一样化，而是城乡平等化。如果说城市化是经济发展的结果，那么城乡一体化就是制度变革的结果。

城市化与城乡一体化之间存在着两种不同的关系。一方面，城市化可以强化城乡二元结构，阻滞城乡一体化；另一方面，城市化也可以破除城乡二元结构，推进城乡一体化。第一种情况可以称之为传统城市化，第二种情况可以称为新型城市化。那种认为城乡一体化是城市化发展的高级阶段的说法并不靠谱。例如2012年北京市城市化率已高达86.2%，已进入城市化发展的高级阶段，但北京市城乡二元结构、城市内部二元结构都严重地存在着。城市化高度发展了，但城乡二元结构并没有破除。一方面，我国的城市化在既有的城乡二元结构中快速发展；另一方面，快速发展的城市化进程催生了一个两亿多人口的农民工阶层，形成了城市内部二元结构。城市化重在经济发展，而城乡一体化重在制度变革。因此，我们不能简单地认为城市化就一定会推进城乡一体化。没有现代公平正义的制度变革，城乡一体化不会在城市化发展中自动实现。

深化农地改革需要杜绝"四方步"

沈开举/郑州大学法学院教授/

郑磊/郑州大学法学院讲师、法学博士/

土地问题是全面深化改革中最为复杂、最为敏感的问题之一，必须坚持顶层设计和基层探索良性互动的改革方法论。具体而言：一要读懂总体部署，二要改革于法有据，三要协调同步推进，四是该干的还是要大胆干。

// 读懂全面深化农村土地制度改革的总体部署

新一轮农村土地制度改革的整体布局分为六个方面：

第一，确权先行。从农村家庭联产承包责任制算起，到2002年《农村土地承包经营法》，2007年《物权法》，再到国土资源部、财政部、农业部《关于农村集体土地确权登记发证的若干意见》（国土资发〔2011〕178号），这一系列制度安排都指向一个问题，即从根本上做到产权明晰，为土地资源市场化配置提供前提条件。中共中央办公厅、国务院办公厅印发《关于引导农村土地经营权有序流转发展农业适度规模经营的意见》，该文件明确了所有权、承包权、经营权三权分置的原则，并且要求在5年时间内完成农村土地承包经营权确权登记颁证工作。

第二，统一市场。从1988年宪法修正案，到十七届三中全会《关于中共中央关于推进农村改革发展若干重大问题的决定》，再到十八届三中全会《关于全面深化改革若干重大问题的决定》，党和政府在认识上逐步清晰，就是使市场在资源配置中起决定性作用。

第三，缩小征地。从2004年修宪，到十七届三中全会决定，再到十八届三中全会决定，都突出强调一点——"缩小征地范围"。为什么要缩小征地范围，就是要突出市场在资源配置中的决定性作用。缩小征地范围后怎么办，关键在于形成城乡统一的建设用地市场，从市场上获得建设用地。

第四，放开流转。在农村集体土地承包经营权流转方面，"土地承包经营权流转"最早是1995年提出的，农业部此前已经确定了33个市（县、区）为农村土地承包经营权流转规范化管理和服务试点地区。中央深改组第五次会议审议了《关于引导农村土地承包经营权有序流转发展农业适度规模经营的意见》。国务院出台《关于开展农村承包土地的经营权和农民住房财产权抵押贷款试点的指导意见》，赋予农村"两权"抵押融资功能。在农村集体建设用地流转方面，从1999年开始，国土资源部开始集体建设用地流转的试点工作。中央深改组第七次会议审议了《关于农村土地征收、集体经营性建设用地入市、宅基地制度改革试点工作的意见》。

第五，集约节约。从宪法第10条的合理利用土地义务，到《国务院关于促进节约集约用地的通知》（国发〔2008〕3号），国土部出台《关于大力推进节约集约用地制度建设的意见》，并制定《节约集约利用土地规定》，都是要求改变过去对土地资源的粗放式开发，向存量要效益。

第六，规划管理。城乡统一的土地市场建立起来后怎么管？如何缩小征地范围？如何规范土地流转？如何节约集约利用土地？核心是重新定位政府的角色。政府的角色是什么？改变计划经济思维，做好土地利用规划。

以上六个方面是一个相互关联、有机统一的整体，是一盘土地制度改革的"大棋"，必须要有一个整体把握。

当前推进土地制度改革是于法有据的

第一，宪法是土地改革的首要依据。随着土地制度全面深化改革的展开和新型城镇化的推进，我国现行《宪法》关于"城市的土地属于国家所有"（第10条第1款）的规定，越来越需要重新解读。一些学者建议"土地制度改革首先要修改宪法"。事实上，从法学的视角来看，土地制度改革完全可以通过宪法解释来加以推进，没有必要大动干戈地修宪。十八届四中全会《决定》已经提出要完善宪法解释程序。

第二，全国人大常委会的特别授权。为了改革完善农村土地制度，为推进中国特色农业现代化和新型城镇化提供实践经验，第十二届全国人民代表大会常务委员会第十三次会议决定：授权国务院在北京市大兴区等33个试点县（市、区）行政区域，暂时调整实施《中华人民共和国土地管理法》《中华人民共和国城市房地产管理法》关于农村土地征收、集体经营性建设用地入市、宅基地管理制度的有关规定。上述调整在2017年12月31日前试行。

第三，加快《土地管理法》《农村土地承包经营法》等法律法规修改。在调整后的十二届全国人大常委会立法规划项目中，备受关注的土地管理法修改列为第一类项目，即条件比较成熟、任期内拟提请审议的法律草案。除土地管理法修改外，列为第一类项目的还有农村土地承包法修改、房地产税法制定、耕地占用税法制定等。

综上来看，应当说土地制度改革的法律依据是充分的，试点经验上升为法律的机遇是非常难得的。

农村土地制度改革中还存在不协调的问题

农村土地制度改革牵一发而动全身，当前还存在着推进不协调的问题，一项改革的延迟势必迟滞其他方面的改革，突出表现在：

第一，农村土地承包经营权流转"快"，集体经营性建设用地入市"慢"。以河南为例，截至2013年底，许昌市农村土地承包经营权流转率为35.4%；长垣县的农村土地承包经营权流转率为41.8%。但是从集体经营性建设用地入市改革看，几个试点区中的首批农村集体经营性建设用地将于2015年8月底入市开拍。不过，目前还没有任何试点正式公布相关改革方案。

第二，缩小征地范围改革"慢"，征地纠纷上升"快"。十七届三中全会提出"缩小征地范围"以来，2009年全国土地出让金1.59万亿，2010年全国土地出让金2.7万亿元，2011年全国土地出让金3.15万亿元，2012年全国土地出让金2.7万亿，2013年土地出让金3.9万亿，2014年全国土地出让金4.26万亿。与此同时，中国社会科学院2013年社会蓝皮书指出，群体性事件涉及的社会冲突有三个焦点问题：征地拆迁、劳资关系和环境保护，征地拆迁导致的群体性事件占50%左右，环境污染加上劳资关系问题引发的群体事件占到30%左右，其他的占20%左右。

第三，土地确权发证"慢"，土地浪费增长"快"。2010年中央1号文件就首次明确提出力争用三年时间把农村集体土地确权工作基本完成，如今各地土地确权的进展仍然缓慢。国务院督查发现，多地存在建设用地大量闲置的问题。有的地方2009—2013年已供应的建设用地中，闲置土地总量占当期年平均供应量的30%以上。据国土资源部介绍，根据节约集约用地专项督查结果，全国2009年至2013年已供应的建设用地中，存在闲置土地13718宗、105.27万亩。

第四，取消指标管理进程"慢"，违反规划用地上升"快"。科学有效的土地管理制度不应当建立在建设用地指标这种计划经济时代的残留物之上。未来土地管理制度的改革，应当以建立和完善土地利用规划管制制度为目标。目前通过下达规划、计划指标决定土地用途的管理制度，是导致土地财政、房价高涨等一系列土地问题的根本原因之一。与之相对应，当前违法违规用地现象依然严重。土地违法违规形式多样，在土地征收方面，突出表现为少批多征、未批先征、越权审批；在土地供应方面，存在虚假"招拍挂"、以协议方式供应经营性用地和工业用地、违规划拨供地、"毛地"出让、低价出让等现象。土地出让收入征收管理和支出管理不到位。

关于加快推进土地制度改革的建议

习近平总书记讲，搞改革，现有的工作格局和体制运行不可能一点都不打破，不可能都是四平八稳、没有任何风险。只要经过了充分论证和评估，只要是符合实际，必须做的，该干的还是要大胆干。具体而言，笔者尝试提出以下几点建议：

第一，确保2017年完成土地确权。土地改革推不动，主要原因还在于农村土地确权进展缓慢。要按照中央统一部署、地方全面负责的要求，在稳步扩大试点的基础上，确保用5年左右时间基本完成土地承包经营权确权登记颁证工作，妥善解决农户承包地块面积不准、四至不清等问题。除此之外，宅基地、集体建设用地确权也应同步推进。

第二，确保2017年完成试点工作。《全国人民代表大会常务委员会关于授权国务院在北京市大兴区等三十三个试点县（市、区）行政区域暂时调整实施有关法律规定的决定》要求在2017年12月31日前完成试点。国务院及其国土资源主管部门要加强对试点工作的整体指导和统筹协调、监督管理，按程序、分步骤审慎稳妥推进，及时总结试点工作经验，并就暂时调整实施有关法律规定的情况向全国人民代表大会常务委员会做出报告。实践证明可行的，修改完善有关法律；实践证明不宜调整的，恢复施行有关法律规定。

第三，准确解读十七届三中全会《决定》、十八届三中全会《决定》和《关于农村土地征收、集体经营性建设用地入市、宅基地制度改革试点工作的意见》。当前，一些政策文件中把集体建设用地分为"集体经营性建设用地"与"集体非经营性建设用地"（主要是农村宅基地），主张只有过去的乡镇企业用地才可能有条件入市、享受与国有土地同权同价；农民对宅基地只有使用权，不能作为财产权抵押、担保、转让。这样的理解是有偏颇的。在全国16.5万平方公里的农村集体建设用地中，农民宅基地占比高达70%，乡镇企业用地只占10%，如果入市的农地仅限乡镇企业用地，而且还必须符合国土部的土地规划和用途管制，就无法建立城乡统一的建设用地市场，并实现两个《决定》中设定的土地改革目标。

第四，在土地流转中正确处理政府和市场的关系，让市场在资源配置中发挥决定性作用。对于土地承包经营权流转，国家不必给予财力支持。因为按照WTO规则，这些补贴都可能引发争端。要坚决杜绝有的农业投资者套取国家支农资金的不当行为。国家应当做的是，建立更加系统的土地用途管制政策与土地规划管理体制，为土地流转提供良好的法律供给。

第五，迅速缩小征地范围，向存量要效益，向集约节约要效益。由于政府长期强制垄断征地，给农民的补偿又偏低，各地的冲突和社会矛盾加剧。目前全国无土地、无工作、无社保的农民已有数千万，地方政府每年发生的违法占地也高达10万起。再加上全国农村有大量的"空心村"，有大量的闲置宅基地，城市建设占地也是严重浪费，说明现存土地制度已经严重滞后，亟待改革。

第六，针对当前土地管理面临的形势，加快对现行土地管理法的修订进程，以更好地落实合理利用土地和切实保护耕地的基本国策。2004年，土地管理法修订列入十届全国人大常委会立法规划的第一类，但由于各方分歧很大，仅仅根据宪法修正案做了相应调整。2009、2010、2012年连续三年进入当年人大立法的修改计划中，但结果都不了了之。调整后的十二届全国人大常委会立法规划项目中，土地管理法修改被列为第一类项目，即条件比较成熟、任期内拟提请审议的法律草案。因此，应抓住机遇，加快对现行土地管理法的修订进程。

法治中国的具体设计

季卫东/上海交通大学法学院院长、凯原讲席教授、日本神户大学名誉教授/

// 只有正确的手段才能实现正确的目标，我们需要制度设计的技巧

从十八届三中全会提出市场发挥决定性作用、国家治理体系的现代化以及全面深化改革等一系列重大命题和方案，到四中全会提出法治中国的基本设想，这两个全会决定之间的关系我们究竟应该如何理解。我们能不能在两个决定构成的基本框架中找到真正推动制度创新的契机？创新必须有自由的空间，可惜这种自由空间被意识形态之争大幅度压缩了。即便如此，我们还是可以找出一些推动制度创新的契机以及技术性手段。实际上，对于制度变迁而言，最重要的不是选择理想的目标，而是选择达到目标的适当手段。只有当人们选择了正确的手段，才有可能实现正确的目标。在这个意义上可以说，在既有的框架里找到变革的契机，以此为抓手进行一点一滴的制度建设是实现中国国家治理体系现代化的关键。

另外，在全球化以及世界史上的结构大转换的视野里，中国经济发展模式和法治范式究竟如何创新。关于推行现代法治的一些基本原理，应该怎

样在中国的实际条件下具体落实，需要琢磨操作技艺。在未来几十年，我们必须推动民主法治，以使国家治理适应市场经济发展的态势，这是没有疑问的。但是，与此同时我们还必须注意到21世纪人类以及中国不得不面对的新情况、新问题，及时跟踪经济社会体制和法治原理的深层次演变的趋势和层出不穷的新生事物，以便思考和践行经济和制度的范式创新。总之，既有范式下的制度创新以及范式本身的创新，都是我们在当下不得不关注的问题。

正如前面提到的那样，无论是国家治理的现代化，还是法治中国的构想，都与市场经济的发展密切相关。如果没有20世纪70年代末启动的那场经济体制改革，很多制度建设和制度改革方面的举措也许不会退出，至少会被延迟退出。是改革开放时代的市场化推动了法制建设。为什么现代市场经济要求法治秩序？很多人已经从不同角度做过很好的分析。但还是要对相关的基本思路做一个梳理，以便界定问题，分析制度演变的路径。

市场经济要求法治，目的是保障竞争机制的健全发展。竞争是否自由、是否公平，游戏规则的内容和执行情况具有决定性意义。

// 中国是国家权力太强，法治和民主问责太弱，而好的体制需要三者平衡

日裔美国政治学家弗朗西斯·福山教授认为在所有政治体制发展过程中有三个元素是非常关键的，第一个是国家权力，第二个是法治，第三个是民主问责。这三个元素的比例如何，它们如何互相组合，这是由一个国家的国情和历史进程，还有一些文化因素决定的。但是，好的政治体制，必须在这三者之间达成适当的平衡。福山认为，中国政治体制的特征是国家权力太强，但是法治和民主问责不够。反过来，作为比较和对照的案例，美国的政治体制是法治和民主问责都很强，但国家权力方面存在问题，有时无法有效地做出决定。这是一个去意识形态化的理论框架，着眼点是国家权力以及对权力的法律制约和民主问责。

// 中国实现法治需要社会压力，民主问责是一种压力，但更重要的动因来自竞争

中国政治改革应该按照先法治、后民主的顺序推动改革，当然这两者之间也存在着相互作用，先后顺序也未必那么清楚不变。这里存在的一个重要的问题是，既然中国的国家权力非常强，而法治又是对国家权力进行限制的一种制度设计，那么国家接受这种限制的动机何在、理由何在？欧洲各国的现代化过程，是从封建制开始的，王权还受到教权制衡，所以推行法治的客观条件是具备的。但中国的现代化过程要在中央集权制下进行，国家的权力乃至能力都特别强，为什么要用法律规则限制自己的行为？当然需要社会的压力，在这个意义上，民主问责就构成一种压力，但更重要的动因来自竞争。

// 市场竞争、利益集团竞争和党内民主化三种竞争将是法治的驱动力

有三个因素导致中国必须走向法治，这些因素都与竞争机制密切相关。第一个因素就是市场化。经济改革导致市场竞争机制的出现，这种竞争机制一旦出现，就必然会提出一个问题：竞争是不是自由的？竞争是不是公平的？随之游戏规则的问题会被提出来。所以可以说市场竞争必然推动中国法治的发展。第二个因素就是利益集团分化。市场竞争必然导致强者与弱者、胜者与败者的区分，也必然伴随着投资者和劳动者的区分，这样的区分会导致不同利益集团出现，它们会提出不同的诉求。这就会引起不同利益集团之间的竞争。不同集团怎样表达自己的利益诉求？如何协调它们之间的关系？随之公正程序和判断标准的问题会被提出来。在这样的背景下，政府的中立性、客观性、公正性的问题也会被提出来。只有当政府保持中立时，才能在不同利益集团之间扮演仲裁者、协调者的角色。那么怎样才能使政府中立化呢？在这里，法治原则非常重要。因为法律最本质的特征就是中立性、客观性、公正性，尤其是在司法领域，这种特征表现得更加突出。还有第三个因

素，这就是党内民主化。近十几年来强调党内民主，为意见竞争、政策竞争、派别竞争、权力竞争提供了前提条件。无论是哪一种竞争，当这种竞争具有公开性时，也会提出游戏规则问题，从而形成法治的驱动力量。顾准早就阐明过这个道理。总之，在当今中国，法治建设具有三个主要动因，都与竞争机制有关。

// 中国的国家权力边界不清楚，规范起来难度更大，更需要技巧

但是，中国的国家权力具有两面性，看上去很强，有时却很弱，看上去很集中，有时却分散，所以如何加强权力的实效性也还是个问题。这就使得理论分析不得不更加复杂。如果用规范限制权力，可能会在一些场合使得权力实际上较弱的缺陷突显出来，进一步降低权力运行的效率，使得通过非正式动员资源获得某些组织优势无法发挥。而如果不用规范限制权力，腐败就会蔓延，个人权利就会遭到蹂躏。实际上，中国的最大问题与其说是权力强大，毋宁说是权力的边界不清楚，容易率性而为。因此，规范性思维的主要着眼点是划清权力的边界，明确问责的范围。无论如何，权力与规范之间的张力在中国似乎更强，也很有特色。如何才能根据实际情况妥善处理好两者之间的关系？如何在强大的权力与有效的规范之间达成适当的平衡？这是个难题。要解决这个难题，具体的制度设计、具体的操作技术至关重要。在权力和规范之外的第三个维度就是调整两者关系的具体制度安排和解决问题的技术诀窍。

// 建立法律共同体，形成一元、普遍的法律规范体系，是进行限权、分权的前提

从权力与规范的关系来看，无论是传统还是现实，中国与欧美各国之间的确存在太大的差异。用一个简单的公式来表述，那就是中国的制度设计思

路是权力一元、法律多元，与此相反，欧美的特征是权力多元、法律一元。

从法律秩序的角度来看，欧美各国也存在不同类型的规范，例如超越规范、国家规范以及社会规范，与中国同样。但是，在欧美各国，这三种不同类型规范之间的边界以及相互关系是非常清晰的，尤其是国家规范存在等级森严的效力阶梯，呈现类似金字塔形状的法律体系。中国的情况大不相同。首先，不同类型的规范犬牙交错，它们是混合在一起的，而国家规范也不具备明确的效力等级结构，是平面化的，类似马赛克拼图。在思想上从荀子开始，在制度上从西汉儒士解释法条开始，礼法双行、以礼入法就成为国家规范秩序的常态。道德、礼仪不仅渗透到法律规范之中，还可以直接成为审理案件的标准。最典型的是西汉董仲舒的春秋决狱、经义断狱，要求司法官僚直接把儒家原理和评价历史事实的价值取向作为审判案件的根据。到唐代，中华法系臻于成熟，其基本特征是道德与法律融为一体，家族主义伦理渗透到律令格式的字里行间。在民间，情、理、法已经成为浑然一体的行为准则，也是官府办案的依据。在那个传统的审判空间里，天理、国法、人情是基本指针，永远是交织在一起的。司法官僚的判断必须与这三种规范吻合，或者在这三种规范之间进行选择。所以可以说，中国的法律体系是一个多元化结构，是一个复合结构，是一个复杂系统。这样的结构在20世纪，在现代化过程中有些改变，但是在当今中国反而又进一步强化了。在20世纪50年代和20世纪60年代，法律与政策是混为一谈的。在20世纪70年代和20世纪80年代，外部规则与内部规则是并存的。在20世纪80年代和20世纪90年代，全国法规与地方法规，行政法规与地方规章，还有成文化的司法解释、乡规民约等各种规范搅和在一起，歧义百出。

如果法律是多元化的，存在各种地方版本甚至个人版本，又没有一个解释共同体对纷繁复杂的规范进行整合，那么法律就会因为内在矛盾而减弱实效，很难在社会中发挥统一化的作用。这时很容易出现"一人一是非，一事一立法"的事态，解决纠纷的各种成本会增高，事实上也很难做出决定。如果法律不能有效发挥一锤定音的作用，那么中国靠什么协调行动、处理对立呢？回答是：靠权力。国家权力是一元化的，可以有效解决问题，可以一锤定音。只要法律体系是多元化、混合性的，那就必须维护一个一元化的、比较强大的权力，否则社会就难以整合。既然要依赖权力最终给出答案，那么权力就势必具有相对于法律的优势，规范对权力的限制也就很难进行。我们甚至可以从中悟出中国式制度设计的一个深层秘密，为了形成和维护集中的、强大的国家权力，就一定要保持法律的多元化格局。由此我们可以推而论之，既然结构性腐败的蔓延把规范和制约公权力作为重要任务提上了政治议事日程，为了避免掉进权力一元化陷阱，我们首先必须建立法律共同体。如果法律体系还是碎片化的，那就不得不维持集中的、强大的权力。也就是说，如果没有一个法律共同体，如果没有一元化、普遍性的法律规范体系，就很难导入分权制衡的设计方案。在这个意义上，中国政治体制改革的顺序或步骤是先法治、后民主；先建立法律共同体，再推动限权、分权，否则就会碰到整合困境。

∥ 十八届四中全会强调依宪执政，强调宪法的根本规范地位，是向建立法律共同体的方向迈进

以上述问题界定和分析为前提，十八届四中全会《决定》是不是在往首先建立法律共同体的方向走？如果回答是肯定的，那么理论与实践就可以统一起来。如果回答是否定的，那就有必要进一步追问其原因或者理由。从整体上看，可以说十八届四中全会决定是往推动法律体系一元化、建立法律共同体的方向迈进。在逻辑上连贯的、自洽的法律体系需要有一个根本规范，前面提到的凯尔森就特别强调根本规范的最高效力。比较低阶的所有规范都应该由这个根本规范推演出来，反过来，所有的具体决定和低阶规范也应该能够追溯到一个根本规范，这就可以构成一个在结构上闭合的纯粹法律体系。十八届四中全会《决定》的最大特征就是强调根本规范，强调宪法的最高法律地位和最高规范效力，并把宪法作为检验各种法规的标准。《决定》认为依宪执政是依法执政的前提，依宪治国是依法治国的关键，这种对宪法的尊崇不仅表现在设立宪法纪念日和宪法宣誓制度等形式上，而且还表现在对宪法实施的监督方面。这就意味着所有规范、决定、举措必须以宪法为准则，根据宪法精神统一起来，从而建立一个法律规范效力的等级结构，形成一个统一的法律秩序。

问题是这个宪法怎么理解？这个根本规范怎么理解？按照现代法治的理念，宪法主要由两个部分构成，一个涉及主权定位，另一个涉及人权保障。关于主权定位，现代宪法强调的是主权在民，强调的是作为社会最大公约数的基本共识以及共同性，强调的是国家机关的合理主义制度设计，强调的是国家权力的理性化。从人权保障这个角度来看，宪法精神就是要规范公权力，使得权力不能任意侵犯在宪法和法律中明文规定的公民的自由和权利。在上述两个方面，确实可以从十八届四中全会《决定》解读出一些令人振奋的变化。例如从强调阶级性转向强调社会的共同性。迄今为止中国法学理论并没有摆脱斯大林时代御用法学家维辛斯基学说的束缚，尤其是在关于法律的本质的认识方面。维辛斯基把法律定义为统治阶级意志的表达，由此可以推导出一种阶级司法的观念，把法律理解为统治工具，甚至是刀把子、枪杆子，片面夸大强制性而忽视强制的正当性根据。事实上，正是这种阶级司法观念造成了司法公信力不高、冤假错案频发的事态。我们从四中全会《决定》的文本解读中可以发现一些令人鼓舞的变化，可以解读出从阶级性转向共同性、转向社会性、转向科学性、转向合理性的发展趋势。例如，强调寻找社会最大公约数，并且把宪法理解为党和人民意志的共同体现，理解为按照科学民主程序制定的根本规范，等等。

╱╱四中全会还提出"良法是善治前提"，那么就面临何为良法何为恶法的问题，需要用宪法精神来检验现行法律

四中全会《决定》强调要按照宪法精神来检验现行法律，这意味着立法权在一定程度上相对化了。按照现在的法学理论，人民代表大会是国家最高权力机关，法律是由人民代表大会制定的，因此法律的正确性是不容怀疑的。也就是说，中国在事实上存在着一个法律无谬性的假定，至少我们找不到关于纠错机制的安排。但是，从四中全会《决定》开始情况似乎在变化。四中全会提出了一个重要命题："良法是善治之前提"。从法律理论的角度来看，提出良法概念，就意味着存在劣法、恶法。法理学、法哲学上有一个非常重要的问题：恶法究竟是不是法律？良法与恶法的区别，这是法学理论

研究的重要范畴，但中国过去缺乏这类讨论。既然提出良法概念，就势必涉及恶法概念，这个良恶之辨迟早会提上讨论的议程。四中全会《决定》还暗示了辨别的标准，要求让每一项立法都符合宪法精神。在这里可以看到价值体系上的一些微妙变化，并且势必影响权力结构和法制结构。例如重申任何组织和个人都必须在宪法、法律范围内活动，不得享有超宪法的特权。例如强调依法治国必须以规范和约束公权力为重点。要求老百姓守法，这是任何国家都会做的事情，但要求政府自身守法、率先守法，这才是现代法治的特征。所以四中全会《决定》的上述内容是正确的，也是难能可贵的，的确反映了现代法治精神的核心内容。特别值得注意的是，四中全会《决定》承诺一切违反宪法行为都必须予以追究和纠正。那么有什么制度来落实这一条？谁来判断和追究？怎么纠正？在这里违宪审查制度的设立呼之欲出。否则，就无法真正监督宪法的实施。由此可见，以宪法为顶点的一元化法律体系，似乎已经是四中全会《决定》题中应有之意。

∥ 全国人大常委会进行违宪审查会流于形式

关于违宪审查制度，在四中全会《决定》公布前后都有讨论，早在1982年现行宪法起草过程中也讨论过。2004年的孙志刚案，曾经把这种讨论向实践推动了一步，尽管后面又退回来了。现在我们重提宪法实施的监督，重提对违宪法规的追究和纠正，在制度安排上究竟有什么可能性，有哪些选项？我认为，中国要建立违宪审查制度，有四个选项是可以考虑和比较的。第一个选项就是根据现行的宪法和法律中规定的宪法实施监督权条款，加强全国人大常委会的功能。实际上，是由2004年孙志刚案之后在办事机构层面成立的法规备案审查机构进行监督。这是最切实可行的，也最容易做到的。但是，这个选项很容易流于形式。首先因为法规备案审查机构太弱势，只是一个事务性机构，怎么可能对立法机关即国家权力机关进行真正的审查？其次，对违宪与否的抽象审查是非常困难的，因为在成文规定上如果与宪法冲突，早在起草和审议阶段就会被发现和剔除。问题往往是在具体案件、具体现象中发生并被意识到，不会明显表现在文本里。再次，由全国人大常委会自己行使监督权，解决立法中的违宪问题其实也是多此一举。这是立法者的自我审查，不必特意提出来就可以通过技术性处理消于无形，根本没有意义，也很难取信于社会。

／／ 成立宪法委员会或宪法法院，需要对人民代表大会制度进行改革，对现行体制修改会非常大

第二个选项就是设立宪法委员会。很多学者持此主张，1982年宪法制定时还曾经写入草案。的确，专门设一个宪法委员会，当然会比法规备案审查机构权威性强很多。这个机构专门负责宪法实施的监督，权限很明确，必然会有些作用。但这样的制度设计还是没有办法消除前面提到的不利因素：对法规文本的抽象审查难以发现违宪字句；立法机关自我审查基本上是多此一举。除非这个宪法委员会可以受理具体案件的申诉或人权提诉，但如果允许这么做，宪法委员会就难免具有司法性质，放在人大里并不适当。如果让宪法委员会受理具体案件中的违宪审查，那么制度上的通道还是存在的。2000年制定的立法法第90条第1款规定国务院、中央军委、最高法院、最高检察院以及各省级人大常委会认为某一项行政法规、地方法规、自治条例和单行条例违反宪法或法律，有权要求审查。紧接着立法法第90条第2款规定其他国家机关、社会团体、企事业单位以及公民个人认为法规条例违反宪法或法律，可以向全国人大常委会提出审查的建议，由工作机构决定是否送专门委员会审查。值得注意的是，在现行制度下，法律不在审查的范围之内；个人、企业、社会团体没有要求权而只有建议权。但是，只要对立法法第90条第2款进行修改，让个人、企业、社会团体等也有权要求审查，那么宪法委员会就有可能获得司法性质的审查权。只要再修改第90条的整体内容，把法律也纳入审查范围之内，那么宪法委员会就可以真正发挥违宪审查的作用。这样宪法委员会就必须也能够享有更大的权威。

既然可以让宪法委员会进行司法性质的违宪审查，那么还不如干脆设置宪法法院来受理宪法提诉和人权提诉，这样的制度安排会更合理、更顺畅。但是，在这里不得不考虑的一个问题是对现行体制的修改会非常大，需要对

人民代表大会制度本身进行改革。设置宪法法院的好处是具有从头开始进行理性设计的机会，可以确保违宪审查机构的权威性和专业性，不留下立法机关自我审查的任何话柄，可以进行真正意义上的司法性质的违宪审查，但唯一的问题是要修改现行体制。

// 授予最高人民法院以宪法解释权最容易，但最高人民法院也有自我审查的问题

如果现阶段不打算修改现行体制，但又想进行司法性质的违宪审查，那么还有一个选项，这就是授予最高人民法院以宪法解释权。最高人民法院如果享有宪法解释权，它在审理具体案件的时候就能够在宪法文本与法律、法规之间做出推理和整合，可以适当审查和适用审判的规范根据，进而推动违宪审查。由最高人民法院进行违宪审查，从政治的角度来看也是相当安全的，因为最高法院只能就个案问题进行附带审查，审查结果只对这个案件有效，并不产生普遍约束力。当然，最高法院做出违宪判断势必产生重要影响，推动立法部门对有关规范进行修改。如果要采取这样的司法性质的违宪审查制度，在现行体制下只要做一个很简单的法律修改就行了。现在法律明文规定能行使宪法解释权的只有全国人大常委会，但也并没有禁止最高法院解释宪法。实际上，最高法院是法律判断的终审机关，如果没有解释就无须判断，如果没有解释也无法判断，所以法院是必须、也是真正有能力进行法律解释的。进行法律解释，怎么可能把宪法这个根本规范的解释排除在外？法律解释如果不涉及宪法文本的含义确定，就会失去衡量的最高尺度，规范的整合性就会出现缺口。所以，我们只需对现行法律做一个小小的修改，承认最高法院也有权解释宪法就可以了。这样的变革最容易推行，几乎没有成本，影响却极其深远。

但是，不得不承认，以这样的方式推动司法性质的违宪审查在中国也还是存在一些问题。第一个问题涉及违宪审查机构的权威性。我们现在的体制是一府两院都向全国人大及其常委会负责。这种安排决定了最高人民法院很难进行真正的违宪审查。在理论上、制度上，它都必须服从立法机关。第二

个问题是中国的司法机关缺乏足够的公信力，让人对最高法院的审查缺乏信任感。第三个问题是最高法院以立法方式制定了那么多的司法解释，这些成文规则是不是都合法、是不是都合宪？最高法院也面临一个自我审查的尴尬问题。

// 最合理有效的方案是设立宪法法院，但涉及国体，需要修宪

综上所述，四个选项各有利弊，但比较起来最合理的制度方案就是另起炉灶设立宪法法院。这是最快刀斩乱麻的方式，可以免除很多的纠结。唯一的挑战是该不该对现行的人民代表大会制度进行修改。这样的修改涉及国体，需要改宪，兹事体大，不得不慎重对待。但无论如何，要想把对宪法实施的监督真正落到实处，发挥宪法作为最高规范的效力，那就应该设立具有司法性质的违宪审查制度。只有这样，我们才能树立起以宪法为顶点的、一以贯之的、逻辑自洽的法律体系，建设成法律共同体。

当然，也有人会提出质疑以十八届四中全会《决定》的其他部分内容来否定法律共同体的发展方向。例如四中全会《决定》的文本里存在国家法规体系与党内法规体系并列的提法，这是否意味着中国法律体系还将是一个双重结构？会不会导致法律适用上的区别待遇？另外，还有依法治国和以德治国并举的提法，反映了中国文化特色。如此一来，中国法律体系岂不是仍然维持了双重结构、三层秩序？这样的状态与传统中国法的复合性究竟有什么不同？如果真的是这样，从法律多元走向法律一元就是一厢情愿的幻想，前面说的一切都白说了。是不是这样，还有待进一步观察，也值得深入考虑。

// 再看立法制度改革，四中全会为立法专业化和民主化增加了程序通道

转而再看立法制度改革，四中全会《决定》还是很有亮点的，主要体现

在民主化和专业化方面。在现代国家，法律的正当性根据归根结底是民意。公民为什么要守法？因为法律是人民意志的体现，而公民可以通过不同的渠道参与立法。所以法律的制定必须严格按照民主程序，主要是人民代表提出法案、参加法案的讨论并行使表决权。但是在我国现阶段，人民代表参与立法的程度并不是很高；常委享有审议决定权，但大都并非专职的，也并非真正由公民选举出来的。因此，民意反映为法律的逻辑链条中间是脱落环节或者薄弱环节。正是针对这样的现状，十八届四中全会《决定》提出了一些改革措施，值得适当评价。例如，为了解决官员没有时间和精力审议法案的问题，从2004年起设立专职常委；为了解决常委缺乏法律专业知识和法律实务经验的问题，这次特意强调要增加有法治实践经验的专职常委的比例这一条内容。又例如设置立法专家顾问制度，还有委托第三方起草加强专业论证，等等。通过这些举措可以提高立法的专业化程度，从而提高立法的质量。另外，在民主化方面，四中全会《决定》提出要健全有立法权的人大主导立法工作的体制，要完善公众参与立法的机制，增加人大代表列席常委会会议的比例，完善草案征求人大代表意见制度，建立地方基层立法联系点，等等，试图在立法程序中建立一条民意通道。

∥地方立法权范围扩大，可能有利于地方政治生态的竞争

我认为最有实质性意义的立法制度改革还有两项。一项是依法赋予设区的市以地方立法权。四中全会《决定》已经明确了这一点，在2015年3月的两会期间又得到落实。地方立法权原来只是省一级人民代表大会及其常委会享有，后来扩大到特区。现在要扩大到设区的市，地方立法的范围被大幅度扩展了。这意味着什么呢？在我看来，这意味着地方自治的空间在扩展。对于这么巨大规模的国家，地方自治是非常重要的。值得注意的是，四中全会《决定》强调要更多地发挥人大代表参与起草和修改法律的作用。如果地方享有更大的立法权，地方人大代表发挥更积极的作用，那么就有可能形成政治制度变迁的新机制。也就是说，地方人大代表积极行使提案权、立法的建议权、参与立法过程，随着地方立法权范围的扩大，地方政治生态有可能发

生实质性变化。在这样的条件下，从地方开始推动法治建设、地方政府之间围绕法治建设开展竞争的机制就有可能形成。这种局面就像当年地方推动经济改革一样，会给中国的制度变迁带来活力和动力。这是一个值得关注的契机，当然目前还只是契机而已。

另一项是立法协商，对政协而言的。从2003年开始，广东省以及其他一些地方开始出现立法协商的尝试，效果还不错。但是全国政协还没有这么大张旗鼓。十八届四中全会《决定》倡导立法协商，是不是意味着全国政协也要加强在立法方面的功能？尤其值得关注的是，四中全会《决定》所谓立法协商，落脚点在重大利益调整论证咨询机制。例如财税制度改革，与各个行业、各个社会团体、各个党派有密切关系，应该属于重大利益调整论证的范围。在这方面加强立法协商，政协的话语权就会增大，甚至会在某种程度上参与立法权的运作。还有民法典制定、竞争法的健全，都会与地方立法权以及立法协商形成良性互动。

∥ 行政改革引入企业的"成本–效益"机制，可能促进竞争和传统行政法的改变

在简政放权过程中，在反腐败运动的压力下，行政不作为的现象似乎在蔓延，行政效率是不是会下降？这个问题是需要重视的。关键是行政裁量权的重新定位。十八届四中全会《决定》强调法治原则的宗旨，正是要通过权力清单、流程透明、信息公开、责任追究、绩效考核等一系列改革设计限制行政裁量。

但也要认识到，行政部门不可能没有裁量权。没有裁量，就可能失去灵机应变的弹性和优化选择。没有裁量，也就会没有作为，没有效率。关键的问题在于怎样才能通过对裁量的适当制约，在效率与公正之间达成某种适当的平衡关系。

弘扬法治原则，并非全盘否定行政裁量权，而要适当规范行政裁量权。与此同时，还应在行政管理过程中确立服务型政府的观念，让公民从公共物品消费者的角度对行政事业进行审视和评估，从而在监控行政裁量的同时提

高行政效率。"国家治理"这一表述来自"企业治理"概念，包含公共经营的含义。实际上，国家治理的现代化，在相当程度上也可以理解为借助企业经营的方式和方法，不断加强政府的成本–效益意识以及在结构和功能方面的合理性，从而提高行政组织和活动的效率，并通过游戏规则的制定和执行来达成效率与公平之间的平衡，改善干群关系。换句话说，这意味着在行政服务方面要或多或少导入某种竞争机制，只是应该把目标从单纯的GDP增长转换成社会正义和善治的实现。

从十八届三中全会《决定》明确宣布市场在资源配置中发挥决定性作用，到四中全会《决定》布局国家治理现代化，如果仔细研究全面深化改革的顶层设计的内容细节及其相互关系，我们可以发现一种不同于传统官僚机构的、力争像公司那样富有效率和竞争力的行政改革蓝图浮现在眼前。如果把政府活动理解为公共物品，过去的行政法学只强调生产计划，而现在更强调售后服务、次品召回以及产品责任追究。从治理机制上看，在行政部门分事行权、分岗设权、分级授权的基础上，推行定期轮岗和综合治理，并且试图实现任务责任与财政责任的统合。在政府内部加强了集权化程度，推进综合执法就是一例。但是，在政府外部更多地采用分权化的、强调共识的协调关系。从上述这些举措中，或多或少，也可以找到一些与美国新公共管理方式、英国公私协同方案、德国简政新模型的类似性。

// 地方司法改革人、财、物省级统管，可能导致更大范围的地方保护主义和司法行政化

另外还有司法改革这一块。从上海自贸区开始推动的新一轮市场经济体制改革，一个非常重要的特征就是更大幅度简政放权，按照负面清单的方式减少行政审批，能不审批的尽量不审批。在这样的情况下，事中、事后的监管就会变得重要，为此必须加强司法权，让法院发挥更大的作用。在这个意义上，全面深化改革与司法改革密切相关。这次法院制度改革从2013年就开始推动，有了若干决定，上海也是重要的试点。

司法改革方案的内容涉及很多方面，其中有两个方面是最重要的，与妨

碍司法公正的两个最大问题——地方化、行政化——有关。地方化导致司法地方保护主义，怎么消除它呢？十八届三中全会《决定》提出来的一个重要对策，司法改革方案的一个主要举措就是人、财、物省级统管，用以克服省级以下的地方各级政府对司法的干预。还有一个问题就是行政化，法官在办理案件时没有独立地位、没有主体性，处于上令下从的状态。法院的行政管理色彩太浓，以致很多法官不办案，只从事行政管理工作。在上海，大约2/3的法官是不办案的。怎么办？司法改革的思路是，要让真正办案的法官，优秀的法官留下来，其余的不再视为法官。按照设计理念，先确定一个比例，把优秀法官留下来，同时提高他们的待遇，这样就可以留住优秀人才，防止法官流失，提高审判质量和法官的职业威信。法官待遇提高了，加上其他配套举措，这样法官就不太容易受到外界诱惑，或者更有条件抵制来自各方面的干扰。

上述制度设计是有道理的，没有错。但在实施过程中，出现了一些问题，有的问题甚至还很严重。首先看人、财、物省级统管，结果有点事与愿违。原来基层法院有地方政府支持，特别是财政方面的支持，经费是比较充足的。人、财、物省级统管之后，这一块支持没有了，经费减少了。省级统管后资源由上级分配。在中国，办事的逻辑是上级享有资源配置优先权，所以一下子就造成了基层法院空虚的问题。在上海等发达地区，基层法院的经费不足了，整体的实际待遇明显下降了，这就造成了不满。另外，在法院系统内部，行政管理的逻辑还没有明显变化，特别是享有人、财、物管理权限的省级法院，行政管理职能大幅度加强，给下级法院的感觉是司法的行政化反而进一步加强了。我们再从全国层面来看，过去有一个说法：在中国，除了最高人民法院，所有的各级法院都不是全国性质的法院，而是地方的法院。原先各级法院都分别受到地方政府影响，法院之间的关系比较松散，最高人民法院反倒可以一竿子插到底。现在省级统管，30多个高级法院权力大增，最高人民法院反而有些式微。在这种情况下，更大范围的地方保护主义的阴影似乎若隐若现。

司法人事分流改革不应该由掌握分"蛋糕"权力的人优先选择。要么老人老办法，新人新办法；要么70%名额给一线法官，其他名额让领导去竞争，或者进行遴选，或者重组地方和全国法院系统。

另外就是员额制，针对的是法院行政化问题。按照司法改革方案的设计，采取主审法官负责制，提高办案法官的话语权和待遇，使行政逻辑大幅度削弱。但是，在上海试点过程中出现了意外情况。员额制下法官的比例是一比三，在确定人选时发现管理职务上的法官都进去了，真正在第一线办案的法官却几乎都要变成法官助理。在实际操作中，这样做的理由似乎也颇充足。院长、副院长能不是法官吗？否则怎么有权威？业务庭长、副庭长能不是法官吗？审判委员会委员能不是吗？这些人全部加在一起，剩下的名额还有几个？每个法院就只有两到三个名额了。在一线办案的这些法官会想，活全是我们干的，一天到晚辛辛苦苦的，原来我就是法官，现在只有两三个名额让我们去争夺，那人生前景还有指望吗？换个角度来看，处于领导职务上这些法官要被员额制排除在外也不是没有怨言。因为有些人本来是优秀法官，因为法院没有其他晋升通道，所以行政职务就成为对优秀法官的褒奖。在行政岗位上辛辛苦苦做这么多年，审理业务虽然生疏了，但对司法工作有苦劳、有功劳，到了快退休的年龄却失去法官资格，他们也会觉得不公。但如果真的都让这些人回到法官岗位上来办案的话，也许审判质量会骤然下降。无论如何，这里还存在一个分"蛋糕"的人在什么时候拿多少份额的问题。按照程序公正的原则，分"蛋糕"的人应该最后拿"蛋糕"份额，这样才能保证公平。现在司法改革的操作过程恰恰犯了这个大忌，是分"蛋糕"的人最先拿"蛋糕"，剩下一点点给其他人分。说改革红利，但红利让进行改革设计和改革操作的人先拿走了，这个问题非常大。于是出现了一线法官纷纷跳槽的现象。那么，已经进入员额制内的法官满意吗？似乎也颇失望。说起来法官薪酬比普通公务员高了43%，但实际算下来，基层法院的员额制法官的年收入增加之后是17万左右，跟法官的地位、负担、责任等并不相称，跟律师收入相比并没有职业尊严感。

　　既然司法改革方案在操作上出现了问题，那下一步怎么走呢？一不做，二不休，开弓没有回头箭，干脆借着这个机会把规模先砍下来再说，可能这也是一种思路。但是，涉及人事问题的改革，还是慎重些为妥。最好是设置一个较长的过渡期，借助自然淘汰机制化解人事问题。但时间过长，形势逼人怎么办？那就有必要采取把尊重现实的渐进过程与从零开始的理性设计结合起来的做法。怎么结合呢？老人老办法，新人新办法是一种结合方式。另外一种就是按照分"蛋糕"的程序公正原理，让没有权力切割"蛋糕"的人先选择。例如首先把员额中70%的名额留给正在第一线办案的法官，剩下的30%给那些处于领导岗位的人去竞争。当然还有其他方式，比如像20世纪90年代试行的审判长选举制，从法官中遴选部分优秀者担任审判长，让审判长享有更优渥的待遇，这是第三种。或者借鉴当年税制改革分出国税局和地税局的方式，让现在的各级地方法院组成地方性法院系统，从现有法官中选出精兵强将，另行组建全国性法院，后者的组建就提供了一个从零开始进行理性设计的机会。

让我们从现实问题回到理论。从理论的角度来看，中国正处于数百年一次的世界史巨变的过程中，不得不面对层出不穷的新情况、新挑战。经济和社会演化的事态告诉我们，一场范式革命正在酝酿之中，有可能将颠覆我们对制度和机制的既有认识。如果讨论这种范式创新，可能会使与国家治理和法律秩序相关的问题状况变得复杂化，也会使改革的目标和手段变得复杂化。但是，我们又不能回避正在发生的事态，不得不在新的脉络中考虑制度和机制的设计。因为我们现在有一个能够避免锁在过去路径之中的机会，这也就是所谓后发者优势吧。因为全面深化改革和顶层设计必须把未来的趋势也纳入视野之中。

李剑阁

吴敬琏

董保华

王　勇

叶　翔

卓勇良

邵　宇

更大的危险在于往后退

李剑阁／孙冶方经济科学基金会理事长／

迄今，十八届五中全会的三个主要文件已经全文公开发表，一个是十八届五中全会的公报，一个是习近平总书记关于文件起草过程的说明，还有一个是十三五规划建议。对于中国大转型和大变革，我主要有三点认识：第一点，要用中央既定的发展目标倒逼加快全面深化改革。第二点，要推进改革并不是很容易，因为在社会上总是存在一些或明或暗的抵制改革、反对改革的噪音。任何对市场化改革方向的否定都是对党中央"举什么旗、走什么路"大政方针最恶意的曲解。第三点，要加快建立符合现代金融特点、统筹协调监管、有力高效的现代金融监管框架，坚守住不发生系统性风险的底线。

// 要用发展倒逼改革

习近平总书记在文件起草说明中指出，如果2015年的经济增长达到6.9%，那么在十三五规划剩下的年份里，每年经济增长至少要达到6.5%。只有这样才能实现全面建成小康社会的目标。这个任务看起来并不轻松。

大家对当前经济形势的看法和未来经济增长速度的预测见仁见智，相当多的经济学家持比较悲观的看法。他们认为，将来中国经济增长速度会有比较明显的下滑。有些学者认为，中国今后会不会掉进中等收入陷阱，可能性是一半对一半，搞不好就会掉进去。只有坚持市场化改革，中国才能避免掉进中等收入陷阱。比较乐观的经济学家对未来几年的经济增长抱有信心，但是，他们认为，今后的经济增长很大程度上取决于中央改革的决心和部署。

为什么大家对未来的经济增长速度会有两种截然不同的预测？这让我想起20世纪80年代初，邓小平提出中国要用20年的时间人均收入翻两番时，发生的一场争论。那场在中国经济学界发生的争论与今天的争论一样。相当多技术派的经济学家根据中国当时的人口状况、资源情况和资金情况，怎么也没有办法计算出20年里能实现翻两番的目标。但是，已故的经济学界泰斗孙冶方认为翻两番是完全可以实现的。他代表一部分经济学家的观点，但人数并不是很多。

为什么孙冶方代表的观点认为能够实现翻两番的目标？我觉得，就是他们对改革抱有较大的信心，对改革的红利和潜力有比较深刻的认识。如果不把市场化改革的推动力考虑进去，所有对经济增长的分析可能都是错误的。实践证明，20世纪最后20年，中国实现并超过了翻两番的增长目标。因为20世纪80年代、90年代我们一直真正坚持了改革开放。

前不久在讨论TPP（跨太平洋伙伴关系协定）的时候，我就提出中国下一步要用开放来倒逼改革。今天我又要强调，既然中央已经确定了在剩下的几年里经济增长不能低于6.5%，我们就要用这个发展的任务去倒逼改革。

让人高兴的是，刚才提到的三个十八届五中全会文件，主题词就是改革，而且强调了改革的市场化方向。中央提到四个方面的创新，一是理论创新，二是制度创新，三是科技创新，四是文化创新。我认为，理论创新、制度创新就是改革，而科技和文化创新也必须依靠改革。

至2015年新中国成立已经66年，1978年至2015年已经37年。也就是说，在66年里，我们在党的领导下大部分时间是在搞改革开放。所以，否定37年的改革开放，就是从根本上否定了我们党执政的合法性。

当前最大的危险在于不改革，更大的危险在于改革往后退。但是，日常生活当中，我们有时感到有否定改革和反对改革的暗流在涌动。有些人用一些虚无缥缈的、遥不可及的、过时的、陈旧的政治口号和概念，干扰我们党以经济建设为中心的基本路线。有些人把一些无谓的意识形态之争拉进经济建设的日常生活，煽动一些不健康、不理性的社会情绪来阻碍或者抵制改革。

邓小平曾经多次在历史的关键时刻非常果断地、非常严厉地制止了将意识形态争论引进经济领域，即1984年、1986年到1987年，以及20世纪90年代初。今天，我们也应该旗帜鲜明地对反改革的言行予以抵制。

// 改革要有"升级版"

改革的市场化取向多次出现在十八届五中全会的三个文件中。我的理解是，改革本身也要与时俱进。十三五规划中有许多的改革内容，是37年改革经验总结的升级版。习近平总书记的说明中，提到了很多方面的改革，比如科技创新、人口城市化、扶贫和国企改革等，都有很多论述。十三五规划建议里也有许多改革的内容。我要重点提出金融监管框架改革问题。

十八届五中全会公报中有一句话，改革并完善适应现代金融市场发展的金融监管框架。习近平总书记关于十三五规划的建议说明中则提到，现代金融发展呈现机构种类多、综合经营规模大、产品结构复杂、交易频率高、跨境流动快、风险传递快、影响范围广等特点。

这些年来，中国金融业的发展明显加快，形成多元化的金融机构体系、复杂的产品结构体系、信息化的交易体系和更加开放的金融市场。特别是综合经营趋势明显，这给现在的分业监管体制带来了重大挑战。

现行的"一行三会"监管框架形成于20世纪90年代。当时，中国股票、债券、商品期货等金融市场相继诞生，由于监管没有相应跟上，全国出现了金融混乱的局面，同时地方政府对金融的行政干预非常多。所以，在全面大力整顿金融的同时，参考了美国在20世纪30年代的有关法律和实践，我国开始推行分业经营、分业监管框架。

这一框架的形成用了将近10年时间，并在过去20多年里发挥了非常积极的作用。但是，时间长了，这个体制也慢慢形成利益固化，各个部门的分割也非常明显，越来越不能适应现代金融市场的现实。

习近平总书记在说明中还提到，近来频繁显露的局部风险特别是近期资本市场的剧烈波动说明，现行监管框架存在着不适应中国金融业发展的体制性矛盾，也再次提醒我们必须通过改革保障金融安全，有效防范系统性风险。其中，金融信息碎片化，就注定了现在的监管体制是有缺陷的。所以，预示着分业监管的体制会有比较大的变化。要坚持市场化改革方向，加快建立符合现代金融特点、统筹协调监管、有力高效的现代金融监管框架，坚守住不发生系统性风险的底线。

2008年全球金融危机发生以来，主要经济体都对金融监管体制实施了改革。这主要表现在：

第一个趋势是，各国现在都加强了对具有系统重要性的金融机构和金融集团的监管。因为现在负责宏观审慎管理和货币政策的央行和微观风险的监管是分离的，微观监管部门有时热衷于"宏观调控"。在这个过程中，货币政策效应有时会被叠加而放大，有时又会被互相扯皮而抵消，有时候甚至完全失去作用。

今后，制定货币政策和监管金融机构趋于统一会不会出现道德风险？事实上，10多年前就因为认为这两个职能放在一起会有道德风险，所以把监管职能从央行剥离。现在"三会"的监管职能，都是从央行一个一个剥离出来的，先是证监会，后来是保监会，最后是银监会。当时剥离的原因当然也是考虑到增强监管的专业性。

但是，最近中国金融局部风险和股市剧烈波动的一系列事件表明，分开以后的道德风险好像比合在一起的道德风险还要大。金融机构出现兑付危机，总是指望央行提供援助，股市一出现波动就要央行提供无限的流动性。这就造成更大的道德风险。从全球监管改革看，宏观审慎管理和对系统重要性金融机构的监管是逐步走向统一的。

第二个趋势是统筹监管重要的金融基础设施，包括支付、清算、资产登记托管等，维护金融基础设施高效安全的运行。这样，就可以降低重复建设的巨额成本，同时可以增加跨市场金融风险的透明度，及早加以防范。

第三个趋势是统筹金融业综合统计，整合金融业的信息收集。金融信息碎片化的情况不能再持续下去。

总的来说，十三五期间中国的金融监管框架将会出现创新性的变化。

用大规模投资拉动增长不可再行

吴敬琏/国务院发展研究中心研究员/

∥过去高增长主靠大规模投资

对于中国如何应对困难和回避风险，官产学各界人士运用不同的分析方法，提出了不同的方略。

一种分析方法是从需求侧的三个构成要素：投资、消费和净出口入手进行分析，认为问题的根源在于上述"三驾马车"的动力不足。由此提出的对策，是采取刺激政策，多发钞票，多上投资项目。2009年用4万亿元投资（两年）、10万亿元贷款进行刺激，虽然造成了增长率的短期回升，但货币超发、负债增加等消极后果也同时发生，成为需要长期消化的负担。

2012年以后，又多次采用增加投资的办法刺激经济，但正面效果愈来愈差，负面效果愈来愈大。一方面，投资的增速效应递减，另一方面，投资高速增长却没有足够的资源支撑，使国民资产负债表的杠杆率不断提高。在杠杆率过高的情况下，一些企业和地方政府发生偿债困难就不可避免。更危险的是，如果杠杆率继续提高，发生系统性风险的可能性将会大大增加。

另一种分析方法是从供给侧驱动经济增长因素出发进行分析。经济增长的基本驱动因素不外三个：新增劳动力、新增资本投入（投资）和效率提高。近年来不少中外经济学家运用这种方法进行分析，对中国改革开放以来为什么能够高速增长和目前增长速度为什么持续下降都有很强的解释力。过去30多年的高速增长是怎么来的呢？主要是靠大规模的投资，但还有一些其他因素。第一个因素是大量新增的劳动力，也就是中国社会科学院蔡昉教授所说的"人口红利"；还有一个因素是效率的提高，改革开放对提高效率产生了十分积极的影响。

// 维持高增幅的因素有的已消失

现在的问题在于，以上这些有利于维持高增幅的因素，有的正在缩减，有的已经消失。首先，正如前面已经说过的，用大规模投资拉动增长的做法造成的消极后果尚待消化，不能再用这种办法拉动增长。

其次，长期实行"一胎化"政策和出生率下降，使"人口红利"逐步消失，不能指望新增劳动力对经济增长做出贡献。蔡昉教授在2006年就已指出，根据他们前三年的调查发现，"刘易斯拐点"已经出现，剩余劳动力无限供应的情况已经不复存在。

再次，我国进入城市化后期，所谓"库兹涅茨过程"，即由原来在农村低效利用的土地、劳动力等资源转移到城市所促成的效率提高也进入了尾声。

最后，随着中国一般技术水平跟西方国家相接近，用简单引进外国设备和技术的办法去大幅度地提高自己的技术水平就变得不大可行了。

在人口红利消失、投资回报递减、杠杆率提高的情况下，只有提高所谓索洛余量，即提高技术进步、效率对经济增长的贡献，实现全要素生产率（TFP）的提高，优化结构，促进创新，实现经济发展方式从粗放发展到集约发展的转变，才能突破目前的困境。

只有通过技术进步提高效率，东部地区才能在劳动密集型产业向内地或国外那些劳动力成本更低的地区转移以后，创造新的经济增长点。

需要注意的是：实现经济增长模式转型或经济发展方式转型，是1995年中共中央关于制定第9个五年计划的建议中提出的，至今已经过去了4个五年计划。

这个关系重大的任务经过整整20年还没有实现的原因是什么？2006年总结十五时期的教训时就已得出结论：症结在于实现这一转型存在"体制性障碍"，关键在于能不能通过全面改革建立起一套有利于创新和创业的体制。

// 前期释放流动性刺激了股市泡沫

从以上的分析可以看到，当下正确的方略，是在通过一系列措施控制和化解风险、保证不发生系统性风险的前提下，把主要精力放在切实推进改革上。

尽快建立十八届三中全会所要求的"统一开放、竞争有序的市场体系"，推动经济发展方式的转变，以便从根本上消除系统性风险的根源，确立效率驱动持续稳定发展的新常态。

为了堵塞漏洞和化解风险，需要采取多方面的措施。

第一，妥善处理各级地方政府的债务。第二，制止回报过低和完全没有回报的无效投资，例如各地不问效果、蜂拥而上的"铁、公、基"项目等。第三，停止刚性兑付，以便降低无风险利率水平和防止道德风险。第四，动用国有资本偿还政府的或有负债。第五，停止对"僵尸企业"输血，并对资不抵债的企业实行破产清盘和破产保护下的重整，化大震为小震，使局部性风险得以暴露和释放，不致积累而成系统性风险。第六，采用证券化等手段，通过资本市场消化金融系统的不良资产。第七，努力盘活由于粗放增长方式造成无效占用的死资产存量，例如各地"晒太阳"的开发区。

由于存在经济下行压力和出现突发性金融风潮的可能性，因而还需要以短期政策作为补充，维持宏观经济的基本稳定。我认为，2014年12月经济工作会议提出的"积极的财政政策要更有力度，货币政策要更加注重松紧适度"是正确的，应当审慎地加以实施。

各国救助金融危机的经验表明，在资产负债表出现问题、资产泡沫破灭的情况下，由于人们都要"捂紧钱袋子"和保持流动性，扩张性货币政策对提振经济并没有太大效果。

前一时期释放的流动性并没有达到支持实体经济的目的，却刺激了股市泡沫的膨胀，就是明证。因此，即使在需要采取适度的扩张性宏观经济政策进行刺激时，也应主要采取财政政策，而非货币政策。货币政策要把提供必要的流动性和去杠杆结合起来，不要变成了大水漫灌，进一步提升杠杆率，加剧风险积累。

增加积极财政政策的力度意味着增加赤字。目前我国预算赤字离公认的警戒线还有一些距离，增加财政政策力度还有一定的空间。增加赤字有两种办法：一是增加支出，二是减少收入。在目前的状况下，我倾向于更多地采用普惠式减税。因为现在一个大问题是企业家们对未来的经济增长缺乏信心，没有投资的积极性。

近期汇率波动较大，人民币贬值预期增强，资金外逃也在增加，这也与信心不足有很大关系。需要改善营商环境，提高企业家们的信心。减税会对提高企业的积极性有所帮助。当然，这不是主要的，还需要针对他们的思想顾虑和实际困难，采取一些其他措施，例如纠正某些地方发生过的冤假错案，积极改善营商环境，扭转这种消极倾向。

// 加快建立官员职权的正面清单

既然推进改革开放是克服当前困难和确立新常态的治本之策，切实推进改革，就变成各项工作的重中之重。

十八大召开前后，就已经按照建立竞争性市场体系的方向进行了一些试验性的改革，比如企业注册登记的便利化、营业税改增值税等，并且取得了有目共睹的成效。过去许多年领导一再号召要加快服务业的发展，却一直未能实现。

最近几年，在上述改革的推动下，服务业发展取得了很好的成绩，这使我国就业情况在GDP增速下降的情况下得以保持较好的状态。

十八届三中全会和四中全会以来，改革开放也取得了一些新进展。但是，各方面改革的进度差异很大。即使进展比较快的行业和部门，也还有不少不尽如人意的地方。

例如，金融领域在推进利率市场化和汇率市场化方面取得了较快进展。但是，在其他方面，比如完善市场监管制度方面就进展得很慢。最近发生市场波动以后，出现了股市注册制改革将要推迟的传言，引起了人们对改革放缓的担心。

国有企业掌握着大量重要资源并且在许多重要行业中处于支配地位，因此，如果国有企业仍然处在效率低下的状态，国民经济效率就很难得到提高。最近下发了中共中央和国务院《关于深化国有企业改革的指导意见》。这一文件较之前几个月的征求意见稿有一些进步。

但是有些思路还不够清晰。例如，在国有企业定位和"做强做优做大"的问题上，就有和十五大、十五届四中全会决定不相衔接的地方。对于如何贯彻十八届三中全会对国有企业的管理要从过去"管人、管事、管资产"转向以"管资本"为主的决定，也不十分清楚。这些问题都会对国有企业改革的效果产生重要影响。

民气和民力，是我们克服困难，构建繁荣可以依靠的基本力量。现在的一个大问题是相当一部分企业家缺乏投资的积极性。因此亟须采取有力措施，扭转偏向，改善环境，使企业家建立对未来的信心。

中国（上海）自由贸易试验区和其他自由贸易试验区正在进行一项具有历史意义的试验。正如习近平总书记所说：进行自贸区试验的意义在于适应贸易和投资便利化的大趋势，"营造市场化、国际化、法治化的营商环境"。

目前正开始在其他地区复制推广上海自贸区的经验。这意味着对外开放新局面的全面展开。行政领导部门要从促进贸易和投资便利化的大局着眼，为开辟这个新局面做出贡献。

现代市场经济的有效运作，离不开党政官员在创设良好的营商环境和提供公共服务方面的作为。强力反腐以来，一些党政官员"乱作为"的情况大为收敛，但"不作为"的情况有所蔓延。这既是源于这些官员"为人民服务"意识的不足，也与官员职权不够明晰，使人认为"多做多错、少做少错、不做不错"有关。

我觉得，在反腐高压势态已经建立的情况下，应当大力加强制度反腐，把权力关到法治的笼子里。与此同时，要按照李克强总理所指出的政府"法无授权不可为"的原则，加快建立官员职权的正面清单，使官员行使职权有章可循。

劳动关系调整面临中国式难题

董保华/华东政法大学社会发展学院教授、博士生导师、中国社会法学研究会副会长/

和谐作为对良好法律秩序的价值追求，贯穿我国近20年的劳动法制历程，也引发了当下中国劳动关系现状的激烈争议。由于对实现和谐的路径与方法存在不同认识，对中国劳动关系运行过程中的成败得失，也有截然不同的评价。2015年4月，中共中央、国务院发布了《关于构建和谐劳动关系的意见》（下文简称《意见》），作为新时期指引劳动关系发展的纲领性文件，其评价我国劳动关系现状的内容，有助于理解我国劳动关系调整过程中面临的问题与挑战。

// 面临的问题

《意见》认为，虽然我国劳动关系总体保持和谐稳定，但"劳动关系矛盾已进入凸显期和多发期"。这种矛盾的凸显与多发，尤其体现为"劳动争议案件居高不下，有的地方拖欠农民工工资等损害职工利益的现象仍较突出，集体停工和群体性事件时有发生"。《意见》所列举的这三个问题，实际涉及当前劳动关系的三个特点，我们可以将其概括为劳动案件的高发性、违法拖欠的触底性以及争议行为的群体性。这"三性"成为构建和谐劳动关系亟须解决的问题。

一、劳动案件高发性取决于"强外部"的特点。根据人力资源和社会保障部的统计，"劳动争议案件居高不下"的现象始于2008年。2000年至2007年，我国劳动仲裁机构每年受理的劳动争议数量从13.5万件增长至35万件，年平均增长率约为14.77%。2008年这一数据激增至69.3万件，比2007年增长了近一倍。自2008年之后，这一数据持续徘徊在高位，除2011年下降至58.9万件，其他年份均在60万件以上，2014年更达到71.5万件，2008年成为明显的分水岭。

劳动案件的高发性折射出一种可称之为"强外部"的特点。劳动关系的核心是劳动者与用人单位之间的契约关系。如果将契约中当事人意思自治的内容视为契约的内部性内容，法律的强制性规定则可视为契约的外部性内容。劳动关系中，国家的外部介入，除了对契约正义的考量（抑或契约的实质自由），更融入了对劳动者从属性与生存权的关照，主要体现为通过强制性规则对涉及劳动基准的事项进行底线性规定，对劳动者的权益予以最基本的保障。契约同时包含内部性与外部性两个面向，这两个面向之间应当有合理的边界。劳动关系中外部强制的主要功能在于，针对涉及劳动基准的事项，为内部自治划定疆界。外部输入的标准，必然引导出寻求外部解决的倾向。《意见》将"劳动争议案件居高不下"视为一个亟须解决的问题，说明强化外部性的实际效果超过了合理的限度，也可称之为过度外部化。

二、违法拖欠触底性折射出"弱执法"的弊端。"劳动法上之劳动，为基于契约上义务在从属的关系所为之职业上有偿的劳动"，劳动者与用人单位之间劳务与工资的对价交付被视为劳动合同的主给付义务。因此，劳动者在用人单位的指挥管理下提供劳动，获得相应的劳动报酬便是最基础的合同权利；加之劳动报酬关系劳动者的生存利益，属于劳动基准的强制规定。用人单位拖欠工资的行为，同时触犯了劳动合同与劳动基准法的底线。根据人力资源和社会保障部的统计，"拖欠农民工工资等损害职工利益的现象"，是在2007年之后开始日益膨胀"突出"起来。2012年至2014年，劳动监察机构每年为农民工追讨工资的总额均在200亿元以上，是2007年的近三倍。劳动标准的底线被不断突破，折射出一种可称之为"弱执法"的特点。《意见》将"有的地方拖欠农民工工资等损害职工利益的现象仍较突出"视为一个亟须解决的问题，说明诸多法律明文规定的"纸面"权利并未转化为现实权利，二者存在巨大的鸿沟。

三、争议行为群体性发出了"高溢出"的信号。"集体停工"在我国学界的讨论中有时也被称为"自发罢工"，这种现象以"群体性事件"的面目出现时，是一种不合法的争议行为，对此我国没有专门的统计。结合境外学者与民间机构的研究，可对"集体停工和群体性事件时有发生"这一现象一探端倪。1997年至2007年，我国平均每年发生"集体停工"（自发罢工）与群体性事件29.58件，2008年至2012年，增长至平均每年152.60件，翻了近5倍。我国的立法体系建立在国家管制的有效性基础上，缺乏对劳动关系团体性的规制体系，"集体停工""群体性事件"折射出一种可称之为对现有法律框架的"高溢出"现象，大量集体停工和群体性事件发生在法律空白地带，使社会秩序陷入混乱。《意见》将"集体停工和群体性事件时有发生"视为一个亟须解决的问题。

《意见》列举的三个问题也存在一定的逻辑联系。一方面法律强化了劳动关系的外部性，加重了国家的责任；另一方面执法不严，破坏了劳动法制的权威。法律执行情况的不理想又促使劳动者将权利诉求与利益期望一并诉诸停工和群体性事件的非法方式，使法律秩序陷入混乱。这说明我国现行的法律体系有改进的必要。

// 劳动关系调整面临中国式难题

政府与政治是两个紧密相连的概念。政府是为政治存在的，而政府行为就是政治，政府活动领域就是政治领域。已经过去的10年是我国劳动法制建设的重要时期，相当一部分法律、法规公布或施行于2007年与2008年，这一时期我国劳动立法很大程度上被理解为一种政治立法。将上述"三性"作为当下劳动关系的问题之所在，直面现行体制存在的中国式难题，本身就是

《意见》的一大亮点，不同凡响。

通过加强管制，这一时期的劳动立法有意识地对劳动关系的外部性进行强化，其特点体现在四个方面：

一、在目标设定上，通过稳定实现和谐。当稳定成为实现和谐的基本方法时，必然将"维稳"与"维权"理解为替代关系，直接干预用人单位的用工方式。最典型的就是立法者希望通过增加应当签订无固定期限劳动合同的情形、赋予劳动者单方强制缔约权以及收紧终止、解除等多种方式，推动劳动合同的长期化改造。二、在法律规范上，强调强制性规范。《劳动合同法》对劳动合同关系的运行设置了诸多强制性规定，而且往往以劳动行政部门的执法手段作为保障。三、在立法推动上，依赖政治化或道德化的宣传方式。"黑砖窑"事件本是犯罪事件，却被宣传成劳资的政治对立，并成为《劳动合同法》得以通过的主要推动力量。这种现象持续至2012年的法律修改，在对草案的说明中，笼统地以"维护工人阶级主体地位、巩固党的执政基础"说明限制企业用工形式的必要性。四、在执法手段上，充分发挥行政管制的作用。本来"最低工资是一种价格的下限管制"，然而在一定时期却被理解为是最有效、最具有强制性的提高低收入者收入水平的方法。

当国家以高管制的方式对劳动关系深度介入，劳动关系的外部性大大加强。尤其当劳动法的强制性规定脱离底线控制的逻辑，将大量可议定事项划入外部法定，并对违反者施加相应的法律责任，法律的强制性规定便直接创设了诸多权利义务关系。这种改造在压缩协商自治空间的同时，扩大了劳动者享有的法定诉求空间，间接引导劳动者通过劳动监察、劳动仲裁与法院等公权力渠道解决争议。这是劳动争议案件高发的根本原因。

从完全肯定这套调整模式的立场出发，对上述三个问题会得出不一样的结论，也形成了长期以来的一些思维定式。一方面，劳动争议案件数量的增长被视为一种积极的现象，"这表明劳动者的维权意识觉醒了"。为了鼓励这种维权意识，《劳动争议调解仲裁法》规定劳动仲裁不收取费用，引导劳动关系当事人寻求争议的外部解决。另一方面，将"弱执法""高溢出"理解为一种个别现象，而否定其已经在较广范围存在的事实。《意见》所列举的三个问题在相当长的一段时期内，被一种讳莫如深的氛围所笼罩，有着与《意见》完全相反的评价。

《意见》以更加务实的态度，不仅承认"弱执法""高溢出"等对现行体制可能带来负面评价的问题的客观存在，更是修正了对劳动争议案件数量的增长予以正面评价的理念。因为这种现象不仅占用了极大的行政资源与司法资源，还与构建和谐劳动关系的目标相去甚远。过度强化劳动关系的外部性，也会削弱甚至抑制了劳动关系内部自我协调、自我完善的机制。《意见》体现出来的反思，与我国当前正面临的世界性难题有关。

// 劳动关系调整面临世界性难题

根据世界银行提供的划分标准，我国已进入中等收入阶段。世界银行曾在2006年提出"中等收入陷阱"的概念，指"某些国家在人均国民收入达到3000美元以后便陷入经济增长停滞期，在相当长时间内无法成功跻身高收入国家行列"。国内学界对"中等收入陷阱"这一概念仍有争议，笔者赞成厉以宁教授的观点，即"经济增长过程中始终会因社会矛盾激化和经济改革政策欠妥而会陷入阶段性的停滞状态，不论在哪个发展阶段都会有当时情况下的衰退问题，需要相关国家的政策找出适当的挽救方案"。尽管"陷阱"并不必然与中等收入阶段挂钩，但人均国民收入达到3000美元时是一个关键的发展时期，存在复杂的社会矛盾，这是不争的事实。

当一个国家步入中等收入阶段，其面临的问题主要集中于两点：一是"由于工资收入水平上升了，无法同低收入国家的廉价劳动力竞争"；二是"由于缺少优势产业和先进技术，无法同发达高收入国家竞争"。二者的不协调将促使一国经济滑入长期停滞不前的陷阱，而这两点都与劳动关系的和谐密切联系。劳动关系高管制、强外部的特点，使急功近利的福利赶超很容易因政绩吸引而被有关部门重视。

2008年有学者呼吁加快工资的增长，并认为12年间工资总额可有3—4倍的提高空间，人均工资有2.4—3.2倍的增长空间。这种零和博弈的思维很容易在现行体制内找到共鸣，从而产生了巨大的影响力。响应这一呼吁，各地纷纷将收入倍增与经济总量翻番脱钩，希望借助国家强制力实现五年倍增。一些地方甚至开展了福利赶超的竞赛。这样赶超使我国不得不更快的面对世界性难题。

对于用工合规性较强的企业而言，劳动力成本上升形成了巨大压力。波士顿咨询（BCG）在2011年4月底公布的报告中指出，中国劳动力工资与福利水平正以每年15%—20%的速度增长，自动化以及其他提升生产率的措施难以维系制造业的比较优势。2014年波士顿咨询（BCG）再次发布了"全球制造业竞争力比较指数"（The BCG Global Manufacturing Cost-Competitiveness Index）与一系列分析报告，若以美国为标尺（100），我国制造业成本从2004年的86.5上升至2014年的95.6，其中劳动力成本从2004年的4.5上升至2014年的10.2，增长了近127%。日本贸易振兴机构2014年的调查也显示，受访的在华日企中83.9%认为面临的经营问题中排第一位的是"劳动成本上涨"。波士顿咨询（BCG）的报告指出，劳动力与能源成本的飞速提升是侵蚀我国与俄罗斯制造业优势的最重要原因，即便经生产率的调整，我国制造业的工资成本在过去10年上涨了187%。就劳动生产率而言，我国制造业的劳动生产率仅相当于美国的4.38%、日本的4.37%和德国的5.56%。从投入贡献的指标来看，发达国家1个单位价值的中间投入大致可以得到1个单位或更多的新创造价值，而我国只能得到0.56个单位的新创造价值，价值创造能力相差巨大。

这种劳动成本上涨，并未带来劳动关系的整体和谐，反而加速了劳动关系矛盾"进入凸显期和多发期"。《意见》所列举的三个问题显示出法律调整机制失灵的迹象。这种失灵面对中等收入阶段停滞不前的陷阱将会因社会矛盾激化而引发动荡。正是在这样的背景下，我国开始正视劳动领域面临的实际问题。

// 两个难题共振的破解之策

以上两个难题的共振，才是中国当前面临的真正难题。

历史的经验教训警示我们，过度政治化、道德化以及意识形态化的法制调整容易从强调零和博弈滑入负和博弈。尤其是我国在诸多民生问题以及政治清廉上仍存在较大的提升空间，过度强调零和博弈还容易激发社会大众的民粹主义情怀，不但不利于社会稳定，一旦形成气候，还会形成巨大的社会压力，要求国家给予更多的利益切分，甚至引导国家做出超越经济发展水平与财政能力的政策选择。

已有学者提出，民粹主义引导下的"福利赶超"是诸多拉美国家陷入"中等收入陷阱"的重要原因。正是对两种难题的共振有了一定的认识，《意见》才有可能正视劳动领域面临的实际问题，并提出"探索和把握社会主义市场经济条件下劳动关系的规律性"。

让劳动立法回归社会立法的本来面目，《意见》中的三个界定值得关注。一、划清社会稳定与企业稳定的界限。《意见》在强调和谐的同时，不再一味强调劳动关系稳定，尤其是劳动合同的长期化。这一点从《意见》中词语的使用频率就可见一斑。《意见》中"和谐"一词一共出现37次，"稳定"一词仅出现5次，其中有三次是在表述社会稳定而非劳动关系稳定，有一次涉及对劳动关系的总体评价，唯一一次出现的"和谐稳定的劳动关系"，是在强调完善各种内部机制，"建立规范有序、公正合理、互利共赢、和谐稳定的劳动关系"，并不牵涉劳动合同的长期化。曾经作为《劳动合同法》一大亮点的"无固定期限劳动合同"，在《意见》中只字未提。可见，《意见》不再将"劳动关系稳定"作为"劳动关系和谐"的唯一路径，尤其不再将劳动关系的和谐寄望于国家外部干预下的企业内劳动合同长期化。

二、界定劳动者与企业的正常关系。《意见》提倡"统筹处理好促进企业发展和维护职工权益的关系"，"推动企业和职工协商共事、机制共建、效益共创、利益共享"。《意见》将"劳动关系和谐"理解为一种正和博弈，即各派利益主体在坚持自身根本利益和价值诉求的同时，也适当考虑其他利益主体的利益和要求，必要时各派都甘愿做出某些让步，最后达成一种整合性平衡，实现公共利益最大化，收到"双赢""多赢""共赢"之效。

三、区别静态和谐与动态和谐。劳动关系的调整方式应从静态转向动态，不再过分强调国家植入规则，而将国家职能的定位集中于保障底线性与可救济性，通过培育主体与发展机制提升劳动关系内部协调的可能性与有效性，这是一种旨在兼顾安全性与灵活性、公平性与市场性的动态平衡。

笔者在一本专为劳动合同立法撰写的著作中曾强调："劳动制度改革的复杂性不在于建立新的制度，而是在于原有制度上的再构造，新旧体制的碰撞，新旧利益格局的调整，会使法律制度呈现出不规范的特点。从这一意义上说，我国的每一次立法，不仅会影响着当前劳动关系的调整，也会对我国劳动关系的长远格局发生影响。"在理解《意见》的一些新定位时，此前《中共中央关于全面推进依法治国若干重大问题的决定》对"构建和谐劳动关系"并未提及。

　　结合当前的争论，可以看到，目前对于劳动领域面临的问题尚难达成共识，规范体制更是面临诸多挑战。法律制度建设难以一蹴而就，只有从找准问题入手，才可能有所突破。

国有企业的浮沉逻辑和结构位置

王勇 / 芝加哥大学经济学博士、香港科技大学经济系助理教授 /

2015年9月13日，中共中央国务院印发《关于深化国有企业改革的指导意见》，引起商业界和学术界的广泛而密集的关注。对于这一重要改革文件的专家解读与评论也铺天盖地。这说明国企改革问题对于中国经济全局的重要性。

现在我国的货币政策学术研究之所以重要，之所以复杂，很大程度上就是因为其实它是在同时执行传统货币政策、财政政策与产业政策的功能，与经济政治制度的方方面面都纠结在一起。其实，当前的国有企业又何尝不是如此呢？

// 国企问题还重要吗

我自己对于国有企业问题的研究让我深深地意识到：如果不理解清楚我国的国有企业问题，就无法真正理解我国的政商关系与产业升级问题所面对的很多核心制度与政策的内生性，也就无法真正理解清楚中国的经济增长。

但并非所有学者都会像我这么认为。可能有些学者会皱着眉头不耐烦地说："改革开放已经进行了35年，其间也一直在讨论中国的国有企业，什么时候是个头？"还有不少学者甚至会带着轻蔑的口吻反问："国有企业问题还重要吗？"比如，2014年美国彼特森研究所的中国经济专家尼库拉斯·拉蒂教授写了一本引起广泛注意的书，该书的主要观点是：第一，中国的国有经济在整体经济中的份额已经越来越小，所以国有企业已经不重要了；第二，中国经济的增长主要是由非国有部门的经济增长带动的，而不是由于国有企业的成功。

2014年拉蒂教授到香港科技大学来宣讲这本书，我与他面对面地深入交流，我提出：我非常认同他的第二点，这也是他最重要的观点。但是我不认同他的第一点，因为他犯了一个错误，即他只考虑了数量比例的变化而没有考虑结构问题。

// 垂直结构与中国经济增长的逻辑关系

在与科大同事合作的一项研究中，我们发现经过20世纪90年代后期国企大规模的改革以后，整个经济形成一个垂直结构，即一些核心的上游产业（比如能源、金融、电力电信）依旧由国有企业主导和垄断，而绝大多数的下游产业（比如作为消费品的制造业和酒店、宾馆、娱乐等消费性的服务业）都已经放开，国企退出，由民营企业占主导地位，市场结构比较接近充分竞争，所以基本完成了市场化改革。

这种不同所有制企业、不同市场结构在上下游产业的非对称性分布，我们称之为垂直结构。在这种比较独特的经济结构中，下游的民营企业充分利用中国的比较充足而廉价的劳动力，并利用中国2001年加入世界贸易组织的机会，在结构转型（即工业化）和贸易全球化的过程中不断壮大，带动了整个中国经济的快速增长。

正是由于下游民企的生产规模的迅速扩张，使得它们对于上游的能源、电力、电信、金融等一系列关键性的投入品与中间服务的需求不断增大，而这些关键的上游产品与服务恰恰是被国有企业所垄断的，因此下游民企生产率越高，产出越多，出口越多，上游的国有企业就越能赚钱。

这就解释了为什么2002年以后国有企业的平均利润率反而超过了民营企业。比如2011年在进入世界500强的中国57家企业里，国有企业占到了93%，而同年美国国企比例为3%，法国为11%；其中这些企业分布在最上游的25%的产业里的比例，中国接近50%，是美国的3倍，法国的5倍。所以，我们不能只看到国有企业在很多维度上的数量比例在整个经济中的份额下降，而是要看剩下的这些国有企业分布在什么产业，有着什么样的产业结构，在整个宏观经济结构中所发挥的作用。这也是前世界银行首席经济学家林毅夫教授倡导的"新结构经济学"所主张的结构分析法的一个具体运用。

∕∕ 为什么20世纪90年代国有企业平均利润率低于民营企业

那为什么20世纪90年代国企改革时国有企业的平均利润率要低于民营企业呢？这是因为，20世纪90年代的国企改革主要发生在下游产业，是水平结构的改革，也就是说国企与民企是在相同产业的（下游）产业内竞争，国企被国内民企与外资企业打败而退出。那个时候，民企生产率提高业务做大，或者对外贸易越开放，就会伤害到同产业中的国有企业，正好与2002年以后的垂直结构下的情形截然相反。

因此，如果不理解20世纪90年代水平结构下的国企改革与现在要面对的垂直结构下的国企改革的区别，就无法对现在国企改革提出有针对性的有效建议，也无法对新一轮国企改革的政策做出有效的评估。然而，遗憾的是，我觉得现有的关于这一轮国有企业改革的绝大多数评论，基本上只是在强调国有制不好，或者垄断不好，却没有足够强调与20世纪90年代国企改革的本质区别何在，没有足够强调结构与产业特征，没有足够强调此轮国企改革背后的政经关系与前几轮有何质的不同，从而没有足够强调国企改革对于低收入国家与中等收入国家的经济增长与社会福利的不同含义。

// 为什么说劳动力成本上升是新国企改革的驱动力

在前面的分析中，垂直结构下国有企业不是赚钱的吗？为什么还要改革呢？这是因为上游国企要在垂直结构中攫取高利润必须还要满足一个必要条件，那就是劳动力成本足够便宜。只有当劳动力足够便宜，下游的民企才能承受住需要支付的比较昂贵的金融、能源与电信成本，在国际市场上才能够与其他发展中国家竞争。但是，随着中国经济从低收入变成中等收入以后，经济结构已经过了刘易斯拐点，所以在过去的五六年中劳动力的成本也随着结构转型的深化而不断快速上升，再加上人民币汇率升值，土地价格上涨，使得下游民企的生产成本越来越高，在与越南等国的下游企业厂商进行国际市场竞争时，中国民营企业需要支付的高昂的上游投入品与中间服务的价格就会越来越成为遏制民营企业竞争力的瓶颈性因素。如果上游国企不提高生产率、不降低产品的价格，那么上游国企垄断就会变成压垮下游民企的最后一根稻草，而如果下游民企这头"奶牛"被压死了，那么上游国企业就无法再继续从民企这头"奶牛"中抽取"牛奶"了，整个经济也就会陷入"中等收入陷阱"。这就是，为什么上游的国企行政垄断必须被打破，必须要引入更多的市场进入和市场竞争。

事实上，我们已经看到随着2008年国际金融危机导致对中国下游产品的外需相对大幅减弱，再加上房产、汽车限购，土地资本劳动等要素市场的一系列制度性扭曲，导致农民、在城市生活的农民工和城市居民的消费需求的相对下降，再加上反腐力度加大等各方面的制度与经济因素，所有这些都导致对下游产品与下游服务的内需也相对下降，从而对下游民营企业产品的总需求相对下降，由此导致下游企业对上游国企产品的需求也相对大幅下降，进而导致上游产业不少国企的"产能过剩"，比如钢铁、铝业等国企的平均利润率大幅下滑，幅度甚至超过了下游民企。这有两个原因：一是因为上游垄断性国企对其产品与服务本来就是征收价格加成，所以同等数量产品销量的下降会比下游民企遭受更严重的销售收入的下跌；二是因为上游国企虽然出现大面积亏损，但是政府出于就业维稳等政治考虑不让它们破产，而是通过国有银行对其实施巨额补贴，或者依靠增发货币等方式继续维持经营，不退出，从而拖垮了上游整体国有企业的利润率。因此，上游国企必须要尽快地被改革！非常迫切！非常关键！

// 为什么说单纯国有企业私有化的改革是不行的

当我们理解清楚了国有企业在整个宏观经济增长过程中的结构性作用，我们就能更加明确国企改革应该遵循的方向。譬如，当前国企改革若单纯只将国企私有化，或者只是将现有的上游国有企业中融入更多的民营股份搞混合制行不行？

我认为恐怕不行。理由是，如果当上游产业的享有行政垄断权力的国企变成私企或者拥有更高民营股份的国有控股公司以后，若该公司依旧是被权贵利益集团控制并且依旧享受实际上的行政垄断保护的话，那么上游国企从下游民企抽垄断租的机制就依然没有被打破，因此上游企业的垄断与低效对产业升级、结构转型与经济增长依旧会产生瓶颈遏制作用。

有鉴于此，更为关键的改革，是要打破上游有些产业的行政垄断，要允许更多的市场准入，尤其是民企的准入。对于上游现有的国有企业，即使不改革国有所有制，也都应该尽量剥离本不应该由企业承担的社会性负担，同时取消政府干预性的补贴，让上游产业中的国有企业与新进入的民营企业真正参与公平的市场竞争，优胜劣汰，就像20世纪90年代末下游产业的开放一样。只有上游产业的有效竞争，才能真正促进上游产业的技术进步与产业升级，从而为下游产业的健康发展与升级提供更好的投入品与中间服务。也只有这样，整个经济的产业升级才可能全面推进，使中国经济避免掉入中等收入陷阱。

// 总结

以上分析也仅仅是国有企业改革的一个侧面，还有很多方面限于篇幅无法充分展开。现在国有央企改革的实质性的直接阻力很大程度上似乎依旧来自中央政府各部委之间企图控制更多国有资源的"本位主义"之战，背后是这些部委领导与员工的利益分配要依赖于对这些国家公共资源的控制权的议价和博弈的能力，也就是说，核心症结在于政府人事、财政与预算体制的"丛林法则"。试想，如果所有部委公务员的实际的私人经济政治收益都与本部委控制的国有企业及其他公权力无关的话，国企改革又将会是怎样的一幅图景呢？所以国企改革背后是一个利益再分配的艰巨的过程。真正落实改革的时候，不能一刀切，而是要具体情况具体对待，分产业、分阶段、分先后、分主次地进行改革。国企改革也不是孤立的，必须有全局眼光，需要与其他相关制度改革互相配套，同时也在不断地渐进改革中引发一轮接一轮的对其他制度与政策的改革。

（本文首发于"凤凰大学问"第247期。）

中国正在跨越中等收入陷阱

叶翔/国元证券（香港）首席经济学家、汇信资本董事总经理/

有中国学者研究发现，后进国家能够成功跨越中等收入阶段而演变为发达或较发达国家的，是极少数。为何多数后进国家容易落入中等收入陷阱？中国有多大的可能摆脱中等收入陷阱而进入高收入国家之列？

从农业经济演变到工业经济，再演变到服务经济，这几乎是所有发达国家的成功发展之路。今天，后进发展中国家如果希望演变为高收入的发达国家，极可能也要经历以上过程。

今日的发达国家在其当年发展演进的历史过程中，不曾受到外来的冲击，其经济体即使是开放的，经济体从农业经济演进为工业经济的过程中，不存在比它更先进的外部经济体。因此，其发展是内生的，其演变是自由独立的，能成为高收入国家也是必然的。

与发达经济体当年的环境不同，在全球一体化的大背景下，今日农业经济演进为工业经济的过程，必然是开放的，面临着外部的竞争压力。今日主导世界经济的发达经济体，早已完成了工业化，拥有成熟高效的工业体系，多数已步入服务经济时代。在这样的背景下，后进经济体的演变发展过程将变得曲折困难。

// 从低收入到中等收入

假设有两个国家，一个已经完成工业化，为先进的工业国，另一个仍处于农业经济，为后进的农业国。工业国劳动成本高昂，资源禀赋相对稀缺，劳动生产率高；农业国的劳动成本低廉，资源禀赋相对丰富，劳动生产率低。这样，两国存在各自的比较优势。在缺少政府干预下，会开展国际贸易。农业国出口劳动密集型产品，农产品、资源品，以及技术与资本含量低但劳动含量高的工业品，如纺织品与服装；进口资本、技术较密集的工业品或消费品。农业国国民与政府都认识到，只有工业化才能促进本国的经济发展，将采取进口替代战略。

但是，要工业化就需要资本与技术。由于有工业国的先进技术存在，农业国不能只依靠本国的缓慢自我技术积累来实现工业化。这与西方经济内生性工业化的自我演进不同。以汽车工业的发展为例，来代表工业体系。当福特生产第一部汽车——T形车时，尽管第一代的汽车技术很不成熟，汽车粗糙，车速慢，性能不可靠，成本高昂，但是，全球范围内没有同业的汽车可比较，无论国内还是国外都没有同业竞争对手，汽车的竞争只是相对于当时的马车和自行车等传统运输工具而言。

与马车和自行车相比，汽车对消费者是完全不同的体验，即使是第一代汽车，速度、动力、承载力等性能指标，也非马车、自行车可比，必然可以逐渐为高收入阶层所接受，并在高收入阶层缓慢地推广。随着汽车市场规模的扩大，第二代、第三代汽车逐渐研制开发出来，生产技术提高，性能稳定，成本下降，汽车市场规模更加扩大。在没有外部竞争下，汽车工业就由小到大，由不成熟到成熟，由单一款式到多批量，而渐次发展。汽车工业在逐渐壮大过程中，必然推动国民经济的发展。因此，先进国家总是可以从农业经济转型上升为工业经济，再提升到服务经济，区别只是时间的长短。

与先进国家当年的境况不同，今日农业国作为后进国家，在发展汽车工业时，工业国已经有先进、成熟、庞大的汽车工业体系，如果仅依靠自身的技术积累，生产的第一代汽车，无论是汽车性能、质量、款式，还是成本，绝对无法与发达国家的成熟汽车相媲美。在缺少强有力的产业政策保护下，后进国家自身的汽车工业是不可能发展起来的。因此，可行的途径是通过引进工业国的技术，也就是说需要农业国用出口产品的外汇来购买技术，即农业国出口劳动密集型产品与资源品，进口带有技术的资本品。这需要国民具有一定的牺牲精神，愿意省吃俭用，即消费必须滞后，以增加储蓄。多出口意味多储蓄，即相当部分的国民储蓄表现为出口的劳动与资源品。如果农业国的进口品多为终端消费品，储蓄未转化为工业投资，这种工业化就无法进行下去。

如果后进农业国在工业的第一阶段，全球资源品价格进入一个上涨周期，农业国甚至可能出现相当规模的贸易顺差，其规模随着资源品价格的上涨而增加，对农业国而言仿佛是国民的储蓄大幅增加了。在这个时期，农业国会有更多的外汇用于进口技术与资本品以促进本国工业化发展。因此，农业国进入工业化阶段时，如果正是资源价格的上升期，其发展好像得到有利的天时帮助，却可能为后来坠入中等收入陷阱埋下伏笔。

农业国的工业化进程自始至终受到工业国的产品的竞争压力，虽然不同阶段竞争的激烈程度不同，也就是说，农业国生产的工业品的价格，必须相对工业国的同类产品具有竞争力，更准确地说，性价比要更高。

工业品的成本由四部分构成：劳动、技术、资本与资源。农业国各生产要素的相对比较优势，促使其工业化进程必然是先从劳动含量高、技术含量低、资本内涵要求低的行业开始，因为在工业体系中，只有劳动含量高、技术含量低、资本内涵要求低的行业才是农业国具有的比较优势，甚至是绝对优势。农业国在建立了低端的工业体系后，再逐渐往技术含量高、资本内涵要求高的行业发展，农业国的工业体系逐渐从最低端向上扩展。但是，农业国工业体系扩展的速度以及扩展的程度受制于以下几个因素的共同作用：

1.劳动力成本上涨的速度。既然低成本的劳动力是工业化的唯一优势，当劳动力成本上升，劳动成本的优势差就会减少。劳动成本上升得越快，优势差就下降得越快，如果其生产的工业品要继续保持竞争优势，工业技术的提升就要加快。

2.技术提升的速度。工业技术至少包含两个部分，一是硬技术，包括整个工业体系的设备系统的完整性，设备与机器本身的性能，生产与加工的效率与精度，工艺流程的合理性、有效性，支撑工业体系的基础设施，包括物流、市场与集散地等；二是软技术，主要是劳动力的知识、技能、劳动力操作机器的能力，管理大规模生产的管理能力，以及认识、把握市场趋势变化的知识与能力。技术提升的速度越快，工业化发展的速度就越快，就可以允许劳动力成本较快上升，劳动力成本提升的空间就越大。

3.资本积累的速度。本国的资本积累有两个途径，一是本国的家庭储蓄与企业储蓄；二是海外的储蓄。那些未被消费的当期储蓄，就转化为当期或下期的投资。在建设工业体系下，投资必然体现为生产性工厂、设备、基础设施的建设，以及人员的培训等。资本积累的速度越快，说明农业国可用于技术投资的潜力就越大。

农业国的工业化能否顺利完成，处理好以上三个要素的相互关系至关重要。农业国工业品与海外国家或发达国家工业品的竞争主要依靠的是工业品的性价比。性能不高或质量不优，则价格必须低下；若性能有所提高，则价格也可以相应提高。农业国工业化过程中，技术要提升，必须要有资本投入。资本来自储蓄，储蓄有家庭储蓄与企业储蓄，也可以有一定的政府储蓄。在工业化过程中，消费的比重不能太高，否则就缺少资本的积累。当然，消费也不可太低，否则，经济的循环就无法进行下去，除非能有海外的消费弥补。

如果农业国顺利完成工业化的第一阶段，可能就从低收入国家进入中等收入国家。在工业化的第一阶段，由于劳动力成本远远低于发达国家，工业品的技术要求非常低，所生产的工业品也是属于低端的，具有质量下乘、品种单一、产品寿命短等特征。这些低端产品先进国家已经不再生产，但恰能满足后进国家低收入家庭的需要。

// 后进国家脚下的陷阱

随着人均GDP的上升，劳动力成本也随之上升，即家庭收入从低收入提高到了中等收入。中等收入的家庭对工业品品质的要求将从低端进入中端或中高端。不过，与低端不同，中端或中高端的工业品将面临先进国家的较直接竞争，如果后进国家工业体系不能尽快升级，进入工业化的第二阶段，提升工业技术水平，后进国家的工业体系就会缺乏竞争力。

后进国家工业体系升级，意味着要增加生产设备与技术的投资，用技术资本替代劳动力，即工业品的生产要素逐渐从以劳动为主导，转为以技术资本为主，包括软的技术资本与硬的技术资本。

在这个转变过程中，后进国家面临两个陷阱：一是资本的需求增加。这要求国民经济中有更多的储蓄，用于工业体系的自我提高或引进技术消化提高。如果有相当大部分的储蓄是以资源品出口的形式体现的，那后进国家的工业升级是否成功，一定程度上取决于资源品的价格涨跌趋势。特别是后进国家如果是依靠资源出口产生的外汇换取技术资本，一旦资源上升周期结束，工业体系的升级可能就难以为继。

二是低端劳动力的就业。工业系统的升级意味着，技术资本代替劳动要素，低端劳动力必然逐渐退出工业体系。如果服务业部门不能吸纳从工业部门退出的劳动力，失业率就会上升。失业率上升，无业者众多，工业体系就难以继续转型升级。

大量低端劳动力失业给工业体系升级带来的困难，将至少表现在三个方面：

1.由于失业率的高涨是转型过程的必然现象，并非一般的经济政策所能改变，"事有必至，理有固然"，无论何政党组建何样的政府，都难以解决。在越来越大且持续的社会与政治压力下，后进国家政党政治将偏离政治的本原与目的，易使政治成为政党权斗与民主游戏的舞台。

2.大量的失业队伍，导致社会贫富差距越来越大，社会矛盾加剧，社会失稳。不稳定的社会将反过来影响经济发展。

3.高失业率意味着家庭的真实收入无法提高，经济社会的消费需求不能扩大，消费的品质难以普遍提升。这样，那些已经或正在升级的工业部门的产品供给会因缺少相应的市场需求，工业升级无法实现正反馈，升级不可持续，经济也就难以发展。

如果后进国的工业体系无法升级，后进国工业品质量不能提升，不多的中高端工业品的需求，就需要不断通过进口来满足，或者说后进国中高端消费品大部分由先进国家的产品垄断。

如此，后进国则落入中等收入陷阱。其普遍特征是：

1.失业率高企，贫富差距严重，经济发展缓慢甚至倒退；

2.国际贸易逆差严重，进口品多为中高端消费品，经济无法进行可持续的资本积累；

3.货币贬值与高通胀并存。

//跨越之道

至此，我们看到后进国家在完成工业化第一阶段，进入中等收入后，多数未能跨过中等收入陷阱的原因有两个，或者说有两个陷阱：一、国民储蓄以出口劳动与资源品的形式体现，不能解决升级过程的资本陷阱；二、不能解决升级过程中低端劳动力的就业，即就业陷阱。

要跨越第一个陷阱，后进经济体在工业化的第一阶段完成之时，需要摆脱对资源出口的依赖，即国民的储蓄应更多地表现为劳动与劳动技能的出口，而不是资源品的出口。如果后进国家在工业化的第一阶段正处于资源市场的低潮，其工业化的起步可能较为艰难，但其整个发展过程就会避免对资源的依赖，而强调劳动与技术。相反，如果正处于资源市场的高潮期，其起步虽然较为轻松，却易于形成对资源出口的路径依赖。这种路径依赖不仅体现在国与国之间，在一国内部不同地区也有相似的结果。

历史与经济分析都表明，资源价格在经历约10年的上涨之后，会有约20年的下降期。如20世纪70年代的10年资源价格上涨，伴随的是20年的资源市场低迷，直到21世纪初。在21世纪第一个10年快速增长之后，自2008年金融危机之后，资源价格又进入漫长的低潮期。这样，如果过度依赖资源而不能自拔，会使后进国家在完成中等收入之后，陷入长期的困境。

观察过去20—30年进入中等收入之列的经济体，其各自变化的情况似乎支持以上的结论：能够成功上升为高等收入的国家基本上是非资源密集型的，而未能成功跨越中等收入陷阱的基本上是那些资源依赖型的国家。

对后进国来说，跨越第二个陷阱似乎比跨越第一个陷阱更加困难。要解决升级过程的就业陷阱，后进经济体在升级开始之时，服务业也要进入一个快速的发展期。因为只有服务业的发展才能吸纳升级过程中从工业体系退出的劳动力，特别是服务业的粗放发展。

服务业有两类，生产性服务业与消费性服务业。伴随着工业体系的升级，技术要素内容增加，生产性服务的需求将提高。但是，生产性服务更多的是对中高端劳动力的需求，只有消费性服务业才有可能吸纳低端劳动力。当然，消费性服务业也会提供中高端劳动岗位，这取决于是中高端消费性服务业还是中低端消费性服务业。

消费性服务业要发展，一般家庭的消费支出要增加，国民收入就要持续提高。

基本可以确定，后进国家刚刚完成工业化第一阶段时人口结构仍然是金字塔形的，多数劳动力依然是中低端的，虽然他们在工业化的第一阶段，已经从农村转移出来，从农民成为制造业的工人。中低端家庭的收入要提高，中低端劳动力市场就要适度的供不应求。

这有两种可能的情形，一是后进国之外的劳动密集型产品市场需求非常强劲，导致中低端劳动力供不应求。如果在升级过程中，正是全球经济快速发展之时，这种情形就可能出现。在过去20多年，少数一些后进经济体正赶上全球经济的快速发展周期，实现了转型升级。这些国家正是中国部分学者所研究确定的成功转型案例。

这类后进国家工业体系转型升级是首先由外国中高端消费需求的上升所拉动。

第二个情形可能因后进经济体内部的强有力政策与经济形势的变化，出现中低端劳动力的供不应求。

// 中国已具备跨越中等收入陷阱的必要条件

中国经济目前正处于转型升级之际，相较于已经完成升级的少数国家，可以说是天时颇为不利。自2008年金融危机以来，全球经济已进入缓慢增长期，后进国家外部需求普遍不振，此时，如果后进国家正进入转型升级期，显然要比过去20年的转型升级更加艰巨困难。

不过，中国显然已经克服了中等收入的第一个陷阱，即中国不依靠出口资源品作为技术资本积累的来源。直到2014年，中国贸易顺差一直是由加工贸易形成。2014年加工贸易顺差达3500亿美元。中国通过出口劳动积累资本。实际上，中国自21世纪开始已经是资源品的净进口国。

从2014年开始，由于全球资源价格进一步下跌，中国的一般贸易也出现了顺差。我们预期，中国的贸易顺差将长期大额存在，每年的顺差额都将超过5000亿美元，意味着中国会积累足够的资本服务工业体系的升级。

中国经济目前似乎也正在跨越中等收入的第二个陷阱，普遍家庭收入增加快速，高于GDP的速度，服务业发展强劲。2008年金融危机之后，中国服务业对经济增长的贡献比例逐年上升，2015年对GDP增长的贡献将超过60%。自2010年以来，中国经济的增长速度持续下行，分别是10.5%、9.3%、7.65%、7.67%和7.4%，但是，中国城镇新增就业的数量在不断增长，2010年到2014年每年新增城镇就业人数分别达1168万、1221万、1266万、1310万和1322万，2015年可能更高，1—9月达到了1066万，整年有可能达到1400万，而2015年的GDP增长速度可能不及7%。整个中低端劳动力市场一直表现出供不应求的现象。

以上说明，中国经济具备了跨越中等收入陷阱的必要条件，即跨越了资本陷阱与就业陷阱。

但是，要真正跨越中等收入陷阱，条件仍然不是充分的。比如，一些中东石油国家，即使在石油价格低迷之际，仍有大量的石油储备，换言之，这些国家几十年来，始终不缺乏资本，却始终未能建立起现代工业体系。因为经济中未能建立实现现代工业的充分条件。

∥ 中国面临的问题

要真正实现升级，还要解决至少两个问题：一、中国虽然具备工业体系升级的资本，但是，工业体系升级的动力何在？二、服务业的发展是否是可持续的。

工业体系升级的持续动力应该来自终端消费的升级，即终端消费不再满足于低端消费品，终端消费者愿意抛弃那些千篇一律无质感的工业品，抛弃那些只是为实现某项物理功能、冰冷的、无生命的工业品，取而代之的是对消费品的品质、款式、寿命、品牌、甚至文化感等，提出更高、更多样、更精细的要求。这意味着，工业体系生产的品质更高的产品，如果性价比足够好，如果能把握并反映当代中国的消费文化与生活文化，就会有市场，会有更好的利润。

还以汽车为例，早期的乘用汽车，消费者要求的只是速度与安全，是脚力的替代、延伸或升级。20世纪80—90年代中期，风行于中国各地的"夏利"轿车与"大发"面包车就是当时中国乘用车业的代表与写照：单一、廉价、耐用。

逐渐地，随着家庭收入提高，低油耗、舒适性、便利性，大小，造型与外观的情感内容等，都成为消费者购车的重要考虑因素。消费者在收入的约束下，愿意购买与其个性、价值观相一致的车型。无生命的工业品被消费者赋予了人的文化内涵。此时，乘用汽车不仅仅是其脚力的替代，也是消费者性格、审美观以及内心潜意识的映射。不同的消费者其审美观差异甚大，有阳刚的，"骏马秋风塞北"；也有偏于柔美的，"杏花春雨江南"，因此对汽车的外观与内饰的要求也变得愈发多样。也就是说，乘用车的设计者原来只需从功能角度考虑车型的设计，现在还要从文化的层面整体思考车型，如此一来，大大提高了汽车的研发与设计要求。

消费升级的基础是收入升级，这需要家庭能逐渐地、越来越多地从低收入上升到中等收入，从注重物质消费上升到内涵精神消费。中等收入的家庭要增加，比例要越来越高，中等收入的工作岗位的比重就要增加。

在制造业领域，当劳动密集的制造业向技术资本密集的制造业转化时，制造业必然提供越来越多的中等收入岗位。在制造业自动化过程中，机器替代人越来越普遍，机器的机械动作取代人的枯燥动作，低端劳动力逐渐为机器所替代，从制造业中退出。但是，机器的应用越多，意味着制造业内部生产与管理流程要再造（re-engineering），对工程师的需求也就越多，必然产生更多的中等收入的岗位。当然，数量的进出与增减的比例不同，即减少了多个，甚至十数个低端的劳动力，才产生一个中高端的劳动力需求。

当消费者对工业品品质要求提高，工业研发与设计的要求增加，同样产生了新的中高等收入的岗位，这一领域的岗位需求潜力是庞大的。

就制造业而言，中国目前的转型升级正反映了以上分析的趋势。中国制造企业的研发费用占营业收入之比，正在逐年上升。2000年中国每年研发费用占GDP之比约为0.9%，2014年已经达到2.09%，这意味着中国在R&D领域雇用的人员越来越多，比例越来越高。

在服务业领域，同样地，中高等收入的岗位来自提供的中高端服务中。然而，目前中国服务业快速扩张的是中低端消费性服务业，这是因为自2008年金融危机之后，家庭收入最快、最普遍的是低端劳动力，普通蓝领工人从2009年的约1000元，上升到2015年的3000元以上。由于中国人口结构仍处于金字塔形，低端劳动力庞大，相应地，中低端消费也快速扩张，且规模巨大。

中低端消费服务业的快速扩张，对吸纳来自制造业的中低端劳动力，使中国经济在升级转型中能够摆脱失业陷阱产生了不可或缺的作用，是实现转型升级的必要条件。但是，如果中低端消费不能升级为中高端消费，中国就仍然不能够从中等收入国最终晋升为高等收入国。

假如经济中有一股中高端的消费力量，并且足够强大，形成一批中高端的消费服务业，将催生中高端的工业品市场，并带来一个规模足够大的中高端服务型劳动力市场。中高端劳动力增加，虽然来自服务业，自然也要求中高端的消费与消费服务。如此，中高端消费带动中高端服务发展，中高端服务的发展带动更多的中高收入家庭的诞生，后者又反过来强化对中高端消费与消费服务的发展要求。这样，中国经济就会形成一个往中高端方向发展的内在力量。

然而，中高端的第一股消费力量来自何处呢？

是前述制造业升级带来的生产性服务业的扩张与制造业内部工程再造（re-engineering）对工程师就业的增加。制造业中高等收入岗位的增加，应是渐进的，是与工业体系的升级速度相匹配，是制造业升级要求的结果，因而可能还会略有滞后，对中高端消费与经济发展的作用是后反馈的，不是前置拉动的，不可能成为制造业升级的第一拉动力。

既然市场经济本身不会内在地产生升级的第一动力，第一动力就只能是外部的。或者借助于外部经济的高速增长所带来的中高端需求，就像过去20—30年成功升级的那些国家一样。然而，2008年金融危机所产生的全球经济现实是，发达国家经济进入增长缓慢的新常态，即使是恢复最好的美国，未来长期增长也可能只在2%，远远低于危机前的3.6%，中国充分意识到，产业升级的动力已经不可能指望来自欧美日等先进国家。

// "双创"是中国经济实现升级的第一推动力

今日中国经济升级的第一推动力很有可能是中国政府所倡导的"大众创业，万众创新"。

我们看到自2010年以来，中国蓝领工人一直处于总体供不应求的状态，导致中低端家庭收入持续增加。但是，白领阶层总体就业显得困难，特别是刚毕业的大学生就业率低，这就意味着中产阶层的收入停滞不前，或增长缓慢，低于总体经济增长的速度。中低端家庭收入的增长，中低端消费服务业的扩张，吸纳了工业体系退出的中低端劳动力，实现了避免落入就业陷阱的必要条件，但是，如果中产阶层不能扩大，产业升级仍然无法实现。

借互联网经济快速发展之良机，中国政府倡导"大众创业，万众创新"。从21世纪的第二个10年开始，全球互联网进入了WEB2.0时代，美国出现了GOOGLE、FACEBOOK，中国出现了腾讯、阿里巴巴、百度等互联网巨头，随之互联网发展进一步深化，Uber、airbnb、滴滴打车等共享经济兴起，并带动了一大批互联网公司成功上市。互联网经济的成功与火热，激发了投资者与创业者的热情，大量资金涌入互联网经济，无数白领加入互联网企业。互联网经济的快速发展，共享经济的迅速蔓延，对传统产业带来巨大的冲击，如秋风扫落叶般瓦解了上一周期形成的固有利益阶层，传统产业的生产与经营流程面临全面的重组与改造，需要大量的拥有互联网知识、现代工业知识的白领参与。

在此背景下，中国政府倡导"大众创业，万众创新"，各级政府政策上扶持，资金上帮助，制度上便利，扇起了中国互联网经济燃烧的熊熊大火，"互联网+"成为中国经济的基因，不断地复制自己，在经济中迅速扩散，强化自己在经济中的影响力与控制力。尽管创业成功的概率不高，可能不足1%，但一旦成功，无论对投资方还是对创业者，回报都是巨大的。一些创业成功者"又踏杨花过谢桥"，给后进的白领带来极大的榜样作用。换言之，互联网创业预期的风险调整后的回报率（expected risk-adjusted return）远远高于传统行业，特别是对中国这样一个人口大国更是如此。

更重要的是，在互联网经济的创业中，知识的地位得到了空前的提高，知识与资本平行了，知识不再是资本的附庸，不再是资本的奴隶，而是资本的合作者，是合伙人。它们共享收益，共担风险，站到了一起，联起手来共同创造、挖掘互联网经济带来的机会。一时之间，互联网知识的携带者——白领劳动力的市场需求大幅增加，白领劳动力开始出现供不应求的现象，白领的市场价值快速增长，白领的阶层在逐渐扩大。

如此，在"双创"的倡导下，互联网经济成了中国中产阶层快速发展的第一推动力，形成了一股中高端消费的第一力量和原动力。

这一切，似乎预示着中国正在跨越中等收入陷阱。是否跨越中等收入陷阱的充分条件已经具备？答案仍然是否定的，但离具备充分条件的距离不太远了。令人略感不安的是，目前的中高端消费主要表现为中高端商品的进口与境外消费。也就是说，中国工业体系的升级速度慢于消费的升级速度。消费升级是第一动力，拉动工业的升级，工业升级落后于消费升级是合理的，但是，我们必须看到工业升级速度的提高，看到升级内容的演进。

工业体系升级，既表现为生产效率的提高、质量的升级，还表现为产品品牌为中高端消费者所接受，深入人心，表现为工业产品的文化内涵的提高。

简言之，中国的工业体系已经进入了生产过程的去"人"化的进程，但是，在工业产品的"人"化上明显滞后，后者进程的启动才意味着真正具备了跨越中等收入陷阱的充分条件。

区域发展改革待变

卓勇良／中国体改研究会理事，浙江省体改研究会副会长／

改革开放成就了一大批草根企业家，他们一手招来大批农民工，一手引进大批工艺装备，促进区域经济飞速发展。"政府推动"亦功不可没，他们冲破束缚，发动草根，改变环境，打造"地方政府无限责任公司"。时至今日，这一区域发展模式已明显过时了。

中国经济正在经历重大的历史性转折。十三五将是经济社会发展最为错综复杂的一个时期，区域发展改革应有重大变化。

／／十三五将是经济发展最为错综复杂的一个时期

当前及十三五经济增长的主要特点是：增长放慢，结构趋优；动力转型，约束增强；风险增多，玄机深藏。理想局面是结构优化导致经济增长质量上升，且控制和减少不确定性中的不利因素，形成增长与结构的良性循环。但是，若科学发展和全面深化改革迟缓，或将具有较多风险。

（一）经济运行复杂与市场机制缺失的矛盾

决定当前经济运行的一个基础数据，是劳动年龄人口正在逐年减少。根据"六普"数据预测，2012—2026年，中国劳动年龄人口总量，年均减少将达577万。这里已扣除死亡因素，但未消除提早或推迟就业因素。其中，2012—2017年，大致每年减少300万。

劳动年龄人口减少已对中国经济社会形成深刻影响。当前最大影响，是农民工工资持续较快增长，出口成本大幅增加，企业利润遭受大幅打压。这一状况影响商品生产经营及劳动力供求关系，影响货币流通和资本市场，影响消费积累关系，影响产业结构优化升级，形成一系列错综复杂的关系。

无论劳动所得占GDP比重是上升还是下降，都具有促进经济增长的积极效应。这已为美、日经验证实，但是，在中国的实际影响尚有待于实践证明。改革开放以来发挥了决定性作用的"草根企业家+农民工+进口工艺装备"的增长模式已经式微，但新的模式尚未形成，使未来经济增长更加扑朔迷离。

而且，市场机制至今尚未对要素配置起决定性作用。土地一级市场由政府掌控，农民宅基地及农村集体经济组织经营性用地使用权出让，后者虽已有试点，但仍未普遍推行。金融机构贷款因受政府债、央企等的挤出效应，长期以来对民间供给受限，对民营经济的贷款利率大大高于基准利率。高素质人才难以畅通流向民营经济，这是由民营经济地位至今仍然较低，以及民营企业受此影响而导致的自身内在弊病，进一步影响人才流动。

当今中国经济仍存在着严重的市场和政府"双重失灵"。紧缺要素较难向优势企业和优势地区集聚，劣势企业难以及时出清。中央政府依然管得过多过细，地方政府不作为、乱作为、难作为等并存，浙江情况相对较好。同时条件较好的东部，10余年增长明显放慢，条件较差的中西部增长较快，这一状况虽获正面肯定，但明显降低了全国要素配置效率，降低了中国经济的全要素生产率。

（二）结构重大转变与需求增长失速的矛盾

当前正在出现的结构优化，是一种典型的收缩性结构优化，因此，完全没有必要沾沾自喜。出口和投资增长严重放慢，凸现了消费需求，导致增长动力结构优化；工业增长严重放慢，凸现了服务业增长，导致三次产业结构优化；东部增长明显放慢，导致持续10余年的区域均衡协调增强；城镇居民收入增长大幅放慢，加上农村居民收入增长加快的因素，导致城乡收入差距缩小。

消费相对凸现是结构优化的一股主要力量。当前消费增长，主要是由劳动供给增长减慢，工资增长加快所致。正是由于全社会消费品零售总额增长能够保持在一个相对较高水平，才使得全社会就业增长具有一个相对较高水平。

然而，城乡居民收入增长基础并不稳固。全国城乡居民人均收入增速，至少已连续两年高于国家全员劳动生产率增长速度，其中，2014年全国居民人均收入比上年增长8.0%，比国家全员劳动生产率增长速度高1.0个百分点，这显然是较难长期持续的。目前，由于出口增长只能维持现状甚至尚在下跌，因此，就业水平的维持，亦即现有收入增长和消费增长水平的维持，将主要依靠投资增长。然而，投资增长却存在着继续回落的可能。这些势必将影响消费增长，亦将导致结构优化局面的解构。

促进消费的另一招是创新。如果出现大量可与乔布斯媲美的企业家，这就将在现有出口和投资水平上，创造和扩张消费，但是，从当前上市公司高管大量减少，以及大量向境外移民来看，说明存在着严重的信心不足，创新亦将缺乏。

电商具有双刃剑特点。电商与快递结合大幅降低流通成本，非常适合人口稠密地区，但亦导致线下商业普遍出现麻烦。说明电商至少就当前而言，并不具有帕累托改进效应，只能是"有人欢喜有人愁"，兼具结构性优化和结构性破坏的双重作用。

（三）集约内涵增长与粗放外延增长的矛盾

伴随着收缩性结构优化，长期粗放外延增长局面有所收敛，集约内涵增长局面有所增强。2011—2014年，23种主要工业原材料年均增速，只有7种快于GDP年均增速；而2005—2011年，则有15种快于GDP增长。现在的问题是，这是长期趋势，还是阶段性波动？

应该说，中国经济内在的粗放外延增长冲动依然十分强烈。2014年，全国建设用地供给虽比上年下降16.5%，但仍高达61.0万公顷，是2004年的2.5倍。当前编制十三五规划，不少地方降低了增长预期，但仍有一些地方提出

"五年再造××"等口号。依然存在着增长指标唯恐比别人低，战略思路唯恐比别人小，向往着大思路、大战略、大手笔等问题。某地政府召开的座谈会上，一些当地知名企业家直言不讳地说，你们有一分钱就做一分事，那么宏伟的目标设想能行吗？

而且，如果全国继续粗放外延增长，东部沿海地区将较难集约内涵增长。这10余年的经验表明，当中西部的土地资金等要素供给比较充分时，东部企业就会被大批吸引，就较难在东部集约内涵发展。在这种情况下，也就难以希望东部能较好发挥率先引领作用。

（四）全面深化改革的迫切需求与实际推进较慢的矛盾

中共十八届三中全会提出的全面深化改革决定快两年了，但一些具体的重大改革缺乏较大进展，依然存在着"上面等下面的实践，下面等上面的精神"的状况。这话是我10年前发表在《人民日报》（华东版）上的，至今似乎仍然管用。

十八届三中全会提出的发挥市场决定性作用，在实际工作中并未得到较好地贯彻执行。一个比较令人不解的事实是，一个具有13亿人口、60多万亿元GDP的庞大经济体，中央政府的一些部门仍直接把手伸入县市和基层，仍直接决定要素配置。一些部委批试点，一些部委批牌子，一些部委批资质，一些部委批许可证；仍有不少部委继续直接面向企业甚至村落，分配布置项目和资金；仍在别出心裁搞各种国家级、省级、地方级等名目。

当前经济增长大幅放慢，经济运行日趋复杂，在发挥宏观调控作用的同时，更需发挥市场机制作用。众多小微企业由于长期多次重复博弈，诚信理念提升，经营管理进步，技术规范较高，是当下中国经济最坚实的基础。然而，国企这方面进步并不明显，甚至有所弱化；极少数大型民企向国企看齐，复制旧体制问题比较严重。政府依然庞大，不断编造新故事，密集提出新概念，具体做法则变化较小，相当程度影响了市场对要素配置的决定性作用。

（五）未来经济增长利好日益凸现与如何抓住机遇的矛盾

未来中国经济增长至少具有三大潜在的重大利好。首先是与发达国家仍有较大差距。2012年中国人均GDP仅为美国的1/9，韩国的1/4。差距就是潜力，英国《金融时报》著名评论家马丁·沃尔夫曾撰文指出，如果一个国家或地区的人均GDP尚未达到美国的1/2，则比较容易保持较快增长。

其次是大宗原材料价格大幅走低机遇。原油价格从100美元一桶，跌至50美元以下一桶。铁矿砂价格大幅走低，截至2015年8月28日收盘，DEC铁矿期货价格从2014年最高912人民币/吨，跌至382人民币/吨，国内钢材已从最高时的5000多元/吨，跌至2000多元/吨。大豆、咖啡、糖等期货价格，均已几乎跌了一半。英国《金融时报》上半年刊文认为，大宗商品价格下跌使中国一季度GDP增幅上升0.5个百分点。

再次是劳动收入占GDP比重提高亦是经济发展新动力。劳动收入占GDP比重持续下降，曾是中国经济快速发展重要动力，劳动收入占GDP比重持续上升，亦有利于加快经济增长。对此下文深入分析。

现在的问题，一方面是对潜在的重大利好缺少积极认识，另一方面是缺少紧抓机遇的较强激励。我们在基层调研，各级官员的各种牢骚不绝于耳，微信朋友圈经常能看到政府工作人员怠政懒政，以及抱怨薪水低难以有体面生活等内容。国企领导人大幅降薪，使掌管几十亿甚至几百亿资产的老总的收入，甚至低于低层小公司的小头头，这种局面短期尚可，长期或有较大问题。事业单位绩效工资形成了实际上的收入"封顶"，工作积极性普遍下降，重大课题项目缺少科研骨干的积极承接。最令人不解的是科研经费使用规定，基本忽视人力资本的决定性作用。而且，一些顶尖人才和富人，不是已经成为外籍人士，就是正在向往着去境外定居。如此种种，令人担忧。

// 十三五区域发展改革的若干重大变化

（一）资金循环的根本变化

从企业利润增长较快，转变为居民收入增长较快。1998至2011年，城乡居民人均收入名义增速，分别比规模以上工业企业低22.0和23.9个百分点。这一状况在2011—2014年发生逆转，城乡居民人均收入名义增长速度，分别为9.8%和14.6%，分别比规模以上工业利润年均增速高8.0和12.8个百分点。当然在十三五时期，或不至于如此夸张，但居民收入增长快于企业利润增长，应是大概率事件。

劳动所得占GDP比重将持续走高。2011至2014年，根据我的观察，劳动所得占GDP比重从34.2%上升至37.9%，上升3.7个百分点。这些数据或有误差，但劳动所得占GDP比重上升趋势是确实的。只要中国商品出口在现有水平上没有大幅下跌，只要投资仍有一定增长速度，劳动所得占GDP比重上升的趋势，或将持续10年以上。

日本的经验可供参考。日本战后经济恢复以后，雇员收入占GDP比重一度下降，从1961年开始，雇员所得占GDP比重从39.5%，上升至1975年的55.2%，此期间日本GDP年均增速达到7.9%。此后，随着雇员所得占GDP比重的稳定，日本GDP增速也大幅回落至3%左右。

比照日本这一段经验，我们基本可以认为，居民收入增长快于企业利润增长并非坏事。劳动收入占GDP比重持续上升，再加上居民财产性收入及转移支付收入增长，将形成居民收入增长支撑下的内需促进机制，从而导致区域经济资金循环的根本变化。

从出口投资自我循环，转变为生产消费正常循环。1980年以来，中国商品出口增长逐步加速，第1个10年增长3倍，第2个10年增长4倍，第3个10年增长6倍。与此同时，由于劳动缺乏对资本的竞争力，工资和消费增长相对较慢。大幅增长的企业利润，因社会购买力相对较低，出于逐利动机纷纷投向资本品，以及出口商品的生产经营，由此形成资本自我循环。

发展经济的根本目的是不断满足人民群众日益提高的物质和文化需求。然而，中国经济在1983—2011年的长时期内，这方面得分明显较低。当然，这是一种扩张性的经济增长目的的偏离，虽有若干问题，但亦不乏相当大的积极意义，尽管其中的出口促进政策或有改善之处，确也忽视了对于劳动资本各自所得悬殊的积极应对。

2010年，最终消费支出占GDP比重达到了最低点，仅为49.1%。其中居民消费占GDP比重更低，仅为35.9%。而2012年，包括中、美、日、英等36个国家，最终消费占GDP比重低于60%的仅3个国家，其中，25个国家最终消费占GDP比重高于70%，居民消费占GDP比重低于40%的亦仅3个国家。

所以，当剩余劳动逐渐枯竭，以及由此导致的出口增长大幅放慢后，中国经济的消费与积累关系终于渐趋正常。2014年，最终消费占GDP比重达到50.2%；其中，居民消费占GDP比重有所上升，达到37.7%。预期十三五时期，最终消费和居民消费比重均将稳步上升，积累率将逐渐回落，两者比例关系渐趋正常，中国经济亦由此进入内需及消费主导的增长格局。

从资本张狂的经济宽运行，到资本节制的经济紧运行。利润大幅增长时期，资本趾高气扬，行为乖张。产能大量过剩，浪费触目惊心，生产经营粗放，产业转型升级缓慢，极个别的企业家一掷千金，生活方式腐化糜烂。地方政府严重向资本倾斜，与资本"合谋"，影响公共利益。政府财政收入及债务，双双大幅增长，政府性投资快速增长，全要素生产率下降。

低利时代终于来临。无论资本还是政府的自我节制，终因资本回报和财政收入增长的下降而加大，从而形成资本节制下的经济紧运行。在这一状况下，虽然创业大为艰难，但大浪淘沙，经济运行环境将趋于好转；虽然企业运行大为艰难，但生产经营管理水平将较大提升，社会化分工合作将较大深化，全要素生产率或将上升；扩大再生产规模虽然因企业利润增长减缓而缩小，但亦因收入和消费增长相对加快而扩大，总体缩减或将有限。

当下需要警惕的是资本过度节制。个别资本的过度节制或不至于有较大问题，然而当多数资本选择阶段性的过度节制时，将是灾难性的。当前企业对于新的投资非常谨慎，民间投资回落幅度快速加大。如何增强企业信心，使企业家调高未来预期，是各级政府当前面临的一项重要工作。

（二）区域发展模式的重大变化

区域发展从单纯依靠人口红利和开放红利，转变为必须依靠创新红利。在国民经济整体紧运行下，粗放外延发展将受到扼制，集约内涵发展将具有较大激励，形成区域发展根本性转型的重大契机。

创新应是全方位的，包括理念、技术、组织、管理等诸方面。创新不分点滴，就像涓涓细流汇成江湖大海一样，促进创新必须从最细微的事做起。然而，当前更需在众多细微创新中，迸发出能引领国家民族走在世界前列的一系列重大创新。限于认知障碍，我们绝大多数人很难一开始就清晰地认识到某项创新的重大意义。这就需要努力营造对所有创新一视同仁的环境，建议实施低交易成本的普惠式创新支持策略，尽量避免发生将重大战略性创新扼杀在摇篮中的事件。

尊重人才的关键是尊重所有人。只要对任何一个寻常人的尊重仍是稀缺资源，区域经济就将较难有长期持续的重大创新突破。那些具有高度创新天赋的神奇小子，很可能就在普普通通的你我之中。在今天，"尊重人才"这一提法已显得缺少人文关怀，建议摒弃不再提及，而以尊重和保护全体公民合法权益，以及尊重知识的提法予以替代。

具有根本性的重大创新需要几代人的不懈努力。日本著名经济学家竹内宏曾对我说，一个人的世界观是在7岁时形成的，而世界观形成之后就难以有较大改变。创业创新价值观，以及学习知识和技能的强烈兴趣，需要像种了一样，从小根植在幼小的心灵里。如果不从基础环境的根本性转变开始抓起，应该说是难以产生具有长期持续的重大创新的，区域经济甚至国家和民族就难以走在世界前列。

社会发展是支撑力。区域发展需要并重增强三个力，缺一不可。迫切需要进一步激发民间活力，克服要素环境的瓶颈制约，增强发展牵引力；迫切需要进一步增强社会活力，促进经济社会协调，增强发展支撑力；迫切需要进一步加快政府改革，提升区域治理能力和水平，增强发展服务力。十八届三中全会提出，"进一步解放思想、解放和发展社会生产力、解放和增强社会活力"。这是在党的重要文件中，首次出现"三个解放"并列提法，进一步表明社会发展具有十分重要的战略意义。

如果说改革开放初期，区域经济发展是政府主导，当前区域经济发展则应是民间主导。如果说改革开放初期，区域发展更迫切的是经济问题，十三五区域发展在做好经济工作的同时，更迫切的是社会问题，诸如城市管理、教科文卫、社会组织、外来人口，无一不事关当下及长远可持续发展的重大方面。实际状况越来越表明，今后区域经济发展，更重要的是"功夫在诗外"，社会发展对经济发展推动和支撑作用将越来越强。

区域发展从自我为中心，转变为整体联动互为借力发展。浙江区域发展曾有一个重要特点，即缺少相邻区域之间的横向经济联系。浙江不少区域经济通过与上海的经济往来，产品先是销往"三北"地区，后是销往境外，快速发展起来。所以，就浙江省内而言，不少区域经济具有"奥林匹斯山上的宙斯"的特点。

然而，历经长期快速发展，以区域资本流动、产业相互融合、人员加强往来为特点的区域整体联动正在加强。丽水正在成为温州经济"后院"，丽水一些经济开发区的半数以上企业来自温州，沿海企业也加强了向衢州的投资，一种新的"前店后厂"格局正在形成。杭嘉湖地区资本流动正在加强，杭州企业大量向嘉兴湖州地区投资转移，嘉兴湖州一些县市之间投资往来加强。而原本仅具地域特征的块状经济，也具有了跨区域联动态势，吴兴区与德清县之间正在崛起"美妆谷"，义乌小商品市场早就有了较强的区域集聚辐射能力。

十三五时期的区域经济发展，除了对接国家"一带一路"重大战略，以及沪杭甬等大都市外，或许均应有一个与相邻区域融合对接共享的战略要求。亦即与相邻区域的产业融合，服务对接和利益共享。以区域间的无缝对接，应对日益严重的客观环境的多重制约；以区域间的优势互补和竞合态势，营造区域发展的更大空间。

（三）区域制度变迁模式变化

区域改革空间缩小。就区域制度变迁而言，当前的改革要求与改革开放初期已完全不同。经济体制改革缺少抓手，社会体制改革缺少自主，这两方面改革都存在着法律法规和中央部委政策规定，地方改革空间均较小；政治体制改革多半只能自上而下，浙江一些县市很具自身特色的一些改革，长期只能是"盆景"而难以成为风景。地方相对还有较大空间的是政府自身改革，但亦有较大难度。

地方政府当前推进改革更多以制度建构为主。面对经济社会大转型，社会价值重新建构，原有的行为规范难以适应新的要求，各方面制度严重缺失，具有非常艰巨的制度建构任务。积极加快建立与市场机制相适应、依法治国的区域治理体系，以及提升区域治理能力现代化，是区域制度变迁的重要目标。

区域制度变迁有四大任务。加快社会体制改革，促进社会公平正义，让穷人得到更多改善生活和向上流动机会；加快经济体制改革，构建低成本可预期环境，让富人怀有责任感，服务桑梓；增强提升政府公共服务和管理能力，弥补及减少市场与政府的双重失灵；保护好绿水青山，积极实施多层面"生态+"战略，让绿水青山成为美丽家乡美好生活的有力支撑。

告别镀金时代

邵宇/东方证券首席经济学家，中国首席经济学家论坛理事/

//镀金时代

上一轮狂飙突进的全球化、工业化、市场化和城市化发展奠定了今日中国之雄厚物质基础、冉冉上升的国际地位和影响，并为全球增长注入了充足的动力。但那毕竟是一场非平衡的超速增长，新兴经济在力量上升的原始积累过程中，发达国家也同步形成巨大的贸易赤字，失衡最终导致了2008年开始的金融危机，至今世界经济仍然在缓慢复苏和流动性的泥潭中苦苦挣扎。同时国内发展不平衡、不协调、不可持续问题持续暴露，镀金时代的后遗症触目惊心：产能严重过剩，企业效益下滑，重大安全事故频发；资源约束紧张，生态环境恶化；城乡区域发展不平衡，收入差距拉大；公民文明素质和社会文明程度更是有待提高。

一方面，可以预见，未来一段时间国际、国内环境日趋复杂多变，上一轮美式全球化3.0的红利释放殆尽，全球化不仅有退潮风险，而且在多个敏感的地缘政治带上冲突的风险正在不断上升。但同时世界多极化、文化多样化趋势也在深入，新一轮科技革命和产业变革蓄势待发，新的全球治理规则也在未雨绸缪。另一方面，中国的市场空间仍旧广阔、人力资本丰富、发展潜力巨大，创新创业引领的新增长动力正在孕育，因此中国应该仍处于可以大有作为的重要战略机遇期，必须迎难而上，怀揣忧患意识又积极谋划发展。

// 创新驱动

这样的背景下，十三五即将到来，其总目标就是全面建成小康社会、冲出中等收入陷阱。中等收入陷阱的本质是传统增长模式的枯竭与转型升级的失败。传统增长模式的枯竭主要源自追赶效应的消失、不断上涨的要素价格、内外失衡并发等，而转型升级的失败则可能源自制度缺陷或战略失误、国内经济的脆弱性、社会秩序的不稳定等。

因而跨越"中等收入陷阱"的要诀是：提高中国在全球产业链条上的定位，对内实现产业转型升级，对外优化贸易和产品结构。转型原理其实也很简单，就是要把中国经济增长模式从要素投入推进到要素投入效率的提升阶段，再到创新驱动的一个过程。那么说白了，十三五规划的关键就非常清楚了——创新、创新、玩命地创新，因此规划强调必须把创新摆在国家发展全局的核心位置，不断推进理论创新、制度创新、科技创新、文化创新等最广义和全方位的创新，让创新贯穿一切工作，让创新在全社会蔚然成风。

// 释放新需求

创新发展首先需要的就是新动力，新动力从哪里来？老的动力从需求面来看是三驾马车，即投资、消费和净出口。新的动力就是其升级版本，即新三驾马车：深度城市化、消费升级和"一带一路"引领的新型全球化。

1.增加有效投资。投资对增长有关键作用，可以通过深化投融资体制改革，优化投资结构。发挥财政资金撬动功能，创新融资方式，推广政府和社会资本合作模式，带动更多社会资本参与投资。新投资的主要方向则是深度城市化。这首先是产业和产能布局再优化，不同于传统意义上的东中西部划分，我们建议把中国的区域经济划分为四种类型——沿海发达经济带（三个三角洲）、产业转移十字星区域（中原到湘中，武汉、皖江以及成渝）、能源和地缘经济区（内蒙古、西北和西南延边城市等）和次级经济区（例如东北老工业基地、海南岛等）。东部地区将进入城市管理升级和精细化运作阶段，并带来生产型服务业的蓬勃发展，这里是未来"中国创造"和"中国服务"的大本营；对于产业转移带而言，人口加速集聚并就地吸收中西部农村的剩余劳动力，在全球第四次产业大转移过程中实现产业升级，那里将是未来中国制（智）造的基地。至于地缘和能源区，随着中国在亚太周边国家战略性布局的展开，相应的边境贸易、跨国交通和能源通道（包括能源深加工）的大发展也会带来更大的城市化和产业化机遇。再用广义的现代运输网络基础设施连接这几类经济区，包括高铁（含城际铁路、地铁）、重载货运铁路、干线和支线机场（含低空通航）、高速公路网、油气管网、主干电网、水利调配网、光纤数据网等，形成人流、物流、资金流、信息流的高效畅通，则一个由20个左右核心城市群构成的城市化核心地带即将有力地在亚洲中部崛起。

本质上说，投资的目的主要是为了提升未来3亿农民工以及既有的5亿城市人口的综合生活质量，我们预期将有超常的投入在以人为核心的新一代公共基础设施中，即就业、教育、文化、社保、医疗、住房等公共服务体系。以人为本的同时也要强调人与自然的和谐，因此环保投资和绿色永续发展也是深度城市化的必要方面，预期会加快资源节约型、环境友好型社会和美丽中国建设进程。

千万不要低估深度城市化将给中国带来的深远影响和根本变化。其要义不仅仅是加杠杆和搞投资，未来的深度城市化将是一个农民工市民化、农民市民化和市民公民化的过程。它不仅仅要清偿历史亏欠他们（农民和农民工）的债务，还原经济发展的人本导向。它还将生成一个更具有效率，因此也更具有可持续性的资源利用格局和增长模式，在给予现代化生活方式条件下，提供更多人平等的发展机会，并培养出一个日益壮大的中产阶层——而这一点至关重要。

2.消费升级。以前的消费是所谓"排浪式、模仿式"，而未来深度城市化将造就一个崛起的中产阶层，他们就要求更高品质的产品，因此传统消费的升级就是品牌化、体验化，健康服务和其他公共服务的均等化、日常化，以及新兴消费的科技化、互联网化。这就可以进一步发挥消费对增长的基础作用，引导消费朝着智能、绿色、健康、安全的方向转变，并以扩大服务消费为重点带动消费结构升级。近来大家冲到日本抢购马桶盖、创可贴，是因为国内不能提供相应品质的商品，而品质生活正是城市中产阶层的核心消费需求。此外，最近火爆的电影票房和山寨类真人秀娱乐节目也是文化消费热潮兴起的佐证。因此，要大力建设公共文化服务体系，让文化产业成为国民经济支柱性产业，并且向外输出，使中华文化影响可以持续扩大。

鉴于消费主要受到可支配收入的影响，因此需要着重提到的是收入分配问题，共享是中国特色社会主义的本质要求。必须坚持发展成果由人民共享，通过有效的制度安排，使全体人民在共建共享发展中有更多获得感，朝着共同富裕方向稳步前进。十三五期间要建立综合和分类相结合的个人所得税制，优化再分配制度，进一步缩小居民收入差距；同时让现行标准下农村贫困人口实现脱贫，解决区域性整体贫困。

3. "一带一路"引领的新全球化。新一轮全方位开放就在眼前，十三五中要顺应中国经济深度融入世界经济的趋势，奉行互利共赢的开放战略，坚持内外需协调、进出口平衡、引进来和走出去并重、引资和引技引智并举，发展更高层次的开放型经济。以前中国出口最多的是廉价的鞋子袜子，是世界代工厂。现在通过"一带一路"、亚投行、丝路基金等，中国在整个欧亚大陆上的投资也好、出口也好，都将提升一个量级，以前简单出口的那些产品，会逐渐被包括核电、高铁、通信、电子、家电等配套基础设施输出替代。这将会增强对外投资和扩大出口结合度，培育以技术、标准、品牌、质量、服务为核心的对外经济新优势。通过实施优进优出战略，推进国际产能和装备制造合作，提高劳动密集型产品科技含量和附加值，营造资本和技术密集型产业新优势，最终提高我国产业在全球价值链中的地位。鉴于海外投资的不断增加，因此同时还要解决中国海外资产保护和提升军事投射能力的问题，这也会衍生出很多在安全、投射、信息、军工等领域的新需求。

在新一轮全球化趋势下，中国的全新对外利益交换格局和策略是以贸易加深跨国经济联系，以投资输出产能和资本，并在这两个过程中嫁接人民币国际化战略，最终使中国经济的影响力伴随着人民币的国际化而提升。中国可以在维持原来的大循环，即传统的三个世界——资源国、消费国、生产国的格局下，全力布局小循环：即以中国为核心—周边国—资源国（包括非洲）—科技国（美国）—品牌国（欧洲）的新动力格局，进而突破原来的三个世界和G2的格局，打破以中国制造、美国消费为主的循环圈，从输出廉价的中国制造，升级到输出工程、服务、产能、投资和资本，以至最终的货币——即人民币国际化，参与全球货币竞争。

最近中国国家领导人结束在英国的国事访问，取得丰硕经贸成果（即"洋人修铁路"），既有政府间协议，也有金融机构和企业间合作项目，涵盖众多领域，充分体现了中外经贸合作特点和未来合作方向。回望历史，数百年沧海桑田，中国需要调整心态和策略，向新一轮全球化进发。

必须注意到中国式全球化的开放性和包容性，这正是在吸取旧秩序的经验和教训——全球化4.0不是要塑造一个平行的霸权结构，正好相反，它只是想改进全球化3.0中因为个别国家一股独大，"有钱任性"导致的全球治理结构难以优化和进化的缺陷。预期中国将更为积极地参与全球经济治理和公共产品供给，涵盖网络、深海、极地、空天等新领域，积极承担国际责任和义务，构建最广泛的利益共同体，不断提高全球经济治理中的制度性话语权。

∥ 创造新供给

有了新需求必然就要有新供给来满足，供给的核心是一个生产函数，生产函数决定生产可能性边界，以前中国的高速增长主要是靠要素投入，特别是廉价要素投入，包括劳动力、土地、资本、自然资源等。中国正在准备从密集要素投入过渡为要素效率的提升，然后再到创新驱动的新发展模式。怎么样实现产业和产能的升级呢？这大概会沿着六个方向，也就是所谓的"六新"供给进展。

1.新技术和新产品。这两个新更多代表的是原创，突破性科技或者说技术革命的出现，某种意义上说是小概率事件，有很高的不确定性。因此需要加强基础研究，强化原始创新、集成创新和引进消化吸收再创新。通过实施一批国家重大科技项目，在重大创新领域组建一批国家实验室，集中支持事关发展全局的基础研究和共性关键技术研究，加快突破新一代信息通信技术、高档数控机床和机器人、航空航天装备、海洋工程装备及高技术船舶、先进轨道交通装备、节能与新能源汽车、电力装备、农机装备、新材料、生物医药及高性能医疗器械等领域核心技术。在此基础上强化企业创新主体地位和主导作用，形成一批有国际竞争力的创新型领军企业。最终依托企业、高校、科研院所建设一批国家技术创新中心，形成若干具有强大带动力的创新型城市和区域创新中心。

2.新模式、新组织、新业态。这块主要就是围绕着现在最热门的"互联网+"领域展开，就是用互联网去改造传统的制造业，通过发展物联网技术和应用，发展分享经济，促进互联网和经济社会融合发展。重点实施国家大数据战略，推进数据资源开放共享。推进基于互联网的产业组织、商业模式、供应链、物流链创新。"互联网+"将有效地对传统行业进行改造，提升要素利用效率。

3.新制度。这就是全面深化改革，十三五期间将按照完善和发展中国特色社会主义制度、推进国家治理体系和治理能力现代化的总目标，健全使市场在资源配置中起决定性作用和更好发挥政府作用的制度体系，以经济体制改革为重点，加快完善各方面体制机制，破除一切不利于科学发展的体制机制障碍，为发展提供持续动力。其中新一轮经济改革的主体框架是：

（1）行政体制改革是其他改革展开的基础，通过建立有法律效力的"权力清单""负面清单""责任清单"来确定政府和市场的合理边界，消除不作为和乱作为，为市场伸展打开足够的空间。

（2）财税、金融和要素价格改革是最小一揽子改革的核心。价格改革的核心是减少政府对价格形成的干预，全面放开竞争性领域商品和服务价格，放开电力、石油、天然气、交通运输、电信等领域竞争性环节价格。从而打破地域分割和行业垄断，加快形成统一开放、竞争有序的市场体系，深化市场配置要素改革，促进人才、资金、科研成果等在城乡、企业、高校、科研机构间有序流动。财税体制改革将建立全面规范、公开透明的预算制度，让政府财力运行于阳光之下；同时匹配合理的事权和支出，既适度加强中央事权和支出责任，也能调动地方的积极性扬弃和升级传统的GDP锦标赛。金融体制改革则是要提高服务实体经济效率。通过商业性金融、开发性金融、政策性金融、合作性金融分工合理、相互补充的机构门类优化现有的主银行金融体系；同时积极培育公开透明、健康发展的资本市场，推进股票和债券发行交易制度改革，提高直接融资比重，为创新创业提供充分的支持，并在一个统一的框架下履行金融监管和风险控制。

（3）土地和户籍改革是进一步释放关键生产要素动力和活力的关键：户籍制度改革应该促进有能力在城镇稳定就业和生活的农业转移人口举家进城落户，并与城镇居民有同等权利和义务。通过实施居住证制度，努力实现基本公共服务常住人口全覆盖。这将确保中国的人口结构和质量红利有效释放；土地改革则应当一方面稳固农村土地承包关系，完善土地所有权、承包权、经营权分置办法，推进土地经营权有序流转，另一方面维护进城落户农民土地承包权、宅基地使用权、集体收益分配权，支持引导其依法自愿有偿转让上述权益。再配合财政转移支付同农业转移人口市民化挂钩机制，城镇建设用地增加规模同吸纳农业转移人口落户数量挂钩机制来有效进行城乡一体化建设和资源有效利用。

（4）国企改革则事关公平市场环境建立，进而决定全社会资源市场化配置的最终实现。预期十三五期间将分类推进国有企业改革，以管资本为主加强国有资产监管，健全国有资本合理流动机制，推进国有资本布局战略性调整，同时鼓励民营企业依法进入更多领域，引入非国有资本参与国有企业改革，更好地激发非公有制经济的活力和创造力，提升中国资本的总体产出效率。

总体而言，改革是发展的强大动力，上述这些改革都会使结合生产要素，例如劳动力、土地和资本的成本有明显的下降，这不仅使生产函数中的有效要素供给总量和质量都会上升，全要素生产力也会因此变得更大，从而使整个经济的结构和内涵也会变得更具弹性和可持续性。

综上所述，如果这些全方位的创新火力全开，必将为十三五期间的中国经济增加新的动力，以确保经济每年以6.5%以上的逃逸速度，冲出中等收入陷阱。但知易行难，一分规划，九分执行，当下我们最需要的是一整套体制、机制、组织和人才保障，让这一壮丽蓝图从愿景变为现实。

Chapter 4

第四篇

新动力何在

楼继伟

郑秉文

李　扬

李佐军

乔润令

朱恒鹏

李　文

中高速增长的可能性及实现途径

楼继伟／财政部部长、党组书记／

由原来的高速增长变成中高速增长，可能吗？如果可能，什么样的路径才能够实现？否则的话会是什么样的？

关于中高速增长的可能性及实现途径，主要有四个方面内容。第一，简单地回顾到目前为止经济增长的特征。第二，当前经济阶段的特征。第三，陷入"中等收入陷阱"的可能性。第四，走出"陷阱"、保持中高速增长的实现途径。我着重从劳动生产率和工资增长的关系方面来论述。

// 中国经济增长的三阶段概括

从改革开放开始，我们可以看到从20世纪80年代到90年代中早期，工资的增长高于劳动生产率的增长，这是成本真实化的早期，当时我挣七八十元，广东打工的挣二三百元。计划经济时期我们把工资压得特别低，使得利润比较高，因为基本上都是国有企业，高投资、高利润、高上交。早期成本真实化过程持续到90年代中早期，压抑的工资问题已经基本上解决。在这个过程中，劳动生产率的增长并不平稳，而工资增长快，造成了通货膨胀压力。

从20世纪90年代中期开始了进一步工资成本真实化的第二阶段。原来养老支出、医疗支出以及住房支出都不反映在工资中，而是反映在企业的其他成本里，到20世纪90年代中期开始推行这些方面的改革，即养老保险、医疗保险和住房货币化的改革，工资成本进一步真实化。随着十四大确立了市场经济的地位，多元所有制的兴起，这段时间劳动力和劳动生产率得到了释放，人口红利也释放得非常充分。改革早期，基本是搞乡镇企业，到20世纪90年代中后期很多乡镇企业都垮掉了，因为真正的市场化开始后，遂形成了真正的竞争，那些夹缝中的乡镇企业不再有竞争力。劳动力开始真正地流动，我们可以看到人口红利大规模进入制造业。这个阶段一直持续到2007年，其间工资增长低于劳动生产率增长。

在前面两个阶段，经济增长基本达到9%—10%，而且可以说是基本健康的；当然，也有很多扭曲，比如说养老、医疗、住房改革都还存在很多问题，但是巨大的人口红利减轻了这些扭曲带来的影响，经济增长比较快。除了中间有一些波折或是外部冲击导致的通货膨胀或者通货紧缩，总的来说没有大的问题。

2007年是一个拐点。从这一年开始，工资的增长高于劳动生产率的增长。2007年讨论《劳动合同法》，2008年1月实施。这个《劳动合同法》有很多弊端，当然，很多人可能不同意我的看法。它的弊端主要在于降低了劳动力市场的流动性和灵活性。职工可以炒雇主，但雇主不能解雇职工，很多投资人离开中国也是这个原因。推行企业集体谈判是对的，但是提出行业集体谈判和区域集体谈判，是可怕的，欧洲就是因为这个问题造成了劳动力市场僵化。美国底特律行业工会力量很强大，工资福利特别高，如果以美国南部日本投资的汽车企业作为标杆的话，每辆汽车的成本要高2000美元，最终导致底特律汽车业破产。

另外一个大的问题是老龄化社会即将到来，劳动力增速开始减慢。而且农民工已经是第二代了，他们不同于第一代，择业标准也不同了。这时候需要尽快调整政策。恰恰这个时候，世界金融危机爆发，4万亿刺激政策出台，大规模的投资驱动掩盖了需要解决的问题。比如，2009年和2010年，虽然工资增长很快，但经济增长更快。但不可持续的刺激政策消退，劳动生产率的增长又低于工资的增长。

归纳一下改革开放后的经济增长，就是如下三个阶段：20世纪80年代到90年代中早期，20世纪90年代中期开始一直到2007年，2008年刺激以后一直到现在。

// 当前经济的阶段性特征："三期叠加"

当前中国经济处于经济增速换挡期、经济结构调整阵痛期和前期刺激政策消化期"三期叠加"阶段。

经济换挡期是必然的。第一是老龄化，65岁以上人口的占比2011年是8.1%，2014年是10.1%，该比例超过10%就意味着进入老龄化社会。第二是劳动年龄人口，即16—59岁阶段的人口，开始净减少，从2012年开始减少了300万，以后还会减少。第三，特别是2007年开始，工资陡然上升，工资增长高于劳动生产率增长。2014年，我们的人均GDP是7500美元左右，比马来西亚低，比泰国略高。但是，据中国社科院的一份研究显示，上海的工资是吉隆坡的1.16倍，曼谷的1.8倍。我们的工资已经没有竞争力，与此同时，《劳动合同法》又削弱了劳动力市场的灵活性。在其他约束条件不变的情况下，随着适龄劳动人口的下降，需要劳动生产率大幅提高才能推动增长，否则工资增长长期超过劳动生产率增长就会带来通货膨胀或"滞胀"。因此，如果不采取有效的政策措施，当然经济学上讲的政策包括改革，潜在经济增长率可能低于5%。

由于近年来工资增长非常快，沿海一些地区制造业已经开始机器人化，它的规模和速度都超出了我们的想象。现在，全世界一半以上的机器人是在中国，当然是比较初级的，智能机器人比较少。这使得劳动生产率在变化、在提高。如果没有这些变化，我们的潜在经济增长可能还要低。

三期叠加中的第二期是经济结构调整阵痛期。在经济学上，经济结构调整是指为结构调整而实行的结构改革。这部分内容将在下文讲述。先来看看前期刺激政策的消化期。

前期刺激政策带来了一些问题。第一是高杠杆率。关于杠杆率，有很多说法。最近彭博社说是280%，也有的说是230%，这些说法可能都有其分析依据。最简单的是看M2和GDP之比，这个比例现在是193%。我认为，拿这个比例和美国比其实是不合理的。因为美国不是银行占主导的金融体系，而是以资本市场为主的金融体系。国际上可比的是欧洲，因为欧洲也是以银行为主导的金融体系，但是欧洲的M2/GDP是160%，我们是193%。这个比率自2008年以来，提高了大概四五十个点。在杠杆率中，有40%是政府债务，主要是地方政府债务大规模上升。据审计署审计，到2013年上半年直接由地方政府承担偿还责任的债务是10.9万亿元，一年多过去了，这个数字又有增加。间接承担偿还责任的部分，一般情况下代偿率可能是20%，但经济下行时，有可能大幅度上升，这里有很大的不确定性。

第二，全要素生产率下降。我们可以看一个简单的数字：设备投资占总投资之比。2007年是23%，2013年降到20.4%，降了2.6个百分点。设备投资和全要素生产率提高是直接相关的。那么，前期刺激期主要依靠的是造城和房地产。所以在消化期，要去杠杆，而且要稳妥地去杠杆。去快了，不行，像美国2008年、2009年、2010年快速去杠杆，导致2009年和2010年经济负增长，失业率11%，加上一些不愿意登记失业的，实际失业率高达16%。我们没有那样的承受力，所以要考虑缓慢地、稳妥地消化过剩产能和去杠杆，还要恢复劳动生产率。仅从这两期叠加看，GDP增长速度是不乐观的。

//结构调整期和中等收入陷阱

如果我们下大力气进行结构调整，也就是经济学上的结构改革，中期增长有可能达到6.5%—7%。这是一个需要努力奋斗去实现的比较乐观的前景。但是，我们也有另一种前景，即今后5到10年，滑入中等收入陷阱的可能性是非常大的，我甚至觉得是五五开。什么是中等收入陷阱？实际上是停滞陷阱，但是容易发生在中等收入阶段。1050—12470美元都是中等收入，5500—12470美元，是中等偏上，我们现在就是中等偏上。拉美一些国家和东南亚国家，也是在这一阶段停滞的。

为什么我们滑入中等收入陷阱的可能性非常大？我刚才提到，我们的老龄化和劳动力人口下降来得太快。五六年前我们还在谈论刘易斯拐点，很快就发现劳动人口绝对数量开始下降；老龄化，即65岁以上人口占比快速上升。据社科院的研究表明，老龄化比率从7%上升到14%，世界平均时间是40年，我国是23年；14%上升到21%，世界平均时间是50年，我们是11年。劳动力人口以每年二三百万人的速度下降，要降20年。

为什么特别容易滑入中等收入陷阱，是怎么滑入的呢？在经济发展的初期，增长主要源于农业人口转为非农业人口。如果政策是比较合理的，而且重视教育，特别是有效的教育，就可以带来人力资本的提升，这时候劳动生产率就会上升，收入也在提高。由于开始时劳动力几乎是无限供给的，所以工资的增长并不是很快。这个时期资本收益很高，资本积累非常快。伴随这个过程的是，资本质量得到提升，经济向价值链更高端跃升，工资在上涨，然后全要素生产率提高，人民生活不断改善。当然这个过程是转型过程，也是各方面矛盾交织的过程。成功地经过这样一个过程，就可以脱离停滞陷阱，否则就会落入中等收入陷阱。在我国比较不利的是，这一过程的时间比较短。如果说过去没有学苏联鼓励生育，然后又不得不实施计划生育，那么这个过程会是逐步的。所以现实情况使我们更要有紧迫感。

不滑入陷阱需要什么条件呢？要有好的政策，包括人力资本提升的政策；灵活的劳动力市场；产权保护；要素流动和交易，特别是土地；开放的经济环境。拉美为什么出问题，第一是不开放，第二是劳动力市场逐步僵化，还有民粹主义。东南亚的问题和拉美不太一样，它们还有另外的问题，如法治化比较差。

在这个过程中，有一条铁律，就是在正常情况下，工资的增长一定要低于劳动生产率的增长。我们说的20世纪80年代开始的那一阶段不是一个正常情况，那是一个人为压抑工资成本后的真实化过程。还有一条一般规律：政府收入占比，也就是我们现在说的宏观税负，要逐步提高，以提供再分配。这些环节中的任何一个环节出错，都会滑入中等收入陷阱。而且这些环节往往是综合的，容易表现为民粹主义、社会浮躁、法治缺失、腐败盛行，最后滑入陷阱。

对中国来说，还没有这么悲观。我们已经创造了一些条件，比如开放，我们一直是开放的。我们是开放的受益者，是加入WTO的受益者。我们自己和国际的分析都认为，WTO最大的受益者是中国，而且我们是全方位的逐步开放。我们的财政能力应该说还是比较强的，而且总体来说是比较谨慎的，劳动力的流动性和劳动力市场的灵活性在下降，但并不是很严重，比如我们并没有像欧洲和拉美那样搞行业集体谈判和区域集体谈判。一个企业内部应该推行企业职工和雇主的集体谈判，但是绝不能搞行业集体谈判和区域集体谈判。金融危机后南欧国家推行劳动力市场改革时，第一项措施就是终止区域集体谈判和行业集体谈判。拉美行业集体谈判带来的问题也很大。巴西各行业都推行，工资过快上涨，然后是通货膨胀，结果是普通贷款利率、债券利率高达20%，对经济增长带来严重影响。我在中投公司时，去巴西访问，正赶上巴西银行业工资集体谈判，银行业工会一带动，不管是有效益的银行还是没效益的银行都涨工资。这种情况下，谁敢去投资。

但是，我为什么又觉得不乐观呢？我们刚才所说的那些问题，也就是以劳动力和土地为代表的要素流动性、产权保护、对外开放等，在其他国家可能有20年的演化过程，但是由于我们未富先老，只有5到10年的调整期。

在三期叠加中，换挡期是客观的，即使其他条件不变，只是人口结构变化，经济增速也必须换挡。消化期的高杠杆率、全要素生产率下降、产能过剩，也是客观的。如果我们不做出很有作为的一些调整，落入停滞陷阱的可能性是很大的。

// 保持中高速增长，避免中等收入陷阱的途径

要想保持中高速增长，不落入中等收入陷阱，有什么样的途径呢？特别是，现在留给我们的时间并不多。途径就是改革。十八届三中全会、四中全会，确定了大量十分具体的改革任务，最具决定性的任务都要在2020年完成。落实两次全会确定的任务，我们就能越过中等收入陷阱。从经济学上说，所谓改革，就是校正扭曲，使潜在的生产力释放出来。

第一个最大的潜力在于释放农业人口。2014年，我们的城镇化率是54.8%，比与我们发展水平相近的国家低10个百分点；而且其中按户籍人口算城镇化率为35.9%，其他是所谓的常住非户籍人口。我们必须要有劳动力

人口的增长，才有增长的基础。那怎么释放人口呢？一个是改革农业，2014年，我国粮食生产1.2万亿斤，但各级财政大量补贴，是一种从种子到餐桌的全程补贴。补贴干预了资源配置。比如说，东北应该是漫山遍野种大豆高粱，但是补贴后的玉米成本是6毛钱，国家再按8、9毛钱收购，相当于再补贴，所以农民都改种玉米。但玉米市场价格人为抬高，玉米加工企业大量亏损，又在争取国家补贴，于是补贴变成指导资源配置。我们应该减少对价格的干预性补贴，可以对勉强耕作的农地退耕还林、还草、还湿等生态恢复的活动给予补贴，而对农业生产应回到承包制时的种什么、怎么种、怎么卖、怎么用由农民自己决策。现在的做法就是国家用所谓的经济杠杆直接配置资源，而不是市场配置资源，国家作为补充。怎么办呢？就是把价格放开，让农民根据比较效益自主决策。资源配置的结果，很可能是因粮食收益不高，出现耕地集中化经营，达到平均收益，分散的农户发展各类种养业，相对收益较高，农业合作组织获得发展，帮助农民连接市场。目前，经过大量补贴后，我国粮食价格仍高于国际市场，反映了我国的农业资源条件相对较差。价格放开之后，资源配置的结果，必然是粮食生产减少。其实不必过分担忧，适度进口就行了。例如，阿根廷关心的是中国人得买它的大豆，韩国人拍的纪录片《超级中国》，一上来就说阿根廷40%的耕地种的是大豆，主要卖给中国人。种大豆的收入比过去畜牧业收入高，阿根廷能倒回去吗？它会卡着不给我们吗？如果我们不进口，这些国家马上会来交涉。我们保住了基本口粮，一些非关键品种如籼稻等都可以适度进口。当今世界和平与发展是主流。特别是民选政府国家，如果卡住农产品出口，政府就要丢选票，就站不住。那么，如果发生严重紧张的国际局势呢？很好办，保留一年的库存周转，搞好种业，然后还草一耕，几个月就长出小麦，还湿一耕，几个月就长出水稻了。

放开价格，让市场配置资源，实际上是劳动力和土地资源的市场配置。按照三中全会确定的任务，农用土地的流转试点现在也已经开始了。还有集体建设用地的流转，与国有土地在同样用途管制的情况下，同等入市，也在选一些地区做试点。这些全部展开后，几百亩上千亩的大户就有可能越来越多。当然，在WTO"黄箱"约束之内，我们仍可以适当地对粮食提供补贴，但是不要全过程补贴，应该实行后补助。所谓后补助就是设定一些标准，比如按农药、化肥残留标准。因为施用农药、化肥越少，产量越低，适度补贴后还可以卖高价，让农户自己选择。

通过对上述方面的改革，我们可以释放出农业劳动力、合理利用农地、提高农业生产率，农民的收入也可以增长。

第二个是户籍改革。这也是市场配置资源的重大改革，而且公共服务资源应该随着人口的流动，特别是教育，当然也包括卫生和医疗等。财政部和教育部合作，推行终身学籍制度，正在探索义务教育资源随着学籍流动。户籍制度改革现在已经开始了，但是效果不理想，2014年7月份户籍制度改革文件下发，到现在为止有14个省市出台了落实方案，而人们最愿意落户的那些省份一个也没有。

第三个是合理的城镇化。大量的研究表明，以大城市、特大城市为中心的城市带，包括周围的小城镇，才有就业机会，比如设计、物流、生活服务，以及围绕制造业的一些生产性服务业就业。西部地区很可能围绕省会以及一两个重要城市，形成城市带。在这个过程中，就会出现农业人口转入非农部门，于是劳动生产率得到提高。我们必须打破阻碍劳动力流动的一些障碍。现在各地都对劳动力流动有限制。在1954年《宪法》中，我国劳动人口是有自由迁徙权的。1958年的时候逆转了，因为全面进入计划经济，随后实行最严格的人口流动管制，直到1982年《宪法》重新修订，但当时仍以计划经济为主，市场经济为辅。其后屡次修改《宪法》，劳动力充分流动这个市场经济的基本要素，在《宪法》正文中都没有改入。目前相当多的地区规定必须有产权房才能够落户。这也造成了住房价租比（即房价和租金之比）畸高的重大扭曲。租房为什么不能落户口，在德国80%的人租房，并没有出现所谓的"大城市病"。

劳动力向最能发挥其效能的领域和地域流动，是城镇化的应有之义。当然，可以有适度限制，主要是考虑公平性。有的国家的一些省州规定，要在当地交税达到一定时间，子女才能享受上省州立大学的优惠。

随着城市化的发展，服务业和制造业有可能向价值链比较高的方向发展。实现这一条就需要解除管制，放开市场准入。现在国务院正在推简政放权。克强总理一直在讲，创造大众创业、万众创新的环境，已产生应有的效果，特别是在创造就业方面。在进一步解除管制的同时，政府也可以采取适当措施，支持引导企业向价值链高端发展。财政部现在成立了一些基金，把过去直接面对企业的资金改造成"种子基金"，就是引导社会上的一些基金对企业创新投资，这比政府自己做要强，而且还减少了腐败的机会。

当然，还有房地产税方面。我见过很多文章说地方主要靠土地财政，是看到土地基金年收支规模达到四五万亿。实际上地方在土地上的净收入并不多。全国平均土地拆迁补偿、安置及土地整理后的净收入约占毛收入的20%。问题主要在于地方不断依靠新增土地获得收入，造成了用地扭曲。今后农村建设用地在符合用途管制的情况下，同等条件入市，地方财政土地净收入还可能少一点，但是这并不是最重要的，我们不能总是靠土地增量来解决问题。

我们可以看到，最近七八年，建设用地增加了70%多，常住人口增加了50%，人口密度是降低的。我们的城市不仅人口密度低于世界平均水平，更不要说OECD（经济合作与发展组织）国家，交通还比人家拥堵。这就是用地扭曲的表现。今后应该有一个好的激励，而房地产税是一个好的激励。激励地方政府盘活存量，城市集约式发展。

第四个是社会保险体系必须改革。社会养老保险必须改成国家直接管，才能形成劳动力自由流动。三中全会明确了要国家统筹，但是，必须要改目前的保险制度，因为这个制度负激励效应太大。不改成一个正激励的制度，也就是三中全会要求的多缴多得的制度，单纯提高统筹级次，就是灾难。社会保险要精算平衡，收缴、给付、投资收益以及替代率、给付年龄等都是精算调整的因素。不然的话，我们也是过不去的，马上进入的快速老龄化更过不去。医疗保险问题也很多，但不再赘述。

上述这些改革都是三中全会中提出的重要任务，四中全会又提出了依法治国的180项改革。我们已经看到了改革正在推进，比如，在沈阳设立了最高法院的巡回法庭，管辖东北三省；在深圳设立了一个巡回法庭，管辖海南、广东、广西，全国至少还得设若干个跨区域的巡回法庭，这是促进市场统一、公正的重大改革。巡回法庭属于中央事权，将由中央财政承担支出责任。中央财政的支出占比要提高，也是三中全会确定的。

总之，三中全会、四中全会确定下来的决定性任务，如果到2020年我们按时完成了，我认为是可以跨越中等收入陷阱的。而且这几年非常非常关键。由于我国人口快速老龄化，人家用20年时间完成的变动，我们或许只能用10年完成，才能够使我们的全要素生产率上去，走出停滞的陷阱。在这个过程中，除了推进改革外，还要处理好两大难题。第一个难题就是去杠杆化，不能再积累，但是又不能经济失速。在企业方面，现在股本市场比较好的时候，应该大力发展股本性融资，比如私募基金、风险投资。资本加大了，债务率就下来了。但是在这个过程中，失速和规范有时候是冲突的。改革是需要规范的，比如对地方存量债务的处理，要清理也要给出路。要置换债务缓释风险，转换方式，例如转成规范的PPP方式，从而在规范中增长。

另一个难题是社会稳定与改革力度之间、改革进度和改革力度之间也要平衡。例如，2008年出台的《劳动合同法》是一部过分超前的法律，可能超前50年。但修改它要取得共识是很难的。2011年出台的《社会保险法》，规定个人账户可以继承。保险是大数定律，互济原则。买了保险最后的结果是相当于同等年龄段的人互济。说直白点，就是短寿补长寿。保险法却规定为储蓄，而不是保险了。那么长寿者怎么补呢？只好提高单位的缴费率，大多数人却认为这是对的。医疗保险应该是一辈子缴费，而在我国退休后是不缴费的，绝大多数实行基本医疗保险的国家是退休后还要缴费。美国比较特殊，是65岁开始缴医疗保险，缴到终老，在65岁之前是税收政策支持的商业保险。这些难题都是老龄化面对的问题，也是我们当前要解决的问题。

社会稳定与改革力度之间、改革进度和改革力度之间这两个权衡，难度比20年前大多了。我认为，我们如果不采取措施，就有可能是5%的增长速度，但如果采取措施真正推行很好的改革，6.5%—7%是完全可行的，而且是实实在在、人民在当前和长远都受益的包容性的中高速增长。上述列举的改革措施，其实都是三中、四中全会规定的任务，有些已在推开，有的正在试点，有的处于积极准备阶段。我们要坚定地按照十八届三中全会、四中全会文件规定的要求，坚决落实党中央、国务院的决策部署，尽我们所能往前推，再难也要做到。现在正在开始研究十三五规划，这些问题都摆在我们面前。不仅是指标，更大的问题是怎么落实三中全会、四中全会的任务。所谓途径，就一句话，按照三中全会、四中全会的做就对了。这样，我们就可以实现一个中高速的增长，而且成功地跨越中等收入陷阱。

放开二孩是撬动经济增长的杠杆

郑秉文 / 中国社科院美国研究所党委书记、所长，世界社保研究中心主任 /

刚刚闭幕的十八届五中全会做出的全面实施一对夫妇可生育两个孩子的政策吸引了全社会的目光。对此，习近平总书记在做"关于《中共中央关于制定国民经济和社会发展第十三个五年规划的建议》的说明"时使用了"我国人口结构呈现明显的高龄少子特征"的表述。总书记使用的"高龄少子"准确地描述了我国当前人口结构的特征，成为全面放开二孩的主要依据。

什么是"高龄少子化"

人口老龄化是指60岁及以上人口占总人口比例达到10%以上，或65岁及以上人口占总人口的7%以上。少子化是指"总和生育率"（TFR，指每个妇女平均的生育子女的数量）低于世代更替水平的生育率水平即低于"2.1"，如将其转化为0—14岁人口占总人口的比例，大约为18%；或指"少儿赡养率"（0—14岁人口占15—64岁人口的比例）偏低，如将总和生育率"2.1"转换为少儿赡养率，25%可视为少子化的一个标志；还可用"人口出生率"

和"自然增长率"等其他指标来表示少子化。

从理论上讲，老龄化和少子化是两个不同的概念，可以不同时发生在一个经济体之内。就老龄化而言，"长寿风险"（longevity risk）即人口寿命预期延长是其主要推手，就是说，在总和生育率既定的条件下，长寿风险将导致人口老龄化，因此，从这个角度看，老龄化与少子化的关系不大；就少子化而言，是指寿命预期既定的情况下，如果总和生育率和少儿赡养率等指标发生明显变化，出现严重的少子化，就意味着老龄人口占比逐渐提高，超过警戒线就会出现人口结构逆转的趋势，这也导致人口老龄化。

但是，如果一个经济体的人口结构既出现了"长寿风险"，又出现了少子化现象，那么，其人口老龄化趋势将迅速滑向不可逆。在国际上，日本就是一个典型的老龄化和少子化的国家，因此，少子化这个概念在日本十分流行，在很多报刊论文中，人们干脆将其合二为一，称日本为"高龄少子化"的国家。"少子化"和"高龄少子化"是日语里汉字的直接表达方式，因此，在中文里就直接借用过来。在英语里，少子化概念和术语的使用和普及远不如日语，且术语表达方式有很多种。但是，baby bust（少子化）与baby boom（婴儿潮）形成对仗关系，应该是最为典型的表达形式。

高收入国家解决"少子化"的政策比较

在现实中，长寿风险往往与少子化连在一起，他们几乎是同时出现在高收入国家，或者说，越是高收入国家，越是伴随着长寿风险和少子化现象，这是一个十分有趣的现象：在不考虑战争、饥荒和瘟疫等特殊情况下，随着收入水平的提高，生育意愿并不是水涨船高，而是相反。例如，1900年美国总和生育率是3.5，但随着生活水平的提高，到1933年下降到2.3。战后在20世纪50年代出现了婴儿潮，总和生育率高达3.7，但到20世纪70年代又下降到2.0，2015年再降到1.89。换言之，越是高收入的国家，人们的生育意愿越是低下，总和生育率就越低，少子化现象就越严重。相反，低收入国家几乎都是"多子化"的国家，换言之，越是低收入的国家，出生率越高。

2015年联合国提供的人口数据显示（下同），世界平均水平的总和生育率是2.51，而高收入国家只有1.75，其中，英国1.92，法国2.0，德国1.39，荷兰1.75，意大利1.43，西班牙1.32，加拿大1.61，美国1.89，日本1.40，俄罗斯1.66。比较起来，撒哈拉以南非洲则高达5.10，南亚是2.56，拉美是2.15。世界平均水平的"少儿赡养率"是39.7%，而高收入国家只有26.0%，其中，英国和法国分别是27.6%和29.6%，德国是19.6%，荷兰是25.3%，意大利是21.5%，西班牙是22.4%，加拿大是23.5%，美国是28.6%，日本是21.1%，俄罗斯是24.0%。形成巨大反差的是，撒哈拉以南非洲高达79.8%，南亚45.4%，拉美38.6%。

上述总和生育率显示，所有高收入国家均为少子化国家，但其少儿赡养率却很好，大大好于总和生育率，高达26%，英、法、美等国甚至已不属于少子化国家。这是因为，他们通过移民等政策的实施，极大地缓解了少子化的发展步伐，旨在缓解人口老龄化的发展趋势。换言之，在移民国家，虽然总和生育率低，但其少儿赡养率却还算不错；但在某些非移民国家，比如日本，他们的总和生育率与少儿赡养率都很低，于是就出现了少有的"高龄少子化"现象。

∥ 中国人口"高龄少子化"趋势逼人

中国人均GDP离高收入国家的水平还有较大距离，大约还需八九年时间才能迈入高收入的门槛，但是，人口却过早地出现了明显的"高龄少子"趋势。

从老龄化的趋势来看，2001年中国60岁及以上人口就超过了10%，中国正式进入老龄化社会，而那一年中国人均GDP刚刚跨过1000美元的门槛，而人均GDP1000美元以下则属于"低收入"国家，还被称之为"贫困陷阱"。这就是人们常说的典型的未富先老。1950年时，中国60岁及以上人口占总人口比例是7.5%，1980年是7.2%，30年时间里没有什么明显变化。但是，在最近25年，老龄化情况急转直下：1990年提高到8.2%，2000年是9.9%，2010年是12.4%，2015年是15.2%。由此看来，计划生育是人口老龄化的一个重要原因。当然，我们不能不说，人口老龄化加剧的另一个原因是改革开放30多年来，生活水平不断提高，医疗卫生的投入和技术水平不断提高，人均寿命提高十分明显：1980年人均寿命是65.2岁，2015年提高到75.4岁，35年提高了10岁。而发达国家2015年人均寿命仅为78.3岁，就是说，在中等收入水平的中国，其人均寿命已经非常接近高收入国家的水平。

从少子化现象来看，形势更为严峻。就总和生育率而言，2010年中国仅为1.53，而这一年中国则刚刚走出"下中等收入"阶段（人均GDP为4200美元以下），相比之下，当年世界"下中等收入"国家总和生育率则高达3.08，"上中等收入"国家（人均GDP为4200—13500美元）总和生育率是1.82，"高收入"国家（人均GDP在13500美元以上）的总和生育率是1.76。换言之，在刚刚走出"下中等收入"组的2010年，中国总和生育率低于全球所有三个收入组的总和生育率，即由于抚养成本等多重原因，中国夫妇的生育意愿已经十分低下，就连高收入的发达国家也望尘莫及。

就少儿赡养率而言，在中国刚刚走出"下中等收入"组的2010年，这个数字是23.4%，而"下中等收入"组的平均值是51.6%，中国低一倍还多，同时需要指出的是，"上中等收入"组是30.0%，"高收入"组的是25.9%。就是说，中国的少儿赡养率与总和生育率的情况完全一样，低于所有三组经济体（"下中等收入""上中等收入"和"高收入"）的平均水平。

上述总和生育率和少儿赡养率的曲线都经历了一个十分陡峭的下滑趋势：总和生育率从1965年的6.30，下降到1975年的3.01，在1980年全面实施一对夫妇一个孩时下降到2.52，到1990年再次下降到2.00，到2000年下降到谷底1.48，由于单独二孩政策，2015年回升到1.55。少儿赡养率的下降曲线与总和生育率十分吻合：高峰也是在1965年，那年高达74.6%，接着就是逐年下降，1975年下降到71.9%，1980年降到61.0%，1990年是43.8%，2000年是36.7%，2015年再次降到23.5%。

老龄化与少子化的人口特征与发展趋势告诉人们，虽然中国经济保持了两位数的高速发展，但是，人口结构的逆转发展趋势是"超高速"的，其原因有二：一是人口受到长寿风险和少子化的双重夹击，国家经济安全与社会安全受到一定威胁，与发达国家相比，中国正成为典型的"高龄少子化"国家，调整人口政策势在必行；二是长寿风险十分严重，但少子化趋势更为严重，它是中国人口急剧老龄化的主要推手，及时调整计划生育政策十分必要。

新常态下全面放开二孩非常及时

十三五规划是我国经济发展进入新常态后的第一个五年规划。在新常态下，及时准确地调整人口政策是非常必要的，从某个角度讲，这是适应新常态、把握新常态、引领新常态的一个重要举措。经过2013年在全国范围开放"单独二胎"政策的"测试"之后，五中全会果断做出全面放开二孩的决定，这是非常及时的，正如习近平总书记所指出的，全面放开二孩，目的是"减缓人口老龄化压力，增加劳动力供给，促进人口均衡发展"，这个重要举措，对中国未来社会经济发展走向的影响是非常深远的。

首先，从减缓人口老龄化压力来讲，全面放开二孩将是一个长治久安的举措。在长寿风险成为世界各国必须要普遍面对的社会风险之一的趋势下，除了移民，生育政策调整将是唯一可行的重要举措。老龄化带来的影响将是方方面面的，比如，对社会公共支出将产生重要影响。一方面，人口老龄化必然导致社会保障费用支出明显增加，例如，养老金支出、老年护理与老年医学的支出规模、老年服务设施支出的投入规模等，都将持续提高；另一方面，中小学和儿童妇产医院等支出将不断减少，因此，在少子化与老龄化的社会公共支出上将存在着某种"置换"关系。

其次，就增加劳动力供给来讲，全面放开二孩是较长时期内一个治本的办法。其实，少子化对经济增长的负面影响早已初露端倪。在英文中有这样一句老话："人口学就是经济学"（Demographics are economics）。两个世纪前，马尔萨斯曾有一句名言："增长的人口意味着增长的经济和增长的税收"。众所周知，少子化必然导致劳动供给下降，在土地、资本、技术等其他要素不变的情况下，必将减少劳动产出，必将影响经济增长。大家知道，早在2005年，沿海一带就开始出现"用工荒"，后来逐渐蔓延到内地，劳动价格随之逐年攀升，廉价劳动力的优势早已不复存在，有些劳动密集型产业已经开始向东南亚转移，沿海制造业面临困局。从某种程度上说，是少子化催生了新常态的提前到来，东北三省经济大面积滑坡就是一个明证：其就业人口外流导致经济增长乏力。对刚刚进入"上中等收入"阶段新常态下的中国，全面放开二孩是撬动经济增长、走出中等收入陷阱和顺利进入高收入国家行列的一个杠杆。

最后，就促进人口均衡发展来讲，全面放开二孩是一个重要尝试。全面放开二孩，既是社会政策的一次重要调整，也是经济政策的一个重大举措，对促进增长、提高保障、稳定社会具有深远的历史意义；全面放开二孩，符合社会长期发展的需要和人民长期福祉的要求，在新常态下，是计划生育政策顺势而为、与时俱进的重大调整，是主动顺应人口均衡发展和完善人口发展战略的重大决策，这是因为，经济进入中高速增长的历史阶段之后，财政收入必将减少，社会保障等社会公共支出能力必将受到明显约束，进而将有可能诱发其他不利的社会因素，甚至出现社会动荡，从很多国家的教训来看，这时很容易掉入中等收入陷阱的恶性循环之中。对于促进人口均衡发展来说，与单独二孩政策一样，全面二孩政策也是一个尝试，如同2013年底，中央决定在全国范围开放"单独二胎"政策时，有关方面估计，在符合生育二胎政策的1100万对夫妇中，第一年大约能有200万对申请生育第二胎，但结果却大大低于预测值，提出申请的仅有69万对；截至2015年8月底，申请生育第二胎的夫妇为169万对，在符合生育二胎政策的夫妇中仅占15.4%。现在的生育主体是80后、90后，他们的生育观念已明显发生变化，养育孩子成本也明显增加，同时，社会保障水平提高之后，养儿防老的社会观念在不断弱化，少生优生已成为社会生育观念的主流，因此，全面放开二孩之后人们的生育意愿将决定未来计划生育政策的调整方向，计划生育政策的内涵将随着时间的推移与时俱进。

// 经济增长：放开二孩 实行适当经济政策

需要指出的是，全面放开二孩是对单独二孩政策连调的结果，本质上讲仍属于计划生育的范畴，正如五中全会指出的，"坚持计划生育的基本国策"。在过去的35年里，"一孩政策"的实施具有历史的必然性，对控制人口和缓解资源约束等功不可没，对当前人均GDP能够跨入"上中等收入"阶段做出重大贡献。展望未来，从"一孩政策"过渡到"二孩政策"具有现实的客观性，它无疑将迎来二孩婴儿潮的到来，对经济社会发展将产生深远的影响。

但是，全面放开二孩只是经济增长的充分条件，而不是必要条件。增长能否真正实现，增长质量能否得到保证，还取决于很多其他因素。国际实践证明，没有制定和实施正确与适当的经济政策和社会政策，即使人口持续年轻化，人口红利始终伴随左右，也未必能够实现增长，反而会出现回落、徘徊和下降，落入中等收入陷阱不能自拔，不能进入高收入经济体的行列，阿根廷就是一个案例：1950—1990年，其总和生育率从未低于3.00，最高时达3.44；1950—2010年，其少儿赡养率从未低于40.0%，最高时达51.0%；虽然这两项指标很好，但是，阿根廷却在长达半个世纪的时间里深陷中等收入陷阱，至今未能实现进位，究其原因，是因为失败的经济政策和社会政策。另外，诸如中国香港、韩国、新加坡、卢森堡和瑞士等一些小中型经济体，它们的少子化趋势十分严重，其总和生育率依次只有1.20、1.26、1.23、1.57和1.52，少儿赡养率分别只有16.4%、19.2%、21.4%、23.6%和22.0%，远不如阿根廷，但是，由于它们制定和实施了恰当的政策，不仅早就进入高收入经济体的行列，而且今天依然具有较强的竞争力，在世界经济论坛历年发布的《全球竞争力报告》的排名中名列前茅。在大型经济体中，德国的总和生育率和少儿赡养率分别只有1.39和19.6%，低于日本的1.40和21.1%，但德国的经济增长始终领跑欧盟，即使在世界经济中也是佼佼者。

从“失衡”走向“再平衡”

李扬 / 中国社会科学院原副院长、学部委员 /

2008年全球金融危机发生以来，“全球经济失衡”无疑是被各国使用最多的词语之一。发达经济体特别是美国偏爱用之来解释此次危机的根源。将危机归为失衡，将失衡描述为“全球”的，他们便得以轻松地将危机的责任推卸到其他国家头上。可以说，“中国责任论”“中国威胁论”云云，都是从这个概念中获得其理论支持的。我们自然对此论保持了高度的戒备。但是，平心而论，一方面，除去失衡，我们似乎还很难为危机找到更合适的根源；另一方面，承认失衡是根源，绝不意味着我们接受某些国家“东引”来的“祸水”，承认失衡是我们的责任。相反，认真研究失衡问题，在国际上，我们正可据此深刻揭示某些发达国家造成失衡并引发全球危机的事实；在国内，也有助于更清楚地认识我们经济结构失调且多年难以调整的深刻原因。

在经济学中，均衡与平衡是含义完全不同的两个词

失衡与再平衡这一对概念，虽然总被西方政要挂在嘴上，但是对其中"衡"的具体含义却总是语焉不详。要从理论和实践上探讨如此重大的问题，就不能不先对"衡"的含义做一番推敲。

经济学所说的均衡有两种情况：一种是瓦尔拉斯均衡。它强调的是市场供求相等，进而强调了市场出清。另一种为非瓦尔拉斯均衡。它强调价格机制并不能发挥出清市场的作用。市场均衡常常是非瓦尔拉斯式的，即供求未必相等，但却出现相对稳定的趋势。很显然，与供求相等的瓦尔拉斯均衡概念相比，非瓦尔拉斯均衡是一种广义的均衡概念，它指的是系统中的各个变量经过调整以后不再具有变动的趋势。非瓦尔拉斯均衡还可以有进一步的延伸，即当有外力使均衡状态偏离均衡点时，仍有一种内在倾向使经济回到均衡状态。这是一种稳定均衡。相反，如果说外力使均衡状态偏离均衡点时，经济不再能回到均衡状态，那就是一种不稳定均衡。

在经济学中，均衡与平衡是含义完全不同的两个词。均衡是标准的经济学术语，并始终是经济学家讨论的重要概念。平衡的内涵则相对贫乏，也缺乏非常严格的定义，在很多情况下，平衡还用来指余额，指的是供给和需求、资产和负债等在规模上完全相同的情况。

我们要讨论的全球经济失衡中的"衡"，显然出自均衡，因为我们并不特别关注各国国际收支是否存在正的或负的差额。相反，各国存在差额是一种常态，包括贸易顺差与逆差的失衡，进一步则是经常账户的失衡，再到国际收支的失衡，最后归根结底是全球储蓄与投资的失衡，即主要发达经济体储蓄不足，而一些新兴经济体储蓄"过剩"，等等。我们关注的是，这种存在差额的状态是否能够持续。

"失衡"分为"好的失衡"与"坏的失衡"两种情况

一国对外贸易或国际收支出现差额（逆差或顺差），是该国跨越国境，在全球范围内进行资源配置的结果。因此，判断失衡的经济意义，要从资源

动态配置的角度进行分析。据此，我们可以将经常项目失衡区分为"好的失衡"和"坏的失衡"两种情况。

"好的失衡"是一国在一个较长时期内配置消费和投资的最优决策。例如，经常项目逆差可以是动态的前瞻性储蓄投资决策的最优化结果。这种失衡非但无害，还可以达到增加社会福利的效果。

"坏的失衡"指的是，一国在利用国内外资源过程中，难以实现长期最优配置，导致经常项目失衡持续向逆差或顺差的单方向扩大，造成经济结构扭曲，总体风险上升。

需要指出的是，顺差并不必然意味着"好的失衡"，同样，逆差并不必然意味着"坏的失衡"。因为，顺差和逆差的出现，都意味着一国难以在本国范围内实现资源的有效配置，必须仰赖国际市场予以平衡，因此，跨境配置能力高低，是决定失衡状况好坏的决定因素。另外，失衡同时意味着资本与金融项目长期出现单方向国际资本流动，这将对国内金融体系产生持续性冲击。如果国内金融市场效率不高，这种持续性冲击将会通过汇率、利率、国际储备、信贷、债券等各类市场，对国内实体经济产生不利影响；同时，长期面对一种趋势，国内货币政策事实上处于被"绑架"的境地。若无运行良好的货币政策结构以及经验丰富的货币当局，货币政策的效力将持续降低。

// "失衡"的可持续性成为一个核心问题

既然我们从均衡的概念来讨论失衡与再平衡，失衡的可持续性便是一个核心问题。事实上，"好的失衡"就是一种可持续的失衡，因为处于失衡状态的国家实体经济健康，微观主体充满活力，发展前景明朗。

在本质上，全球经济失衡是实体经济现象。然而，若无货币的介入，在"纯"实体经济体系中，任何失衡都无以产生。因为，"以物易物"的交换方式，本身就未留出发生贸易差额的任何空间。

国际货币体系因素的介入，不仅使失衡有了可能，而且使全球失衡问题变得高度复杂化。如果全球失衡中居于逆差地位的国家可以使用其本币进行清偿和支付，则失衡在相当程度上和在相当长时期内具有可持续性。如此，对全球失衡问题的争论，重点便不在于失衡的原因和规模等，而在于失衡可否持续：如果世界仍然接受逆差国用其本国货币来支付逆差，则失衡便具有可持续性；反之，失衡便会引发全球经济危机。

如今，美国完全没有要为全球经济再平衡和全球经济发展承担责任的约束和压力，更遑论要为恢复全球经济再平衡付出调整成本了。我们以为，这种权利和责任的完全脱离，正构成当今国际货币制度的基本矛盾。这使得美国的货币政策可以无约束地仅仅立足于其国内目标，而全然不顾其他国家洪水滔天。也正因为存在这种基本矛盾，改革国际货币体系才成为全球经济再平衡的关键所在。

// 实现"再平衡"成为当今世界的头号任务

全球经济失衡是当今世界的头号难题，努力实现再平衡自然成为当今世界的头号任务。危机爆发后，全球经济呈现出两个重要的趋势性转变，这可能会使此次危机成为一个新的全球格局的开端。

一、发生在实体经济领域。20世纪80年代末以来，新兴经济体在全球产出中的增量贡献一直高于发达经济体。危机以后，一方面，发达经济体长期低迷；另一方面，新兴经济体的持续高增长更成为不可逆转的长期趋势。在这个历史过程中，新兴经济体将逐渐发挥引领全球发展的作用，完全由发达经济体主导的旧的全球化模式将被改变。

二、发生在金融领域。资本主义式的全球经济危机总有金融危机相伴随，而历来的全球性金融危机，大都以发展中国家和新兴市场经济国家的债务危机为基本特征。因此，危机的恢复意味着全球性债务重组，而每一次重组，均使得发达经济体在国际金融领域中的霸主地位进一步巩固和强化。这一次完全不同了。如今深陷债务危机而难以自拔的，是那些掌握着国际储备货币发行权和国际规则制定权的发达经济体。它们被自己呼唤出来的恶魔缠身，非有新兴经济体的援手不能解脱，于是就有了如20国集团之类的新的国际协调机制产生。危机的恢复，一方面将提升新兴经济体在国际金融领域中的话语权和影响力，促使国际储备货币体系向着多元化方向进一步发展；另一方面则意味着发达经济体在国际金融规则制定中的决定权被逐渐弱化。正是基于上述意义，全球经济的新格局开始酝酿。

也正是在这种趋势性转变中，重建新均衡以及中国的发展有了新的机遇。首先，当前世界经济进入了结构调整期和产业转型期，这将有利于中国培育"发展新优势"和"抢占未来发展战略制高点"。其次，全球"新兴市场国家力量步入上升期"和世界经济处于"治理机制变革期"，中国可以一方面努力发展壮大自己，另一方面努力增强全球治理的参与能力。

如果说全球产业转型、结构调整甚至治理变革已经成为世界经济周期性变化的一个常态，那么新兴经济体能够真正在经济总量上赶超发达经济体，却是自工业革命以来的新变化和新机遇。不过，能否抓住这样的机遇，从而在全球达成新均衡的过程中确立自身的位置，就要看我们的发展方式能否成功地实现转型，要看我们的经济结构能否得到有效调整，要看我们的经济效率能否持续提升，要看我们的质量能否有效提高。这是我们面临的真正挑战。

制度变革令"三大发动机"释放发展新红利

李佐军／国务院发展研究中心资源与环境政策研究所副所长／

／／"三大发动机"之一——制度变革释放经济红利的逻辑何在

促进经济发展有四组基本动力：需求边动力（投资、消费、出口）、要素投入动力（劳动力、资本等）、全要素生产率提高动力（制度变革、结构优化、要素升级）、中国特色动力（以增长为导向的价格制度、财税制度、金融制度、土地制度和政府管理制度等）。其中的制度变革就是改革，它是提高全要素生产率的主要途径，结构优化和要素升级也依赖于制度变革或改革。

制度变革（或改革，下面用改革表示）促进经济发展的另一种流行说法是"释放红利"。2012年11月21日，李克强总理提出，改革开放是我国发展的最大"红利"，自此"改革红利"成为热词。红利本是上市公司在完成弥补以前亏损、提取公积金和公益金、支付股息后按持股比例向股东分配的剩余利润，但现在红利一词已被推广了，有人口红利、改革红利、开放红利、资源红利等多种说法。"改革红利"可理解为通过制度变革带来的全民效用的增加。

改革释放红利已在中国改革开放以来的实践中得到验证。1979—2012年，中国GDP年均增长9.8%，远高于世界同期年均2.8%的增速，经济增速和持续时间也超过了经济起飞期的日本和"四小龙"，其原因何在？尽管我们可以找到很多原因，但改革无疑是其中最重要的原因，否则就无法解释为何改革开放前后经济增长速度有那么大的差异，也无法解释为何中国取得了较其他改革较少国家或改革失败国家更大的经济发展效果。

改革为什么能释放红利？对此我们可以做如下分析。

鉴于目前社会对改革也存在争议，本文的改革是指能带来"正面效用"（含效率和公平等）的改革，那种假改革之名推行的不利于改进效率和公平的"伪改革"不在讨论范围之列。回到红利的原始本义，改革释放红利的核心含义应是改革带来全民（或绝大多数人）效用的增加。之所以用效用而非效益一词，是因为效用包括经济效益和非经济效益，更能反映改革目的的全面性，有的改革不能带来经济效益，但能带来非经济效益，如公平效用和环境效益等。

从基本的理论逻辑来看，改革之所以能释放红利，是因为：

一方面，改革可以降低多种成本。在总效用不变的情况下，降低成本就是直接提高效用的途径。制度改革最重要的功能是降低交易成本。广义的交易成本是指除生产成本之外的所有成本（含运输成本、营销成本、信息成本、组织运行成本、学习成本等），而不限于市场摩擦成本。科斯以前的经济学只看到了生产成本，科斯提出交易成本概念后，打开了科学研究制度的窗口。

为什么改革开放前的计划经济体制效率较低，是因为其交易成本很高。改革开放以来逐步形成的社会主义市场经济体制，之所以取得了连续30多年10%左右的高速经济增长，是因为它大大降低了交易成本。

尽管改革了30多年，但目前中国的体制和制度仍然不完善，所以十八届三中全会提出要推进全面改革，进一步释放改革红利。如目前正在大力推进的行政管理制度改革、审批制度改革、工商登记制度改革等，就可以大大降低企业的交易成本，激发市场的活力，释放巨大的改革红利。

另一方面，改革可以创造新的效用。改革可以通过革除旧的制度、建立新的制度，通过合理、公平配置各个主体之间的责权利关系，保障产权、自由选择权、平等交易权和公平分配权等，激发各个主体的积极性和创造性，提高生产要素效率和资源配置效率，创造新的生产和消费空间，带来新的效用。

提高效用或效益的根本途径是提高效率，而提高效率的途径有两种：一种是提高生产要素效率，如提高劳动生产率、资金运用效率、土地生产率、资源利用效率等；另一种是提高资源配置效率，即将有限的资源配置到较高效的地区、产业、企业、项目和劳动者上，工业化、产业转型升级、城镇化和区域经济一体化等就是优化配置资源的途径和过程。

生产函数中的"全要素生产率"应包括上述两种效率，而不仅仅是所有生产要素的效率。而通过制度改革建立现代法治市场经济体制、建设全国统一市场，一方面可以提高生产要素效率，另一方面可以提高资源配置效率，由此释放出巨大的改革红利。

具体来说，改革释放红利的基本途径有：

第一，改革可以通过保障所有权和产权等，提高各个主体的积极性和创造性，特别是激发企业家的精神和创业者的活力，进而提高劳动生产率和企业活力，释放红利。

第二，改革可以通过形成合理而稳定的制度环境，改善消费者和投资者对未来的预期，提升信心，释放红利。

第三，改革可以通过保护知识产权，促进技术进步，开辟新的生产领域，释放红利。

第四，改革可以通过保障公平分配权，创造新的需求空间，释放红利，如推进收入分配改革、福利保障制度改革等，就可以扩大市场需求。

第五，改革可以通过建设公平竞争的全国统一市场，促进人口和生产要素在不同地区和行业之间合理流动、优化配置，推进工业化、城镇化和区域经济一体化，提高资源配置效率，释放红利。

第六，改革可以通过建立及时反映供求关系、资源稀缺性的价格形成机制，形成引导资源优化配置的准确信号，减少因信息不对称、不完全而带来的效率损失，释放红利。

第七，改革可以通过建立公平竞争的企业体系，促进各类企业主要通过自身竞争力而非垄断特权来获取效益，减少资源的错误配置，释放红利。

第八，改革可以通过理顺政府与市场的关系，解决政府的"缺位""错位""越位"问题，减少"寻租"空间，改善政府服务，释放红利。

总之，改革可以通过优化各主体之间的责权利配置关系，激发活力，形成动力，提高生产要素效率和资源配置效率，释放各种红利。

经过30多年的改革，我们已经深切体会到改革的威力、意义和重要性。目前，中国改革已进入"深水区"，容易改的已经改得差不多了，现在需要有更大的勇气、魄力和智慧"啃硬骨头"，需要对过去的改革进行认真的总结和梳理，需要对未来改革的环境进行深入的分析，需要对改革释放新红利的路径进行准确地把握。只有这样，我们才能在未来的改革道路上走得更好，释放出较过去30多年更大的改革红利。

// "三大发动机"之二——结构优化可以释放巨大的生产力

为什么要推进新型工业化、新型城镇化、区域经济一体化（如"一带一路"、京津冀协同发展、长江经济带等）、产业转型升级等？因为其中蕴含着巨大的"结构优化生产力"。

为什么中国等新兴国家的经济增长速度，较成熟发达国家的经济增长速度要高很多？因为中国等新兴国家较发达国家拥有更大的"结构优化生产力"潜力。具体表现是：中国等新兴国家的工业化、城镇化、区域经济一体化等都还处于快速发展阶段，还可释放出巨大的"结构优化生产力"，而发达国家大多已基本完成了工业化、城镇化和区域经济一体化进程，没有多少"结构优化生产力"可释放了。

何谓"结构优化生产力"？简言之，即在工业化、城镇化、区域经济一体化、产业转型升级等经济结构优化中，将人口和生产要素从较低效率的地区、行业和岗位，转移到较高效率的地区、行业和岗位，因而带来生产力。"结构优化生产力"是一种"过程性动力"，它上联制度变革和技术进步，下联经济效益，也就是说，制度变革和技术进步等"根源性动力"，带动工业化、城镇化、区域经济一体化等"过程性动力"，提高经济效益，促进经济增长。

"结构优化生产力"是经济增长动力的重要组成部分。促进经济增长有投资、消费、出口三大需求边动力，劳动力、资本等要素投入动力，制度变革、结构优化、要素升级等全要素生产率提高动力，以增长为导向的价格制度、财税制度、金融制度、土地制度和政府管理制度等中国特色动力，共四大类基本动力。其中，"结构优化生产力"属于第三类"全要素生产率提高动力"中的一种。

工业化、城镇化、区域经济一体化、产业转型升级等如何释放生产力？

先看工业化。工业化本是非农产业特别是工业（含产业化农业）在国民经济中比重不断上升的过程。工业化的动力来自工业劳动生产率高于传统农业劳动生产率，进而工业劳动收入高于传统农业劳动收入。

工业劳动生产率之所以高于传统农业生产率，是因为工业的分工协作更发达，根据斯密理论，分工协作深化是提高效率的源泉。所以，我们看到的是，现代化过程总是伴随着工业化过程，发达国家基本是工业化国家，即使是荷兰、新西兰等"农业国"也是对农业进行了工业化改造。

改革开放以来，中国经济之所以高速发展，其中一个很重要的原因是制度变革启动了内生工业化过程（与20世纪50年代的赶超型工业化有所不同），特别是2000年以来的重化工业高速发展更是使中国经济的分工协作达到新的水平，带来经济的高速增长。

再来看城镇化。从人本角度理解，城镇化的本意是城镇人口在总人口中比重不断上升的过程，换言之是农村人口不断向城镇迁移的过程。农村有土地、有资源、有农业、有好的生态环境，那为何农村人口还要不断向城镇迁移？主要是因为农村多是靠天吃饭，自然经济比重高，商品经济相对不发达，分工协作水平低，劳动生产率水平较低，就业机会较少，因而收入水平较低，同时农村的交通、通信等基础设施相对较差，生产、生活条件较差。

在中国，由于存在城乡二元制度，农村居民的福利保障等权利和社会地位不如城镇，因而强化了农村人口向城镇迁移的意志。同样一个人，在农村传统农业中劳动，因分工协作不发达等原因只能获得5000元的年收入，一旦转移到城镇后，则因进入到更发达的分工协作体系中，年收入则很快提升到20000元以上，增加了几倍。千百万个农民向城镇的转移则意味着整个国民经济效率和国民收入水平的大幅提高。这就是人口城镇化带来的显著生产力。

随后来看区域经济一体化。区域经济一体化是指区域内部不同城市或地区之间分工协作水平的提升。各地区之所以追求区域经济一体化，是因为它能为各个城市或地区带来共赢发展的效果。

区域经济一体化可表现为区域组织的一体化、政策的一体化、规划定位的一体化、基础设施建设的一体化、产业发展的一体化、市场建设的一体化、人口布局的一体化、生态保护的一体化、公共服务的一体化、品牌的一体化等方面，或者为其中的某几个方面。

不管是哪个方面的一体化，都有利于各个城市或地区错位发展，避免恶性竞争和高度同构，减少重复建设，有利于发挥各自比较优势，形成分工协作效应，实现共赢发展。反过来说，如果各地不能实现一体化发展，不能建立全国或区域统一市场，必定会导致恶性竞争，导致资源错误配置和资源浪费等，降低甚至破坏生产力。

最后来看产业转型升级。产业转型升级的核心含义是产业不断向高附加值产业转换或上档次。产业转型升级的基本途径有产业高级化、产业高端化、产业特色化、产业集群化、产业品牌化、产业绿色化、产业融合化、产业信息化、产业国际化等。

产业转型升级的原因有二：一是消费结构转型升级了，产业也必须随之转型升级；二是"高成本时代"悄然到来了，不转型升级就不能消化这些高成本了。产业转型升级的实质是降低低效率、低效益、低循环、高消耗、高污染、高排放产业的比重，提高高效率、高效益、高循环、低消耗、低污染、低排放产业的比重，这会提高整个产业的市场竞争力，带来产业总体效率和效益的提高，促进经济增长。

所幸的是，中国的"结构优化生产力"还有巨大的潜力，原因有二：一、它由中国发展阶段所决定，目前中国仍然属于发展中国家，仍处于工业化城镇化快速推进阶段，还有释放"结构优化生产力"的巨大潜力空间；二、中国现有的制度和发展模式还不完善，还在扭曲和压抑着很多"结构优化生产力"，只要我们坚持和加快推进全面改革，就可以释放出巨大的"结构优化生产力"。

中国"结构优化生产力"潜力巨大的具体表现是：

第一，全国东部地区和部分中部地区工业化仍处于中后期阶段，部分中部地区和西部地区仍处于工业化中期阶段，西部部分地区尚处于工业化前期阶段，大部分地区走入后工业化时期至少还要一二十年时间，在此过程中还可释放出巨大的工业化"结构优化生产力"。由于全国发展不平衡，即便是部分地区已完成工业化，也还有部分地区尚处于工业化过程中，由此形成工业化的"滚动效应"。

第二，中国的城镇化仍处于加速阶段。2014年，中国的城镇化率为54.77%，根据国际经验，当一个国家或地区的城镇化率达到30%至70%时属于城镇化加速阶段，显然中国城镇化正处于加速阶段，按照目前每年提升1个百分点城镇化水平的速度，到城镇化加速阶段70%的终点，还有15年左右。在此过程中还可释放出巨大的城镇化"结构优化生产力"。

第三，中国的区域经济一体化正在如火如荼推进之中。尽管过去已出现了许多区域经济一体化地区的雏形，如长三角、珠三角、京津冀等，但大多还在形成中，远未成型。本届中央政府成立后，高度重视大区域经济一体化，已提出了"一带一路"、京津冀协同发展、长江经济带等大战略，带动了新一轮区域经济一体化发展热潮。这也会产生巨大的区域经济一体化"结构优化生产力"。

同时，各地都在推进的产业转型升级也同样会带来巨大的"结构优化生产力"。

最后，必须强调的是，释放"结构优化生产力"必须正确处理好政府与市场的关系。结构优化大多是一个自然的历史过程，主要通过发挥市场的资源配置作用来推动，要避免出现政府过度干预、拔苗助长、欲速而不达的情况，但同时也要更好地发挥好政府在规划和政策引导等方面的作用，以使经济结构优化更快更好地向前推进。

"三大发动机"之三——要素升级成经济发展重要动力

众所周知，技术、劳动力、土地、资金等生产要素是经济发展的基本手段，但人们在讨论生产要素时大多只注意到生产要素投入"量的增加"，而忽视了生产要素"质的提升"。其实，经济发展是生产要素投入量的增加和质的提升共同作用的结果，而且后者更为重要。中国已进入"中等收入陷阱"敏感期，能否顺利跨过去，很大程度上取决于要素升级的状况。

2015年3月23日，中共中央、国务院印发了《关于深化体制机制改革，加快实施创新驱动发展战略的若干意见》（以下简称《意见》），将创新驱动上升为国家重大战略，并重点从体制机制改革方面明确了实施创新驱动发展战略的对策。之所以近期不断出台有关创业创新的政策，是因为形势所迫。

随着国际竞争的加剧、人口红利的减少、资源环境约束的加大、基础设施建设的逐步饱和、投资边际效益的下降、资源能源密集型重化工业发展高峰期的结束等，规模速度型的粗放发展模式已走到了尽头，必须走向质量效益型的集约发展模式。形成质量效益型新模式的关键是提高全要素生产率，而提高全要素生产率依赖于新动力——经济增长供给边"三大发动机"（制度变革、结构优化和要素升级，或者说改革、转型、创新）的形成。

要素升级作为促进经济增长的三大发动机之一，与土地、资源、资金、劳动力等要素投入量的增加有所不同，主要表现为生产要素的"质的提升"。要素升级的具体表现形式有：一是技术进步，如现有技术的改进和新技术的突破；二是人的素质的提高，包括人的知识水平、劳动技能和其他各种素质的提高；三是土壤品质的改良和土地肥力的上升；四是资金运用效率的提高，包括资金流通速度加快等带来的资金运用效率的提高；五是基础设施（广义生产要素）的升级，如高铁对传统铁路的改造，大幅度提高了铁路的运能；六是各种要素的信息化改造，信息化改造一方面可以大幅降低生产要素的信息成本，另一方面可以大幅提高生产要素的效能。在经济增长供给边"三大发动机"内部，要素升级既是结构优化的重要条件，也为制度变革提供了支撑。

一方面，要素升级的重要性和紧迫性体现在它是创新驱动的重要途径。

创新驱动有多种表现形式，包括技术创新、人力创新、模式创新、组织创新和管理创新或服务创新等。而要素升级的具体表现形式有技术进步、人的素质提升、资金效率的提高、基础设施的升级以及各种要素的信息化改造等。

可见，创新驱动与要素升级在具体表现形式上有很大交叉。技术创新主要是寻求技术进步，人力创新主要是实现人的素质的提升，模式创新主要表现为各种生产要素组合方式的创新，组织创新对技术进步特别是信息化有很大的依赖，管理或服务创新则离不开人的素质的提升，等等。总之，欲实现创新驱动，必推进要素升级。

另一方面，要素升级的重要性和紧迫性体现在它决定着我国能否顺利跨过中等收入陷阱。中等收入陷阱其实与中等收入没有直接关系，而与要素升级有密切关系。当一国或地区的产业结构，开始由低端制造业、传统服务业和传统农业，转向高端制造业、现代服务业和现代农业后，必须要通过要素升级，由主要依靠土地、资源、劳动力等普通要素，转向主要依靠迈克尔·波特所说的"高级要素"——技术、知识、人才、信息等后，即资源配置实现由"吃资源"向"吃知识"的跃升后，才有可能跨过中等收入陷阱，否则就有可能像拉美、亚洲许多国家那样陷入其中，只能长期呈现低迷增长的局面。而转向技术、知识、人才、信息等"高级要素"就必须依靠技术进步、人的素质提升、资金效率的提高、基础设施的升级以及各种要素的信息化改造等要素升级。

然而，中国目前推进要素升级还存在以下几个方面的障碍。

一是制度障碍。如产权制度、教育制度、土地制度、金融制度等不合理，都会阻碍要素升级。股权分红制度和知识产权制度对技术进步影响重大，但目前中国针对技术创新的股权分红制度和知识产权制度还不完善，致使很多科技创新人员缺乏内在的、持久的动力，有的人获得几个科研成果后就停滞下来了。目前的教育制度始终未摆脱应试教育的窠臼，培养了很多令世界瞩目的高分学生，但真正有创新意识和创新才能的人不多。产权不甚清晰的土地制度激励了土地财政、大规模城镇化建设和房地产开发，但没有激励对土地的保护和轮休。

二是思想障碍。人的素质提升直接针对人，技术进步严重依赖于人，土地、资金、信息、基础设施等要素都需要人来应用，所有要素都受人的思想观念的影响。要素升级意味着要素从旧的状态向新的状态的转变和提升，对人的旧观念是一种冲击，因此，作为新生事物刚开始必会遇到旧思想观念的阻碍。尤其是要素升级总是存在一定的投入和风险，因而更会遇到一些思想较守旧的人的刁难。因此，我们就不难发现，每当一项新技术、新方法、新材料、新人才、新渠道等出现后，总会有人议论纷纷甚至冷嘲热讽和打压。

三是既得利益障碍。现有世界是由传统要素组成的，已形成了一种较低水平的均衡状态，同时形成了一种相对稳定的既得利益格局。随着要素升级和新的高级要素的出现，会打击或取代传统要素，会打破既得利益格局，会损害既得利益者的利益，无疑会遇到既得利益集团的阻碍。如新能源技术的出现，就对传统化石能源形成了冲击，会遇到相关利益集团的无形阻碍；一个单位若引来若干高级人才，会对现有人才的权益格局带来冲击，会遇到无形的阻碍。

推进要素升级，需要针对上述障碍采取综合对策。第一，制定促进要素升级的相关法律、法规和标准，使要素升级有法可依、有规可循。第二，建立有利于要素升级的体制机制，特别是科教人才管理体制、金融体制和信息化推进机制等。第三，制定促进要素升级的财税、金融等政策，为要素升级提供有力的政策支持。第四，培育适应要素升级的企业、社会组织和居民等主体，形成要素升级的磅礴力量。第五，建立推进要素升级的交易所等各种平台，使各种要素在升级中优化配置、在优化配置中升级。第六，塑造有利于要素升级的文化，形成要素升级的持久内在动力。

在加快实施创新驱动发展战略、推进大众创业、万众创新的新形势下，要尽可能将要素升级与创新驱动、大众创业、万众创新有机结合起来，形成建设创新型国家的强大合力。

老式"发动机"熄火后的城镇化新路

乔润令／国家发改委城市和小城镇改革发展中心副主任／

2000年以来，中国进入了城镇化的高速发展期，城镇化率平均每年提高1.36个百分点，每年有近1.8亿农民工在流动，每年有1300多万人进城定居，城镇化水平节节攀升。但是，2014年以来，随着中国经济的深度调整和新常态的形成，中国城镇化以往的几台发动机纷纷熄火，动力不再，城镇化遇到新问题，转型势在必行。

／／四大动力支撑以往城镇化快速发展

10多年城镇化的快速发展，从地方和城市的实际情况看，动力主要有以下方面：

1.大规模的招商引资、推动工业化。具体到各个城市，就是依托工业园区，通过零地价、税收返还等大范围的优惠政策、大规模的招商引资，促进城市的产业发展，既拉动GDP增长，又可以增加财政收入，还能解决农民工的城镇就业。因此，通过招商引资加快工业化进程，是地方政府促进发展的头等大事，也是城镇化的最重要的动力。

2.大规模的房地产开发，建设新城、新区。过去的10年是中国城市急速扩张的10年，2000—2010年，全国建成区面积扩张了64.45%；随后，中国的房地产业依然飞速发展，投资总量从2003年的10154亿元，逐年增加，到2012年达到71804亿元，增加了6倍之多。

地方政府之所以热衷于发展房地产。首先是多卖地可以增加土地收入。其次是房地产税费主要归地方政府，许多中西部的县市，前几年土地及房地产收入占到了总收入的70%—80%。

因此，圈地卖地，建新城发展房地产，成了地方政府推进城镇化的巨大动力，不仅可以使地方政府坐拥巨额土地财政收入及房地产税收，还可增加GDP，改善城市形象。

3.大规模的土地收入、大规模融资借债，解决了城镇化的巨额资金问题。数据表明，2000—2013年，政府土地出让收入从596亿元增加到4.2万亿元，年均增长38.7%。土地出让收入占地方财政收入的比重从2000年的9.3%提高到2013年的60.9%。2000—2013年城市建成区面积扩大了将近一倍，政府土地出让收益高达近20万亿元。所谓"吃饭靠财政，建设靠土地"是这种现状的真实反映。

与土地财政相伴随的还有土地金融。数据显示，在我国东部城市建设资金构成当中，土地出让收入约占30%，土地抵押融资约占60%；中西部地区的城市建设资金，土地出让约占20%，土地抵押贷款约占70%。

可见，支撑以往地方城镇化的资金来源，不仅是建设靠土地的卖地收入，更主要的是以土地金融为基础的融资平台，以透支土地未来收益为代价的土地融资方式，也就是"土地储备+融资平台+打捆贷款"的土地金融，对地方的城镇化起了主要的支撑作用。

4.地方政府公司化是城镇化的重要动力：地方政府公司化，此定义不一定精准，但这种倾向是十分明显的。20世纪90年代地方国有企业和乡镇企业的改制，推动了政企分开。进入新世纪后，随着城镇化的加速，政府深度介入经济生活有了新的机会。主要表现在以下几个方面：

首先是经营土地，法定由地方政府操作；其次是城市建设规划由政府定调子、批准实施；再次是城市建设有相当一部分属于公共建筑或准公共建筑，也由政府操作。这样，在城镇建设领域，政府既是裁判员也是运动员。以直接参与土地运作为抓手，以利益最大化为目标，以经营城市为手段，诸多城市在土地征收、官府造城的过程中形成了替民做主、与民争利的格局，加上个别腐败官员有着充分的个人获利机会，这些因素使得政府的公司化倾向日益加重，逐利动机日益强化，客观上却成了推进城镇化的巨大动力。

// 新常态、新政策、新约束，老式"发动机"熄火

随着中国经济进入新常态，以及一系列政策调整、反腐败深入，特别是政府新规矩的建立，以往城镇化的方式面临新挑战，城镇化的动力逐步递减。

一是传统产业产能严重过剩，地方工业化的市场需求和增长动力大大减弱。从钢铁、水泥、有色金属、煤化工、平板玻璃等传统产业蔓延至多晶硅、风电设备等新兴产业。产能过剩是以往经济高速增长的后遗症。地区间的竞争带来GDP飞速增长的同时，也导致产业趋同，产能过剩，使得需求不振，开工不足，用工减少。依托传统工业支撑城镇化今不如昔。

二是靠优惠政策招商引资的时代已经结束，中西部地方招商引资促进工业化面临新挑战。2014年《国务院关于清理规范税收等优惠政策的通知》（国发〔2014〕62号）规定，一律不得自行制定税收优惠政策，全面清理以往优惠政策；严禁低价转让国有资产、严禁减免或缓征企业应缴社会保险费，取缔各地对企业的财政优惠政策。地方靠优惠政策招商引资的时代已经结束。招商引资需要新办法，工业化需要新动力。

三是随着产业升级的加速，以机器换人为特点的东部地区资本替代劳动的过程也开始加速，对外来农民工的需求开始减缓。特别是以往雇用外来农民工最多的东南沿海发达地区，由于土地、劳动力成本上升，产业转型升级速度加快，机器开始取代外来农民工，2014年农民工的增长速度已经降到了1%多，外出农民工的增长速度已经降到了1.3%。如果按照这个速度下降下去，十三五期间很有可能遭遇农民工零增长的局面。可以预计，随着东南沿海产业走向"双中高"，必将推动资本有机构成的提高，对外来农民工的需求也将逐步降低。最近几年，伴随着大批农民工的回流和流动农民工增速的

锐减，这种趋势越来越明显。

四是新城新区建设已经退潮，房地产业的黄金十年已成明日黄花。与工业产能严重过剩相伴随的，还有新城新区和房地产的严重过剩。目前，国内房地产市场增长开始历史性地放缓，这已经成为市场共识。尽管政府在2014年对住房需求管控政策有所放松，但是，住房市场仍然在主动下调。这表明，随着需求总量萎缩，大量的新城新区都成为无人居住的空城、"鬼城"，中国城镇住房已经累积了巨额的存量，特别在一些三四线城市，商品住房积压现象十分严重。

除了住房，商业地产开始面临产能过剩的威胁，泡沫化倾向越加显著，特别是在电商的冲击下，市场空置率增高的风险加大，商业地产触地就赚、拿地就赢的时代将一去不返。新城新区建设、房地产业已不再是拉动城镇化的主要动力。

五是化解地方债务危机的一系列新政策截断了以往城镇化的融资模式。2014年《国务院关于加强地方政府性债务管理的意见》之后，地方原有的借债模式和融资平台寿终正寝。地方政府依托土地金融经营城市，通过大规模借债推进工业化、城镇化传统的资金来源已经被完全斩断。靠什么办法来解决城镇化所需的资金问题，中央给出的新办法是政府和社会资本的合作。

六是"八项规定"之后，地方政府公司化的倾向发生逆转，推进城镇化的发动机一半熄火。以往招商引资、经营土地、经营城市的办法、模式和规矩都已经不能继续使用了，许多地方政府的这台推动发展的发动机，处于熄火、半熄火的状态。如何适应"八项规定"、新的审计要求、适应党员领导干部新的行为准则，在新规矩之下谋求发展并推进城镇化，新的有效的办法仍在探索之中。

// 城镇化面临真正的转型

从外延扩张为主到内涵发展，提高城镇化质量。大幅度提升城市的服务功能、辐射能力、承载能力、创新能力，将是下一步中国城镇化的重点。

1.市场化筹资将成为解决城镇化资金来源的主要渠道。PPP模式，也就是政府与社会资本为提供公共产品或服务而建立的"全过程"公私合作，将为城市的长期发展提供比土地财政更为持续的动力。

2.城市的更新改造、提升功能、提高质量是重点。一是棚户区、城中村、旧城改造；二是建设智慧城市：用新一代信息技术，如大数据、云计算、物联网、移动互联网重塑城市；三是低碳绿色生态城市：慎砍树、禁挖山、不填湖、少拆房。用节能建材改造现有建筑；四是传承文化，重塑城市的文化内涵和传承，记住乡愁，恢复城市的灵魂。

3.城市产业支撑从二产业为主转向二、三产业共同支撑。适应中国经济走向中高端，创业创新型的服务业会有更大的发展空间。随着服务业与工业的融合，三次产业的融合，服务业将成为农民工就业的另一个主渠道。

4.城市规划从做加法到做减法。城市规划从增量规划转为存量规划，从扩张型规划转为优化存量规划。推广多规合一。改变各类规划互不协调，互不协同的状况。把各类规划做在一张图上，从功能分区规划到混合规划，解决产城分离问题，促进产城融合。

由此，未来城市建设模式、房地产的开发模式、城市公共设施的运营模式都将发生重大变化。

创新、医改与中国经济社会转型

朱恒鹏/中国社会科学院经济研究所微观经济研究室主任,

公共政策研究中心主任/

在中国,医改不是一个专业领域的小事,而是整个社会经济转型的大事。它不仅仅是解决看病难、看病贵的问题。医改是民生大事,让大家活得更好,劳动力质量更高,本身就不是一个小事;更重要的是,中国的医疗体制不只是医疗领域的问题,还涉及更大的制度背景。比如说,从组织形式上讲,我们的医疗机构是事业单位,所以医改是事业单位制度改革,医生人力资源制度改革又涉及人事制度的改革,医疗体制改革又是社会治理模式改革,所以从这个角度讲,医改创新就和社会创新联系起来。

//需求结构的转型与中等收入陷阱

中国发展正面临转型,在过去30年,不带偏见的人都会看到物质生产和生活水平的极大提高,但是到了2008年或者2013年以后开始不一样了,所有的制造业都出现产能过剩。另一方面,2014年中国人均GDP超过7000美元,进入中等收入需求转型阶段，商品和服务多样性、差异性需求越来越突出。

我们现在的医患冲突愈演愈烈，问题何在？公立医院及体制内医生总是把责任归咎到患者身上，坦率地讲，认为客户有错的理念本身就是落伍的思想，你也别指望教育患者、教育消费者。简单来说，医患矛盾的根源就是患者日益增长的对医疗品质的需求与公立医疗系统落后的医疗品质、无视患者的个性化需求、无视患者的合理需求之间的冲突。比方说，今天患者的医疗需求不仅仅是安全，还有隐私权等，而现在大部分公立医院的院长和医生还拒绝承认医疗是个服务行业。

漠视这种消费需求，转型必然陷入中等收入陷阱。"中国制造"擅长大规模标准化生产，但是无法满足个性化、差异化需求。现实情况是，规模经济效应明显减少。制造业"集中化、标准化、规模化、通用化"效应大大弱化，后续增长乏力。

因此，我们必须创新，建立消费引导型的经济；而现在中产阶级开始要求个性化的产品，要想抓住转型的机会进一步提升制造业水平意味着我们的个性化、差异化产品的设计能力必须要大大提高。这个时候就需要发展现代服务业。全球范围内高端制造业国家一定具备发达的服务业，这就说明服务业和制造业其实是互补的，只有发达的现代服务业，才有发达的制造业。

举一个最简单的例子，制药行业是典型的制造业。但在美国，在药品的零售价中，真正的制造业的价值很低。如果药品市场价为100美元，在美国，生产环节的费用甚至不到1美元，其余百分之二三十是研发价值，百分之二三十是营销费用，还有一部分是品牌维护等环节的费用：制造业100美元的产值，实际上80%是现代服务业创造的价值。

// 现代服务业发展的困境：人力资源短缺

因此，中国必须转向大力发展现代服务业，而现代服务业的发展依赖于丰富的人力资源。处于工业主导增长向服务业主导增长转型门槛的中国经济，几乎完全由初等和中等教育程度的劳动力支撑，人力资本的短缺已经成为中国经济转型的重要障碍。

根据2010年的数据，我国拥有高等教育学历的人群比例还不到6%，仅相当于日本和韩国1970年的水平；而日本和韩国今天，有接近40%—50%的劳动力受过高等教育。现在，中国要以6%的高等教育人力资本实现上述转型，人力资本的短缺已经极为突出。

更可惜的是，有限的受过高等教育的人还没有充分发挥作用。现代服务业，即人力资本密集型服务业，分布于科教文卫等事业单位，以及通信、金融、交通等公共服务部门。这些行政垄断部门吸引了大部分高层次人力资本，却又不能提供较高的生产效率。现在我们希望转型，就必须让这群本来占比重就不高的受过系统高等教育的人力资本从体制内出来创造更大价值，而不是耗死在没有意义的写论文和平庸化上。

// 互联网时代的社会单元重组：去组织化和再组织化

现代服务业的发展要求知识生产–消费共同体的支撑，知识生产者和消费者的角色可以随时转变。这种知识生产和消费互动，要求异质性的社会网络，需要社会各方广泛的参与、合作，但这和我们传统的行政层级制的单位管控体制相冲突。

我们传统上缺少这种社会网络化共同体，而互联网的出现带来了难得的机会。在过去，我们超越单位建立一个创新型的社群或平台是非常困难的。但是现在，相信大家都有微信，都有微信群，经常交流会让你产生灵感的火花，这就使互联网促成了知识生产–消费共同体，在这种社会化网络共同体中交流，带来的社会知识的创新和共享意义很大，作用巨大，这正是中国形成创新型社会，实现经济继续高速发展，以及社会转型"弯道超车"的难得机遇。

这种社会化网络的关键在于社会信任。当大家在没有行政层级制领导制约，互相信任、平等交往的过程中，提供真实的信息和数据，发表真实的想法，使交流很方便，这是社会转型很重要的一点。但是现在，我们社会很明显的情况是，个体之间普遍缺乏社会信任，个体之间的信誉只能依靠单位支持，从而在公共服务的提供上要求强化政府管制。但是缺乏社会信任导致的管制强化往往带来腐败，从而形成恶性循环，医疗领域就是个非常典型的例子。

那么，社会信任如何建立？社会化服务如何形成？在这个过程中，社会治理就面临转型。传统的中心层级制的管理模式恐怕难以适应转型需求，我们需要从体制内释放人才，但是如何既发挥创造性，又能够保持健康有序，以个人声誉和社群声誉为基础的社会信任如何构建，都是需要认真研究的问题。

"+互联网"和"互联网+"的过程中，有一个问题值得认真思考。互联网极大地避免了信息不对称，降低了管理成本，所以是利用互联网加强对这个社会的管控，所谓有了互联网，计划经济就具备了可行性，还是利用互联网形成社会化网络，实现马克思所讲的"每个人的自由发展是一切人的自由发展的条件"，这是两种截然不同的观念和社会治理的转型路径，将导致截然不同的发展路径。

// "互联网+"为突破医改困局提供可能

再回到医疗上。中国的看病难、看病贵有自己的特殊原因，就是不管大病、小病都去三甲医院看，本就稀缺的专家还用80%的精力医治那些需求并没有那么迫切的病人。政府意识到这个问题后，提出要建立分级诊疗体系。其实"分级"这个理念不对，一听分级，对中国人来说就是分行政等级、优劣等级，基层是低等的、低水平的，社区医院的医生水平低，患者不可能认可，不可能愿意去社区医院。

其实分级是不对的，我们缺乏的是社会网络化的分工协作体系。原因在于政府高度管制，我们没法建立丰富多彩的医疗服务模式和业态，只能把医疗机构行政化分成三级，一级小病，二级住院，三级疑难杂症，但是患者的需求远没有这么简单。政府提出了一个方案，基层的医保报销比例提高，但我们调研发现并没有效果，人们还是不愿意去基层看病。

因此，行政强制措施是无法促成有效的分工协作体系的，唯一的办法是引导医生走出公立医院，好医生去了社区医院，或是开了诊所，患者自然就去了。十七大中央就明确提出医药分开。但是既有的利益格局和激励机制未被打破，直到现在，三甲医院也不愿意剥离门诊药房，医药分开毫无进展。

现在，"互联网+"给我们带来了突破困境，最终实现"弯道超车"的可能。简单来说，在政策设计上有以下三个突破点：第一，放开处方药网上销售，使电商给患者送药上门合法化；第二，放开医生互联网诊疗，允许网上诊断和处方外流；第三，医保向网上诊断医生支付诊疗费（治疗费、药费、服务费），在网上购买特定目录内的药物医保可以报销。

三个政策一叠加，数百万医生就会纷纷把处方放到网上，有资质的医药电商能够安全、高效、低成本地给患者送药，医院的门诊和药房急剧萎缩，再配套人事制度改革，医生人力资源得到释放，这样就形成了丰富多彩的医疗服务分工协作体系。放开医生自由执业也就可以极大地释放医生的创造力。放开医生自由执业，其改革必然是事业单位体制改革和事业单位人事制度改革，也就是高素质人力资源管理体制的改革，这个就是通过建立社会化网络形成广泛的知识生产–消费共同体，通过放开现代服务业发展建立创新型社会的核心。

所以，医疗体制改革和创新，是中国经济社会体制结构性改革的一个突破口，需要从这个角度审视和重视医改，医改绝不仅仅是医改，而是事业单位体制改革和高素质人力资源管理体制改革，和教育及传媒不同，医疗是一个纯技术性部门，从观念上讲改革阻力应该小很多，所以容易作为事业单位体制改革的突破口，以及专业型人才管理体制改革的突破口。但事实上，医生人力资源市场化配置的改革进展远落后于律师，也落后于传媒行业，甚至落后于教育行业。

因此，应该做的是，顺应经济社会转型，集中政策资源找到改革的关键突破口。改革医疗行业人事制度，废除医疗行业事业单位体制和事业编制身份制度，放开医生自由执业，以此作为放开现代服务业、突破中等收入陷阱的突破口。

最后是关于监管思路的改变。医疗行业需要质量安全监管，传统体制无法直接监管到每个医生个体，所以采取中心化网络，也就是行政层级化的管理模式，通过监管机构也就是单位让它来管个人。在互联网时代，监管到个人没有什么难度，医生的执业资格证书以及所有的活动都可以在网上低成本甚至无成本披露和查阅，患者可以很容易地看到这一点，在这种情况下，很大程度上已经不需要再通过监管机构（单位）实现对个体的监管，更不需要通过单位约束、束缚个人了。此外，疑难杂症的诊疗和常见疾病的标准化诊疗是非常不同的，在操作中也要注意选择不同的监管思路。

解放人才有创新

李文 / 北京智蹼动力企业管理咨询有限公司总裁 /

真正做到企业内部的创业创新，该如何激活员工，也就是解放人、释放人？

中国当前最大的闲置资产是什么？是工厂？是设备？是汽车？我认为都不是，根据我的观察，眼下最大的闲置资产是——人才！为什么这么说呢？因为我发现有大量优秀的人才正经受着被体制所束缚、被中心化独裁式的层级管理所压制、有创造力也无处发挥的痛苦，这比停工停产的机器设备更让人心痛！所以我们正在做的，就是要通过项目化管理的内部变革，让这些闲置的人才获得做项目的自由，为他们配套资源并授予权力，这就是一次最大的资源开发和能量聚变，不仅会改变企业的命运，更能改变中国千万创新创业者的窘境。这在当前倡导"大众创业、万众创新"的社会背景下显得尤为重要！

其实这跟现在常用的Uber、滴滴专车很像，这些专车软件就是精准地抓住了各方的痛点，把社会上的闲置私家车给激活了，通过搭建信息平台把这些空转的资源充分利用了起来，这样就为专车司机创造了收入，为需要用车的人提供了便利，也为整个社会提升了福利，可谓一举多得。企业、组织里的很多优秀人才就像那些被闲置的私家车一样，潜能都没有得到激发，还处于沉睡状态，所以我们要通过思想的转变、组织的变革把他们给解放出来、释放出来。

// 重用打破常规的人

首先来看什么是解放人？就是要用一种崭新的眼光、一种全新的理念来看待人，让员工从原来枯燥的、重复的职能工作中解脱出来，让他能够做有创造性的事情，让他的思想解放，从原来的执行者、被统治者、被管理者，变成他工作的主人。"我是我工作的主宰"，这就是解放人。要做到这一点，首先就要让员工从思想上敢于提出自己的想法。以前在传统的层级制组织里，这是非常难的。如果冒出这样一个成天提新奇想法的员工，是非常不得了的。在传统组织中，大家都会议论纷纷，"他居然直接跟李总提出这样做事不对，这不得了哇，这是在造反啊……"之所以会这样，是因为在传统组织中，这种做法相当于挑战权威，而且有点蔑视领导、不尊重权力的意思。这三顶"帽子"可不是谁都扣得起的。

如果你是一个有理想、有志向的年轻人，在这样的组织中，敢于提出不同想法，领导当面可能还会肯定你几句，但是下来以后，领导会觉得留着你这样的员工是个麻烦，会认为你是个"trouble maker"，因为你挑战了他的尊严，挑战了秩序。你的对立面不是领导一个人，而是整个体制，整个流程的确定性以及约定俗成的习惯和规矩。这样一来你在这种传统组织里也待不长久，就算你的领导是个开明的人，甚至给你鼓励，但很可能整死你的人是你周边的同事，他们会认为你的标新立异是为了出类拔萃，不会管你提出的想法是不是对公司有利，只关心提出的东西是不是对他们构成了威胁。一旦他们看到了这种苗头，你就会受到排挤和打压。

所以这样的机制和文化，让有想法的人根本没法出头，当他第一次冒头受到打压以后，就会更多地受到同事的嘲弄、讽刺和挖苦，甚至有人会盯住他，专门挑他的毛病。很多具有创新、创业意识的人，面对环境这样的反馈，就会非常沮丧，可能以后再也不会提出什么好的点子，再也不会把自己真实的想法说出来。这个过程就叫作"铸模子"，就是把一个员工从原来的有创意、有想法打磨得没创意、没想法，变成革命需要的"一块砖"，可能你本来是一个造型独特的鹅卵石，但因为方方正正的一块砖用来盖房子比较方便，所以就得去除你的个性符号，把你变成标准化的一个构件。你本来是一个有名有姓、有思想、有能力的一个特殊符号，结果"铸模子"之后，你自己都分不清自己了。

这种传统组织和体制对人的压制，在一些文化保守的地区，尤为明显。比如在西部、北部，就算是有这样的人，也被当作异类。而在东部比较开放的大都市，在接受了现代化改造的组织中，还是有一些这样的人存在，在一些外资企业的文化中也允许这样的人存在。但即便如此，不管是外企、合资企业甚至是一些创新企业，还是存在层级之间的障碍，本质上对打破常规的人还是遏制的，只是形式上做的人性化一些。

// 走出控制，放手放权

解放人和释放人最大的不同在于释放人是把人从他原来的岗位中释放出来，让他可以流动，是自由意志的流动。很多民企老板事无巨细，把自己累得半死，还抱怨下属能力不行、态度不行。但根源其实在老板自己身上，他没有把下属给释放了。只有释放人，才能让企业不再一个萝卜一个坑，不再让员工当萝卜，而让他当能到处蹦跶的兔子，甚至当狮子。有人会说原来传统的职能层级制的组织里人也可以流动啊，不是有轮岗吗。但是，轮岗根本谈不上释放人！因为轮岗是组织有意识地把你安排到另外一个地方，而且大部分是不以个人意志为转移的。当然，有一些企业可以商量，但商量的方式多半还是带有一些威胁性的。公司说，轮岗是为了你好，让你多方面学习成长，但本质上轮岗更多的还是企业为了更好地实现自身的利益，把这块"砖"搬到那个地方去，把那块"砖"搬到这个地方来，这就好比有些公司为加班到很晚的员工提供免费的夜宵，甚至晚上10点以后报销所有的路费，但这都不是完全出于公司对你的爱，而是出于企业对更多利益的追求。轮岗也是这个道理。

做过企业管理的人可能体会得更深刻，公司在轮岗时当然会摆出一套"为了员工更全面发展"的说辞，但最主要的出发点，还是企业利益。很可能把这个人调到另一个岗位，是为了要解决一个问题，当然对员工也许有利，这是一种比较好的轮岗。还有一种，是对公司有利而对员工没什么利益的。比如，把一个上有老下有小的员工从本部调到边远的山区，即使再给他升一级，可能他也是一万个不愿意。但公司告诉他，你在总部现在晋升不了，最少也要等三五年，现在有这么好的一个机会，可以从部长升为总监，在外面工作两三年，回到总部还是总监。表面上看公司是为了员工的前途着想，但实际上是那个地方没人愿意去，而且边远地区又招不到成熟的管理人才，条件艰苦、风险又大，经营业的不确定性很高，所以就以轮岗的名义把人给弄过去了。

这些传统做法其实还是把人牢牢攥在自己手里，像工具一样搬来搬去，既没有放手，也没有放权，这种人才的内部流动，本质上不是人才的释放，真正的释放是放手让员工去做事，放权让员工有担当，走出中心化控制的束缚。

//让员工做工作的主人

项目化组织中的释放人，是全新意义上的释放，就是员工在企业比较自由。当然这个自由不是说员工可以决定自己今天不来上班，工资照领，这是另外一个极端，是纯粹的无政府组织。项目化组织中对人的释放是指你能够选择做这个项目，或者不做这个项目，或者可以按照自己的想法申请设立一个项目。而且，做项目的方式由你自己来定，你可以用原来职能式的方式去做，也可以用小团队的方式去做；可以跟别人合作，也可以自己做；你可以请教教练，也可以请教导师；在项目的时间安排上也是自由的，你的会议可以上午开，也可以晚上开，可以坐在一起见面开，也可以在网上远程开，这样你就被释放了。

这种释放有什么好处？第一，人在一个相对宽松和自由的环境下，创造力就被激发出来了，原来沉睡着的"笼中虎"就被激活了；第二，把原有岗位上的人释放出来以后，他可以自由组合，形成小团队。团队的工作方式通过相互激发，可以发挥人的潜力，有时甚至是自己都没意识到的潜能也被释放了；第三，通过这种自组织的方式，学习和创造的内驱力也出来了。学习和培训本质上是不一样的，培训是公司把已知的东西整理出来，教员工按照规定的方式去做，不能越雷池半步。而学习更多的是在自身的工作过程中，创造性的找到解决办法，主动地、系统性地思考问题。老板高管们都喜欢抱怨下属没有全局观，全局观从哪儿来呢？老板得给员工项目，让他对项目负责到底，得给他权力，让他系统地把握掌控，只有这样，才能真正让员工成为工作的主人，变"让我干"为"我要干"。

// 没有自由意志就没有创新

创新是从哪里来？是突破旧的思维模式，打破传统的条条框框，用创造性的方法解决问题。什么叫创造性的解决方法？就是没有边界，没有标准，只要能解决当下的问题，就是创造性的方法，就可以拿来用，这才是真正的学习。好多企业在建立学习型组织，却没有弄清楚学习型组织究竟是学什么。不是说大家坐在一起，放一个录像，或者从外面找一个所谓的"大师"给大家宣讲。这只是一种洗脑式的灌输，当时听了很感动，下来想想很激动，实际用起来没法动。所以真正的学习和创新是先把思想给解放了，把在组织内的流动给解决了，让大家获得"人身自由"，从原来固定岗位、固定层级的小牢笼里跳出来。只有人的自由意志被释放了，才有可能激发学习的内在驱动力，进而实现能力的提升。

所以，实现企业内部的创业创新，走在最前面的应该是对人的认识的大解放，这要颠覆之前大家对人的自由意志的重要性的理解。原来在企业里把员工叫人力资源就不错了，更早以前是称为奴工、人工、人手、人事，都是把人当作成本看待。最近几十年把人叫作资源，是进步了，但资源也还是带着功能性的说法，就像门、汽车、电脑，这些也是资源。更进一步的认识，是把人看作资本，叫人力资本，那就好多了。但资本还是拿来利用的，要我说，人不该和资源、资本扯在一起，人就是人，他就是主体，他本身就是自己的目的，而不是被某种目的支配的手段和工具。

所以，对人的独立思想价值重要性的认识，对于现在互联网时代的组织转型、创新创业是非常关键的。影响组织转型成功的最重要因素，首先是要解决人的自由问题，释放每个人与生俱来的思想能力和创新能量，只有这样才能让大众创业、万众创新成为可能。

田慧芳

刘志彪

薛　力

来有为　黄斌　张晓路

中国、G20与全球经济治理

田慧芳/中国社会科学院世界经济与政治研究所副研究员，

全球治理研究室副主任/

// 全球治理格局的变化

过去15年，世界经济增长格局发生了显著变化。2000年至2012年，新兴经济体平均年增长率接近6%，而美国的年均增幅为2%，新兴市场经济的快速扩张点燃了人们的期冀。2008年金融危机爆发后，发达国家认识到新兴经济体在全球经济治理机制中的重要作用，一方面通过G20（20国集团）这一对话机制，与新兴经济体分享全球经济治理话语权；另一方面，发达国家通过让渡部分国际经济组织（如IMF、世界银行）的投票权以换取发展中国家的支持。G20中金砖国家和G7（7国集团）并存将成为全球经济治理的新现象，这表明全球经济治理体制正在进入一个力量更加平衡、更加互利双赢的新阶段。

但金融危机也让全球经济进入调整、变革与转型期，发达国家和新兴市场经济体的潜在增长均出现下降。2012年后，增长形势发生反转。受不利的外部融资环境及结构性转型等因素影响，包括中国在内的新兴市场国家增长率面临持续向下调整。IMF（国际货币基金组织）在2013年10月的《世界经济展望：转型与紧张》中明确宣称，"全球经济增长进入低速档期"，新兴国家如果不能对经济实施大规模改革，可能会陷入长期增长放缓的情况。美国等发达国家增长速度则会重执世界经济增长之牛耳。这一判断不仅深刻地影响了全球经济，而且可能对未来的全球治理产生重要影响。从目前来看，金砖国家和新兴经济体参与全球治理的空间被大大压缩，IMF份额改革迟迟不能完成就是典型案例。

以"华盛顿共识"为标志的主流意识形态遭受越来越多的质疑和批判，各种替代性理念正在孕育。责任、合作、共赢、和谐等重要的规范和原则正成为塑造国际秩序的新理念，在很大程度上成了全球新共识。在未来一段时期内，不同国家群体关于全球经济治理理念的竞争与融合将是全球经济治理的重要特征。新的全球经济治理的指导原则和规范则将在不同理念的彼此激荡、相互融合中逐渐成形。

// 中国与全球经济治理

当前中国对全球经济治理变革的诉求主要是，如何完善已有体系，使其更好地反映当前世界经济的发展现实，更为充分合理地反映新兴经济体和发展中国家的利益诉求。中国参与全球经济治理的根本目的，一方面是为了更好地维护当前全球经济治理机制，改变发展中国家代表性严重不足的局面，另一方面是服务于国内发展要求。中共中央总书记习近平在主持政治局第二十七次集体学习时强调，我们参与全球治理的根本目的，是服从服务于实现"两个一百年"奋斗目标、实现中华民族伟大复兴的中国梦。

伴随着中国在全球经济治理中发挥更大的作用，发展中国家对我国相应的期待也越来越高，这也为我国参与全球经济治理提出了新的要求。一方面，我们应该积极承担国际责任，帮助其他国家特别是发展中国家进一步发展。2015年9月，习近平在联合国发展峰会上宣布为南南合作援助基金首期提供20亿美元，同时对最不发达国家加大援助力度和免除债务。另一方面，在推进全球经济治理改革的进程中，中国积极联合其他发展中国家，共同推动国际经济关系的民主化、法制化及合理化，加强同发展中国家在国际和多边机制内的协调与配合，为发展中国家争取更多的制度性权力和话语权。这是中国承担国际责任和义务的重要体现，也是构建新时期中国对外战略的重要任务。

G20是中国首次以塑造者、创始国和核心参与方身份参与的全球经济治理机制。依靠G20，中国在全球经济治理中的制度性权力实质性增加，将日益增长的综合国力转化为对国际经济秩序的塑造力和影响力。主要表现为：一是推动改革IMF和世界银行（WB）治理结构，提升新兴市场和发展中国家的代表性。二是推动建立区域和全球金融安全网，提高IMF危机救助的灵活性和有效性。三是推动成立金融稳定理事会（FSB），加强全球金融监管。四是推动特别提款权（SDR）改革，要求IMF在2015年前审查篮子构成、择机选择更多符合标准的货币加入。自2008年11月首次领导人峰会以来，G20已就宏观经济政策、全球治理、金融监管、国际货币体系、原材料和大宗商品、气候与环境、发展等全球性议题进行沟通与协调，达成诸多共识。

此外，中国积极进行全球治理的制度创新。在中国的倡议和推动下，亚洲基础设施投资银行（AIIB）已经完成章程谈判并签署，预计在2015年底前完成章程生效程序，金砖国家新开发银行（NDB）也于2015年7月正式开业。两家国际开发银行的成立，必将进一步满足发展中国家基础设施建设的融资需求，并成为全球多边开发网络的重要组成部分。

总的来看，在全球治理议程上，中国正从规则接受者向制定者转变，从被动参与者向主动塑造者转变，从外围协商者向核心决策者转变。

/ / 中国与G20

从2011年开始，G20每年召开一次峰会，标志着G20领导人峰会步入机制化阶段。作为一个非正式论坛，G20峰会目前已经形成"'三驾马车'引领 + 协调人渠道和财金渠道'双轨'并进 + 专业部长会议及专业工作组会议协助 + 国际机构贡献技术支持 + 外围对话增加代表性 + 各类非政府工作网络配套（B20、T20、L20等）"的多层次沟通对话机制。

后危机时期，一方面G20继续推动IMF、世界银行和WTO三大传统治理结构的改革；另一方面通过不断完善G20本身的"三驾马车"机制，以经济增长和金融改革为中心，辅以其他议题，对应对金融危机和推动全球经济可持续发展发挥重大作用。

2013年，在全球经济不平衡和复杂性上升，美国量化宽松政策退出预期导致部分新兴经济体外部环境恶化的大背景下，G20俄罗斯圣彼得堡峰会将促进增长和就业、金融改革与监管、粮食安全、发展和反腐等作为主要议题。各国领导人一致同意采取补救措施刺激经济增长和创造就业机会，并对长期投融资对增长的重要性给予高度重视，专门成立投资与基础设施工作组负责推动基础设施投融资进程。金砖国家应急储备安排也在峰会上首次亮相，对于增强金砖国家的应对风险能力，促进G20合作，推动国际金融新秩序构建有重大意义。

2014年全球经济复苏步伐继续呈现不均衡趋势，新兴市场国家的下行风险上升。澳大利亚围绕促进私营企业成长，增加全球经济抗冲击性和巩固全球体系、加强基础设施合作等主要议题，提出"未来5年（2014—2018年）G20整体GDP经济增长比现有预期提高2%"的增长目标，并制订"布里斯班行动计划"，敦促各国采取行动兑现承诺。此外，提出"全球基础设施倡议"，成立了全球基础设施中心（GIH），推动各国改善基础设施融资环境和提高融资效率。中美两国还在峰会重申了应对2020年后气候变化的目标和资金承诺，为2015年底巴黎气候大会成功签署新的全球气候协定提供了信心。

2015年全球经济形势更加复杂，大部分地区潜在增速放缓，不确定因素和风险上升，土耳其作为G20轮值主席国，提出了实现全球2%增长目标的"3I"支柱，即包容性（Inclusiveness）、可执行（Implementation）和投资性增长（Investment for growth），并设定了三方面的优先关注领域和10多项重点议题。土耳其反复声明将加强对布里斯班承诺的1000多项具体措施的政策力度和实施效果等进行监督。投资性增长以国别投资战略为重要抓手，敦促各成员国自愿提出富有雄心的国别投资量化目标和投资计划，并探索新的长期投资融资渠道（如伊斯兰金融等）来缩小各国投资差距和解决中小企业融资难等问题。土耳其峰会正值巴黎气候大会前夕，必将敦促各国就应对气候变化达成更多共识，推动巴黎气候大会形成有力成果。作为"三驾马车"之一，中国多次建议20国集团完善全球经济治理，维护国际公平和历史正义，确保各国在国际经济合作中权利平等、机会平等、规则平等。

2016年中国将接棒G20，议程设置已提上日程。中国有必要继续致力于维护好、利用好、建设好G20机制，引导好其发展方向。G20目前的协商领域基本仍在财经协调，核心在经济增长、国际金融、国际贸易和投资等方面。2016年，中国突破过去的核心议题开创全新领域的可能性不大，最大可能是保持在核心议题上的延续性，同时在议题方向上进行调整和创新。在持续推动IMF和WB改革，完善全球金融治理，坚持贸易自由化，加强全球合作实现全球强劲、可持续、平衡增长等传统议题的同时，2016年中国G20应该以发展议题为新路标，重点推动落实后2015发展议程、推动全球基础设施投资的规则建设、推动气候变化和粮食安全等子议题。同时高屋建瓴，推动全球层面的规则建设，提振贸易，维护多边贸易统一性和完整性，防止全球投资体系的进一步碎片化，构建全球层面长期融资体系，为未来全球经济增长提供源源不断的动力。

TPP改变全球价值链，中国如何应对？

刘志彪/南京大学长江学者特聘教授（经济学）、第十二届全国政协委员/

中国与TPP（跨太平洋伙伴关系协定）的关系，从根本上看还是中美关系。中国与世界上任何国家的关系，都替代不了中美关系。这不仅是因为美国目前仍然是全球化规则的制定者，未来"TPP+TTIP"所形成的规则，必将统治全球主要的经贸投资关系，而且中国要进一步发挥"后发优势"，必须有效地利用全球创新资源，尤其是美国强大的创新能力对中国经济的"溢出效应"。

在中美关系中，最重要的是中美之间在过去30多年中业已形成的全球价值链（GVC）。这条GVC是中国在WTO规则下实施出口导向型经济战略并取得巨大成功的基础，也是未来中国产业升级的起点。未来在TPP和TTIP（跨大西洋贸易和投资伙伴关系协定）下，这条连接中国与世界经济中心的GVC的形态和特性，会有很多改变，并极大地影响中国的中长期发展进程和发展水平。综合来看主要表现为以下几个方面：

一是改变了GVC上的"发包—承包"关系，从而导致贸易转移效应。TPP成员之间对1.8万种左右的商品货物执行零关税政策，以及最大限度地削减非贸易壁垒和实行服务贸易的自由化，原来来自美、日、加等发达国家的外包订单，会逐步转移到与中国的比较优势有竞争和替代关系的TPP成员国。其中最有可能转移的贸易额是中国的纺织服装、消费类电子等劳动密集型产品。由于越南、马来西亚等国在这些产业的要素禀赋上与中国有很大的相似度，而且这些年中国这些产业的要素成本上升太快，竞争力不断弱化，因此，这些国家有可能成为抢夺原本属于中国企业的外包订单的主要竞争者。

二是改变了GVC上的资金流动关系，从而产生投资和产业的转移效应。一旦TPP实施，可以预料的是：不仅来自发达国家的FDI（外商直接投资数据）将更多地流向TPP的成员国，减少中国吸收FDI的数量，而且已经在中国的FDI企业以及中国的本土企业，都会想方设法地把投资和产业向TPP中发展程度较低的国家转移，一方面是为了获取零关税及贸易便利化自由化的好处，另一方面也是为了满足其产业链配套的需要。

三是改变了GVC运行的竞争（游戏）规则，中国因不满足其参与游戏的条件和资格而被踢出GVC链条，即危及中国的国际代工者角色。环境保护、劳工保护、知识产权保护、竞争中立、国有企业等，都是TPP下GVC运行的新规则，中国不接受它们也意味着无法继续与其在GVC上共舞。

四是改变了GVC上的产业国际分工格局，迫使中国相关产业进行产业转型升级。中国在产品内国际分工处于低端的格局，被TPP釜底抽薪。如缺乏产业链配套的越南与中国在电子产业的竞争，主要集中在后端的加工、组装、装配等低端环节。本来随着大陆沿海地区这些年要素成本的迅猛上升，这些相对低端的产业可以向中国内陆地区进行梯度转移，但是在TPP下它们会发生猛烈的"外移"而不是"转移"。当然这在某种程度上说也是好事情，它使我们立足于3C产业（电脑Computer、通讯Communication和消费性电子Consumer Electronic，介绍三大科技产品整合应用的资讯家电产业）进行自动化、信息化和智能化改造。

破解TPP对中国发展的不良影响，我觉得从中短期看，中国必须实现加入WTO后的第二次开放，重新调整中国在GVC中的运行形态和关系；从长期来看，则要随着中国在世界的崛起，千方百计地构建以我为主导的GVC，建立世界经济新秩序。

1.第二次开放的主要目标，是要把适应WTO规则转变为适应TPP规则，主动调整中国在GVC中的运行形态和关系。要高度清醒地认识到，不主动创造条件加入TPP，就会被排除出世界经济的游戏规则之外，就可能对中国经济发展产生严重的负面影响，所以要尽可能地以我们的主动调整消除对发展的被动。具体来说，一方面要以更大规模和程度的自我主动开放，争取在若干自贸区模拟TPP的自由贸易条件和环境。为此建议进一步深化现有自贸区中政府负面清单管理改革，实行类似于TPP的开放政策，如果连我们的自贸试验区都不能接受TPP，那么我们根本不可能在整个国家层面正视TPP；另一方面，要通过与更多的国家启动实质性的双边谈判，打破TPP对中国的封闭，拉长中国参与GVC的纵向非一体化链条，争取次佳的国际分工合作地位。

其实，TPP所主张的新的全球化规则，大部分都是我们全面深化改革所要做的事情，或我们老百姓想要的东西，如环保、劳工保护、国企改革、政府减少干预、知识产权等。当然，因为国情所限，我们不可能完全按照美国定的线路或目标进行改革，而且，因为处于我们现在的经济社会发展阶段，有些要求我们一步还做不到。对那些脱离我们现在发展阶段的一些事情，如农产品零关税，势必影响几亿农民生活，所以要谨慎，有些要逐步开放。但无论怎么说，TPP的基本理念是代表着进步而不是对抗，肯定具有从外部促进我们加快全面深化改革的功能，尤其是政府负面清单管理改革。对此，中央政府已经表态，应持开放的态度。我们不能一方面鼓吹市场取向的改革，另一方面又那么害怕和反感TPP。

2.构建以我为主导的GVC，建立世界经济新秩序。十三五期间，中国新一轮高水平对外开放的重点，是要重构由我主导的全球价值链。这期间构建由我主导的GVC，条件已经具备。一是中国市场规模巨大；二是我们提出了成为创新驱动的国家，这不可能建立在为美国"打工"的GVC之上；三是中国人民币国际地位的上升；四是对外改革倒逼对内开放。为此要树立国际视野，加强战略思维，协调国际政策，拓展国家利益，提高全球经济治理话语权。

为此我提出的第一个建议：要沿"一带一路"战略来构建由我主导的全球价值链。"一带一路"战略的核心是开放而非地理规划，关键是沿带与路构建全球价值链。陆上丝绸之路经济带上如果没有全球价值链连接，那你走出去干什么？没有价值链，城市与城市之间就没有贸易和投资活动，即使有，也没有足够的经济纽带和利益联系。海上丝绸之路，我们首先跨出的地方是全球价值链的低端，今后加工业都会逐步迁到那边去。

第二个建议：要把"一带一路"战略与长江流域经济带战略结合起来，构建由我主导的开放的国内价值链。长三角地区是"一带一路"战略与长江流域经济带战略的交汇点和重要节点区域。要沿长江流域中心城市构建开放的、由我主导的国内价值链，以及能力分享型的全球创新网络。为此需要实施基于内需的经济全球化战略，以供我国巨大规模的内需来虹吸全球先进生产要素，提升城市经济地位。

第三个建议：构建由我主导的GVC，要重点进行经济全球化的四大要素建设。一是崭新的全球化理念。二是强大的全球化企业（GVC的链主），有自己名副其实的跨国公司，能够根据投资和生产布局形成一个合理的、由我所主导的，而且基于跨国公司内部供应链基础上的价值链，那才是"一带一路"的基础。三是平台和载体型的全球化的城市，这是吸收创新要素的基本载体。四是驰骋全球的全球化经营人才，这是GVC游戏中的主角。

亚投行对世界意味着什么？

薛力／中国社科院世界经济与政治研究中心国际战略研究室主任、副研究员／

2015年6月29日，亚洲基础设施投资银行的57个意向创始成员国代表在北京出席了《亚洲基础设施投资银行协定》签署仪式，中、印、俄、德、韩、澳成前几大股东，而菲律宾、丹麦、科威特、马来西亚、波兰、南非、泰国七国没有签订。按照商定的时间表，各方将共同推动改行于2015年底前正式成立并尽早投入运营。亚投行的成立被世界舆论看作是中国外交和战略的巨大胜利。显然，就像世界银行不是美国的银行、亚洲开发银行不是日本的银行那样，亚投行也不是中国的银行。那么，"胎动中"的亚投行对于世界究竟意味着什么？让我们从权力政治、国际制度、文化认同等视野展开分析。

现实主义者认为，在无政府的国际体系中，国家最为关注安全与权力，国际政治实际上是大国之间的博弈，大国间力量对比的变化体现国家权力大小的变化，而"极"的数量的变化，将构成国际体系结构变化的关键变量。从力量对比变化的观点看，毋庸讳言，这是中国的一大外交胜利。首先，中国把英、法、德、意、澳、韩等美国的重要盟友变成了亚投行的创始会员国，而且是在美国明确表示反对的情况下。这是前所未有的现象。其次，从成员分布地区看，亚洲34个，欧洲18个，大亚洲2个，非洲2个，南美洲1个，覆盖了全球五大洲，而且，巴西、埃及、南非、澳大利亚、新西兰均是所在洲的代表性国家，可以说，除了北美，各大洲代表性国家均已加入。这显示亚投行已不仅仅是亚洲区域的金融机构，说是全球性银行亦不为过。再次，从发展中国家参与度看，包括了5个金砖国家，亚洲48个国家中的34个均加入，包括了日本以外的亚洲主要经济体。

此外，在亚投行内，中国占有最大26.04%的投票权，事实上享有否决权，行长由中国人出任，这些方面都有美国在世界银行中角色与地位的影子。而且，中国的经济依然处于高速增长期，GDP总量可能在10年内超过美国，这意味着，中国国家开发银行与亚投行的贷款总量未来可能超过世界银行。

这可能是亚投行在全球引发重大关注的主要原因。

国际制度存在于政治、经济、军事、文化等不同领域，但国际制度的研究者通常最为关注经济制度，因为在和平状态下各国政府关注的重心是发展。那么，亚投行在国际组织中的整体角色与地位又如何呢？

二战后美国成为综合实力无可匹敌的超级大国，其对世界的治理主要通过建立一系列国际制度来落实：政治与安全领域有联合国，军事领域有一些多边与双边同盟体系（如北约、美日同盟、美韩同盟、美菲同盟、澳新美同盟，以及一度存在的东南亚条约组织与中央条约组织），文化领域有联合国教科文组织。经济领域则更多，包括负责贸易议题的关贸总协定与世界贸易组织，负责国际货币议题尤其是汇率问题的国际货币基金组织，负责发展中国家减贫与发展的世界银行。美国除了是美洲国家组织的当然领导者外，在泛美开发银行、国际清算银行、亚洲开发银行等机构中也发挥着实际上的领导作用。以亚洲开发银行为例，虽然长期以来由日本人担任行长，但美国在该行所占的股份与投票权与日本一样，并列第一：均占有15.571%的股份和享有12.756%的投票权。

更为重要的是，美元虽然只是国际货币之一，但在交换媒介、记账单位和价值储备三个方面所发挥的作用，却是欧元、英镑、日元等国际货币难以匹敌的。美国的外债以本币计价，这是其他国家所不具有的独特优势。这意味着，必要时美国可以通过印刷纸币把其他国家的财富转移到自己手中。当然，为了维持霸主的信誉，美国不会轻易采取这种手段。

反观亚投行，还没有开始运营，即使开始运营，其主要使命也是投资基础设施领域，以实践与亚开行互补的承诺。能否有胜过亚开行的表现，还需要观察。即使超过，也是一二十年后的事情。而要成为"世界银行第二"，大概需要三四十年的时间。即使成了世界银行第二，在贸易、国际汇率、地区金融机构中的影响力，依然不能与美国相匹敌。因为，很难想象会出现第二个世界贸易组织、第二个国际货币基金组织，更不用提第二个泛美开发银行、第二个国际清算银行了。而美国为了保持自己在服务领域的比较优势，已经着手制定TTIP、TPP等新的国际制度了。经过30年的改革开放，中国在货物生产与贸易领域，已经总体不逊色于美国，某些方面甚至有比较优势。但在服务贸易领域，中国与美国与欧洲依然保持着相当的差距，这种差距不容易缩小。与货物领域不同，这是欧美"安身立命"之本，绝不会轻易向中国开放。

　　更为重要的是，中国的资本账户开放还没有时间表，人民币国际化前景尚未明确，更谈不上取代美元作为最大国际货币的地位与作用。

　　建构主义权威理论家温特认为，国家也是人，人类社会的结构主要由"共有观念（shared idea）"决定，共有观点再决定行为体的身份与利益。文化认同又叫文化身份，是行为体反复选择的结果。建立集体身份需要四个主变量：相互依赖、共同命运、同质性与自我约束。

　　中国对外贸易量全球第一，是欧盟、澳大利亚、东盟、韩国的最大贸易伙伴，在强化对亚洲基础的投资上具有共同的利益追求，新一届中国政府力倡建立各种命运共同体，因此，这些国家有兴趣加入亚投行，哪怕美国对此表示反对。有必要注意以下几点：首先，亚投行的投资重点是亚欧大陆的中东部，其成立与运营，不过是中国重构地区经济制度的一个尝试，在一两代人的时间内，难以取代美国在国际经济制度中的角色与地位。其次，亚投行涉及的是经济领域事务，而没有涉及安全与军事领域。如果中国建立的是这些方面的国际机制，美国盟国的反应将显著不同。事实上，韩国、澳大利亚等加入亚投行就是反复权衡的结果，不排除对美国做了某些补偿，换来了美国的默许。即便如此，还是有一些国家顾及美国的反应而没有加入。再次，亚投行是一个开放性的组织，不排斥美国的加入，美国作为世界霸主，对于经济领域国际组织的涉入持选择性态度，甚至可以容忍一些组织对自己的排斥。也就是说，在亚投行问题上，各方都体现了某种自我约束。最后，不能忽略的一点是，中华文明有普世性的一面，但整体上是一种区域文明。在经济实力走向世界第一的过程中，如何以自身文明为基础，结合其他文明的长处，提炼出一种具有全球吸引力的核心价值观，事关中国梦的坚实实现与可持续，但这依然是一个巨大的挑战。

即使未来中国的军费开支超过了美国，但无论是从综合国力，还是从对国际制度的掌控，或者争取全球性的价值观认同上，中国都还有许多工作要做。中国全面挑战美国的前景目前还看不到。中国政府对此有着清醒的认知。一个佐证是，王毅外长在2015年6月底举行的第四届世界和平论坛上表述道，中国"始终是国际秩序的维护者而非挑战者，是国际秩序的建设者而非破坏者"，中国"将继续维护当代国际秩序和国际体系。无意另起炉灶，再搞一套"。中国"愿与各国一道，与时俱进，推动国际秩序和国际体系进行必要的改革和完善，使其更加公正合理，更加符合国际大家庭尤其是战后成长起来的大多数发展中国家的愿望"。

中国文化"走出去"的现状与趋势

来有为／国务院发展研究中心研究员／

黄斌／国务院发展研究中心副研究员／

张晓路／国务院发展研究中心助理研究员／

近年来，我国积极推进文化关键领域和重点环节改革，进一步发挥市场在文化资源配置中的积极作用，完善文化管理体制和文化生产经营机制，优化文化产业的政策环境，通过知识产权保护、产业融合发展、创意人才扶持、财税土地政策和文化金融对接等支持文化产业发展，取得了良好的成效。

∥中国文化产业的发展特征

近年来，我国文化产业呈现如下发展特征：

（一）文化产业进入快速发展轨道，产业结构不断优化。

我国文化产业近年来进入了快速发展轨道。根据国家统计局2014年12月公布的第三次全国经济普查数据，中国文化产业2013年创造增加值21351亿元，占GDP的比重为3.63%，同比增长18.2%。根据国家统计局的初步统计，2014年，我国文化产业创造的增加值达到24017亿元，占GDP的比重上升到3.77%。

从产业结构上看，2013年我国文化制造业创造的增加值为9166亿元，占总量的42.9%；文化服务业创造的增加值为10039亿元，占总量的47.0%，文化服务业创造的增加值超过了文化制造业创造的增加值。其中，"文化创意和设计服务"创造的增加值为3495亿元，占文化产业增加值的比重达到了16.4%。我国文化产业向高端化、内容化方向发展的趋势十分明显，产业结构不断优化。与此同时，我国文化产业与国民经济相关产业加速融合，提升产业附加值。

（二）文化体制改革渐趋深化，国有或国有控股文化企业的发展活力和市场竞争力增强。

2013年，我国出版、发行、电影、电视剧、广电传输和一般国有文艺院团、非时政类报刊出版单位等经营性文化单位转企改制全面完成，重塑了一大批合格的文化市场主体，一大批国有或国有控股文化企业实现了从依靠"输血"向自我"造血"的转变，发展活力和市场竞争力增强，涌现出江苏凤凰出版传媒集团公司等总资产和总销售收入达到百亿元的"双百亿"骨干文化企业。

我国非公有制文化市场主体在文化体制改革中也实现了快速发展。2003年底，全国工商行政管理部门登记注册的文化市场主体有70多万户、注册资本12000亿元，截至2014年底，工商登记注册的文化企业达到了168万多户。其中，2014年新增文化企业39万多户。

（三）城乡居民人均文教娱乐消费支出快速增长，但城乡居民文化服务消费的差距有所扩大。

随着我国经济社会发展和居民收入提升，文化消费越来越成为居民消费的重要内容。我国城镇居民的人均文教娱乐消费支出从2005年的1098元增长至2013年的2294元，翻了一番以上。我国农村居民的人均文教娱乐消费支出从2005年的296元增长至2013年的486元，同比增长64%。

不过，在文化消费快速增长的同时，有两个问题值得重视。一是我国城乡居民文化服务消费的差距有所扩大，从2005年的3.7倍扩大至2013年的4.7倍

（同期我国城乡人均消费比从3.1倍增长至4.1倍）；二是我国城乡居民文化服务消费占现金消费比呈不断下降趋势。城镇居民人均文教娱乐消费支出占城镇居民人均现金消费支出的比重从2005年的13.82%下降到2013年的12.73%，农村居民人均文教娱乐消费支出占农村居民人均现金消费支出的比重从2005年的13.87%下降到2013年的7.95%。对城镇居民而言，这一比重近年来大体稳定在了12%—13%，但对农村居民而言，这一比重则一路下探至8%左右。导致这一现象的主要原因是我国文化产品和服务的供给数量和质量还有待提升；对农村居民而言，主要是消费能力不足和文化消费不便利。

（四）对外文化贸易规模不断扩大，文化产业"走出去"取得新进展。

1.对外文化贸易规模不断扩大

文化贸易是我国国际贸易的短板。近年来，为促进我国文化产品与服务走出国门，我国政府出台了一系列鼓励和支持文化产品及服务出口的优惠政策。我国文化产品进出口总额从2003年的60.9亿美元攀升至2013年的274.1亿美元，年均增长16.2%。2013年，我国文化产品出口额达到251.3亿美元，是2006年的2.6倍。我国文化产品出口主要以视觉艺术品（工艺品等）、新型媒介（游戏机等）、印刷品、乐器为主。我国文化服务进出口总额从2003年的10.5亿美元增长到2013年的95.6亿美元，年均增长24.7%。2013年，中国文化服务出口额为51.3亿美元，是2006年的3.2倍。

2.文化产业"走出去"取得新进展

我国对外文化直接投资快速发展，文化、体育和娱乐业对外直接投资净额从2007年的510万美元增至2013年的31085万美元，增幅达到61倍（同期我国对外直接投资增长4倍，信息传输、计算机服务和软件业对外直接投资增长4.6倍），对外投资的层次稳步提高。同时，我国文化企业海外并购数量也呈上升趋势，交易金额不断扩大。2003年至2013年，我国文化产业海外并购44起。2009年，中国港中旅集团所属天创国际演艺制作交流有限公司以354万美元收购了美国第三大演艺中心布兰森市的白宫剧院，在该剧院驻演中国优秀剧目，迈出了中国演艺企业境外收购和经营剧场的第一步。2012年，万达集团以26亿美元整体收购美国第二大院线AMC影院公司，这是中国民营企业在美国最大的一起企业并购，也是中国文化产业最大的海外并购。目前，万达集团已经成为全球规模最大的电影院线运营商。2015年上半年，AMC影院公司实现收入14.7亿美元，同比增长6.1%。

我国文化企业对外合作领域不断拓展。深圳华强利用文化加科技的优势，积极推动《熊出没》等动漫产品、4D特效电影以及主题公园走出国门。腾讯公司在全球范围内谋求业务发展与共赢，先后在美国、韩国、欧洲、东南亚等地进行了多项游戏领域的并购和投资，实现了对外文化贸易由产品出口到资本输出的转型升级。腾讯"微信"是充满创新功能的手机应用，已进入美国、东欧、中东、东南亚等国家和地区，覆盖面越来越广，影响力越来越大。截至2015年第一季度末，微信每月活跃用户已达到5.49亿，用户覆盖200多个国家、超过20种语言。

3.建设国家对外文化贸易基地

上海、北京、深圳等地积极建设国家对外文化贸易基地，完善对外文化贸易体系。上海自贸区内的国家对外文化贸易基地，成为推动中国文化产品和服务走出去、探索对外文化贸易发展的"试验田"。2011年以来，该基地在文化产品交易、仓储运输、提供服务等方面做了有益的探索。截至2014年年底，上海国家对外文化贸易基地入驻文化企业已达500余家，文化贸易规模超过百亿元，入驻企业涵盖演艺、娱乐、影视、动漫游戏、图书出版、印刷、拍卖、贸易、艺术品经营等文化产业各领域。2014年8月25日，北京天竺文化保税园正式开园，并被批准成为国家对外文化贸易基地。北京国家对外文化贸易基地涵盖国际文化商品展示交易中心、国际文化贸易企业集聚中心、国际文化仓储物流中心三个功能区，将为国际、国内文化生产、传输、贸易机构提供专属保税服务。该基地将国际贸易中保税政策创造性地运用在文化贸易领域，根据文化创意产业特点进行政策资源整合和制度创新，比如，北京海关支持开展文化保税展示交易、艺术品保税拍卖、艺术品保税修复、文化融资租赁，并推行"先入区、后报关"的政策；北京出入境检验检疫局通过实施"预报核放"监管模式，建立首次检验、登记核销管理模式，推进"即查即放"的现场查验放行模式，提供审批、备案"一站式"服务。

（五）重点城市文化产业取得突破，发挥了引领作用。

我国文化产业，尤其是文化产业中涉及服务业的核心产业仍然集中在大城市。

按照北京市的统计口径，2014年，北京文化创意产业实现增加值2794.3

亿元，占GDP的比重达到了13.1%，自2008年以来年均增长15.7%。北京文化科技融合产业蓬勃发展。2014年，北京信息传输、软件和信息技术服务业（该行业共17个小类，其中14个小类属于北京市界定的"文化创意产业"）实现增加值增长11.7%，高出北京市GDP增速4.4个百分点；动漫游戏业总产值同比增长69%，占全国动漫游戏业产值的近1/3。北京形成了6个动漫游戏产业集聚区——中关村创意产业先导基地、德胜园工业设计创意产业基地、北京数字娱乐示范基地、国家新媒体产业基地、朝阳大山子艺术中心和东城区文化产业园。

按照全国可比口径，2013年上海文化产业实现增加值1387.99亿元，同比增长8.1%，高出上海市GDP增速0.4个百分点，占地区生产总值的比重达6.43%。文化产业已经成为上海的支柱性产业之一，成为上海"创新驱动发展、经济转型升级"的重要力量。上海文化产业的产业结构不断优化。以文化软件服务、广告服务、设计服务为主的文化创意和设计服务在规模和增速上保持领先，2013年实现增加值521.48亿元，同比增长11.6%；文化信息传输服务实现增加值120.63亿元，同比增长15.9%。

按照深圳市的统计口径，2014年深圳文化创意产业实现增加值1560亿元，与2011年文化创意产业增加值875亿元相比增长了78.29%，2011年以来的年均增长率约为21.3%，2014年深圳文化创意产业实现增加值占深圳市GDP的比重达到了9.8%（2011年的比重是8.0%）。

/ / 中国文化产业的发展趋势

（一）文化产业将成为经济新常态时期的重要增长点

受内外部环境、发展阶段变化等因素的影响，我国中长期经济潜在增长率下移，国民经济从高速增长换挡到中高速增长，逐步进入经济发展新常态。以技术进步和创意创新为核心、以消费为导向的产业类型有望成为新常态时期我国重要的经济增长点。文化产业是这类产业中的典型：首先，文化产业可以提高消费中的文化含量，推动消费方式转变和消费结构升级，拓展消费市场空间，拉动经济增长；其次，文化产业是现代服务业的重要组成部分，能有效带动一、二、三产业协同发展，助推产业结构调整和优化升级；第三，发展文化产业主要是依赖知识、技术、智力、创意、版权、商业模式等再生性资源和轻资产，产生的污染少，能够减轻经济发展对生态环境的压力。我国文化产业发展潜力巨大。从北京、上海、广东、江苏等省区市的发展经验来看，人均GDP超过1万美元后，文化产业仍能保持年均10%以上的增长速度。可以预见，我国文化产业在未来较长一段时期内（至少十三五时期）将保持10%以上的增速，成为我国经济增长动力接续和转换的中坚力量。到2020年我国文化产业增加值占GDP的比重将很有可能超过5%，成为我国的支柱性产业。文化产业自身的产业结构也将会发生较为明显的变化，文化制造业的比重将会逐步降低，文化服务业的比重将会有明显的提升。

（二）文化与相关产业融合发展的趋势日益明显

近年来，我国文化产业和科技、金融、旅游、制造业融合发展的趋势日益明显，主要的融合领域为数字内容、智能终端、信息媒体、应用服务四个领域，并有进一步深化的趋势。

科技特别是以移动互联网为代表的新一代信息技术已经渗透到文化创意产品的创作、生产、传播、消费等各个层面和关键环节，成为文化创意产业发展的核心支撑和重要引擎。以IP（知识产权）为核心横跨游戏、文学、音乐、影视、动漫等领域的数字文化娱乐内容逐渐增多，趣味互动体验的应用日趋广泛。文化部文化市场司发布的《2014中国网络游戏市场年度报告》显示，2014年中国网络游戏市场整体营业收入首次突破千亿元大关，达到1062.1亿元人民币，同比增长29.1%。2014年国产游戏出口收入达到26.8亿美元，比2013年增长194.5%。随着移动互联网和移动智能终端的普及，网络音乐增势迅猛，2013年我国在线音乐市场规模达到43.6亿元（包含在线演艺收入），同比增长140%。此外，高科技、多媒体技术的广泛应用，极大丰富了舞台表演形式和内容，催生出了多种演出新业态。

文化和旅游业的融合发展势头良好。2010年，文化部、国家旅游局颁布《国家文化旅游重点项目名录》，35个项目入选了首批名录。2010年开始，文化部、国家旅游局每四年推出一个中国文化旅游主题年，每两年举办一届中国国际文化旅游节。每两年公布8至10个地方文化旅游节庆活动扶持名录，并通过联合举办、政策优惠、资金补贴等多种方式进行支持。"文化+

旅游+地产"的文化旅游产业园区则成为近年来主题地产开发的热点。

（三）文化消费将保持稳定、可持续增长

国际经验表明，文化消费与经济发展水平呈现显著正相关关系：当人均GDP超过3000美元时，文化消费会快速增长；当人均GDP接近或超过5000美元时，文化消费则会进入"井喷"时期；人均GDP超过10000美元时，文化消费将会在居民消费结构中稳定下来并随着收入的增长而"水涨船高"。

当前，我国模仿型排浪式消费阶段已经基本结束，个性化、多样化消费渐成主流，居民消费正由生存型、温饱型向小康型、享受型转变，文化消费将进入快速增长期。据文化部测算，2013年底中国文化消费潜在市场规模为4.7万亿元人民币，而当年的文化消费规模刚超过1万亿元，存在近3.7万亿元的缺口。可以预见，随着我国文化产业发展质量不断提升，文化产品和服务的供给不断增加，以及我国城乡居民社会保障体系的不断完善，我国文化消费将保持稳定、可持续增长。参考一般发达国家的经验，我国文化及其相关消费占居民消费的比重将逐步提升至15%以上。文化消费增长将主要集中在文化产业的核心产业中，尤其是文化科技融合的数字内容、动漫网游、数字出版、新媒体等领域，以及服务于居民日常文化生活的文化休闲服务（如文化旅游）、文艺演出等领域。